땅의 유혹

(개정판)

땅의 유혹

초 판 1쇄 발행 2017년 4월 25일
개정판 1쇄 발행 2019년 1월 30일

지 은 이   조 광
발 행 인   권선복
편   집   전재진
디 자 인   김소영, 서보미
전 자 책   서보미
발 행 처   도서출판 행복에너지
출판등록   제315-2011-000035호
주   소   (07679) 서울특별시 강서구 화곡로 232
전   화   0505-666-5555
팩   스   0303-0799-1560
홈페이지   www.happybook.or.kr
이 메 일   ksbdata@daum.net

값 25,000원
ISBN 979-11-5602-687-7   (03180)

Copyright ⓒ 조광, 2019

도서출판 행복에너지는 독자 여러분의 아이디어와 원고 투고를 기다립니다. 책으로 만들기를
원하는 콘텐츠가 있으신 분은 이메일이나 홈페이지를 통해 간단한 기획서와 기획의도, 연락
처 등을 보내주십시오. 행복에너지의 문은 언제나 활짝 열려 있습니다.

운명의 출발과 변화, 끝이 있는 곳

땅의 유혹

조광 지음

누구나 쉽게 알 수 있는 땅의 기운

자연 속에 숨어 있는 놀라운 이치들!
오묘한 자연 법칙, 조화로운 땅의 힘

도서 출판 행복에너지

풍수는 과학적인 원리가 작용하는 자연과학이다. 초등학교 학생에
게 원리를 설명해주고 좋은 자리를 찾으라고 하면 더 잘 찾는다. 천
기누설이라고 하는데, 세상이 천기가 어디 있으며, 누가 알아 누설
한단 말인가? 자연의 이치를 파악하지 못하고 원리를 정확하게 찾아
내지 못한 사람들의 치기에 가까운 말이다. 분명한 것은 산에서 사
람의 운명이 온다는 점이다. 믿어지지 않겠지만 확연하게 증명할 수
있다. 성공한 사람과 실패한 사람, 무난한 사람과 곤란이 겹치는 사
람, 그리고 병이 들어 죽어나가는 집안과 건강하게 오래 잘 사는 집
안의 내력이 그대로 산에 담겨있다. 적어도 군수 이상의 직함을 가
진 사람의 경우는 거의 비슷한 모양의 산을 가지고 있다. 주산에서
바라보았을 때 하나같이 왼쪽 산인 좌청룡이 있다는 점이다. 역대
대통령들의 산은 예외 없이 좌청룡이 휘돌아 있다.
반대로 망한 집안에도 법칙이 있다. 동네에서 망한 집안이나 병들어
사람이 계속 죽어나가는 집안의 선조 묘는 하나같은 공통점이 있다.

그늘진 밭이나 냇가, 그렇지 않으면 골짜기에 선조의 묘가 있다. 골짜기에 산소를 쓴 사람이 성공한 예는 어디에도 없다. 골로 간다는 말이 있다. 골로 간다는 말은 풍수 용어다. 골짜기로 간다는 말이니 인생을 망치러 간다는 말로 변화되었다.

풍수는 과학이라고 했다. 다시 말해 과학적 원리가 존재해야 하고 실험적 결과로 나타나야 한다. 수학공식처럼 정확하게 일치한다는 데에 놀라움이 있다. 예를 들면, 좌청룡이 감아주면 권력을 쥐는 자식이 나온다. 그래서 정치인들의 산에는 예외 없이 좌청룡이 있다. 오른쪽 산인 우백호는 돈, 즉 경제력을 뒷받침한다. 우리나라 재벌의 선산에는 예외 없이 모두 오른쪽 산이 휘감아 돌고 있다.

이처럼 한 사람의 인생을 이야기하면 바로 그 사람의 묘의 생김새를 그려낼 수 있다. 반대로 한 사람의 선산을 보면 바로 그 사람의 운명을 읽을 수 있다. 이것이 풍수고 자연의 무서운 원리다. 정확하게 볼 줄 아는 사람이 없어서 그렇지 풍수는 몇 천 년의 경험법칙이 누적된 합리적인 통계이고, 위대한 문화유산이자 전통이다. 이 전통을 계승하고자 나는 지금까지 겪어온 풍수 공부와 경험을 풀어내고자 한다.

과학은 귀납이다. 실험을 통해 쌓인 경험적 결과로 원리를 파악한다. 대한민국 모든 국민을 대상으로 풍수 검증을 할 수는 없기에 대표적 인지도를 지닌 우리나라 대통령 후보들을 대상으로 여러 차례 예언했다. 그리고 맞았다. 이번에도 예언할 작정이다. 정확하게 표현하면 예언이 아니라 학문적으로 어느 산이 더 강한가를 가려내는 작업이다. 뛰어난 통찰력이 아니라 수학공식이라고 했다. 산은 저마다의 표정과 얼굴을 가지고 있다. 그것을 읽어주면 된다. 높은 산을 가진 사람은 군인 기질이나 남성다운 기개를 가진 사람들이 많고,

낮은 산을 가진 사람들은 평화롭고 안온한 성격을 지닌다. 힘이 강한 산을 가진 사람이 대권을 쥔다. 예외가 없었다. 그것을 풍수로 증명해 보이기 위해 전국의 산세를 분석해서 도별 인성의 특징과 인물의 배출 현황을 밝힐 것이다. 인물은 어디에서 많이 나오고, 그 이유는 무엇인가. 도별 인성의 특징은 산의 어떠한 차이에서 변별되는가를 시도해봤다.

풍수지리는 불행을 예방하고 인간과 자연의 조화를 추구하는 학문이다. 무시할 수는 있어도 거부할 수는 없다. 땅 한 치 차이로 명당이 달라지며 식당이 성공하기도 하고 망하기도 한다. 산수가 인물을 낳는다는 풍수지리학에 예외는 없다.

저자는 서울과 부산의 L백화점 호텔 신축을 비롯하여 S종합건축사사무소의 A타워, L마트 본사 이전 설계 자문 등을 역임했다. 풍수지리상 가장 좋은 땅의 요건은 배산임수背山臨水이다. 산이 뒤쪽에서 불어오는 바람을 막아주고 앞에 물이 있으면 기가 응집된다. 국내 굴지의 건축사사무소 등에 풍수 자문 위원으로 위촉되어 대형 건축물의 설계 자문역을 하면서 풍수 현장에 있었다. 정계와 재계 그리고 사업가들을 비롯하여 많은 산을 보았다. 현장에서 바로 확인하고 검증할 수 있는 풍수의 길을 걸어왔다. 산소를 보고 산소의 주인만이 알 수 있는 일을 말하는데 자신감이 생겼고 말하는 대로 들어맞았다.

그러나 수십 년 동안 풍수를 감정하며, 정작 내 몸의 풍수를 읽는 데에 소홀했다는 안타까움을 느낀다. 풍수로 치면 내 몸의 혈맥에 누수가 생겼다고나 할까? 9월 중순에 필자는 심장대동맥박리 수술을 받았다. 풍수로 남들의 막힌 기운을 해결해 주며 사는 것만 알았지 정작 내 몸의 기맥이 막히는 것은 돌아볼 기회가 없었다는 회한이 들기도 한다. 내 산 없이 태어난 인생이지만 숱한 능선들을 오르내리며 인생의 산자락을 열심히 넘어왔다. 다행히 이번 수술을 잘 받고 또 하나 삶의 능선을 넘은 느낌이다. 창밖 너머 저 멀리 물이 산을 가르고 흐르는 모습을 보니 수술받은 내 심장도 저렇게 깔끔한 산줄기로 거듭날 것이라 희망을 품게 된다. 완쾌된 모습으로 일어나 이 책을 사랑해주시는 독자 제현들과 행복한 산 이야기를 나누는 자리를 갖고 싶다.

2019년 1월

조 광

추천사

양성규 | NH농협, 서울시립대학교 도시공학과 박사과정

  도시와 자연을 연구하고 관련 논문과 학위를 취득하면서, 언어만으로는 이루 다 표현이 안 되는 부분들이 세상에 많음을 더욱 절감합니다. 진리라는 것은 존재하지만 그것을 해석하는 인간은 다만 어렴풋이 획득한 정보와 바라보는 관점에 따라 다양하게 받아들입니다. 그렇지만 존재하는 진리를 알아가기 위해 겸손한 마음으로 부단히 노력하고 정진한다면 우리 인간들은 언젠가 진리에 도달하리라 믿습니다.

  『땅의 유혹』 부록에 실린 저의 논문에는 수많은 풍수의 유형과 복합적 원인을 수록하지 못한 부분이 많습니다. 시간의 한계와 부족했던 지식이 탓이랄까요. 그러나 학위 논문으로서 객관성을 확보했고, 풍수가 우리 사회의 파워엘리트들 사이에서 얼마나 저변화되어 있는지를 보여주는 척도로 볼 수 있습니다. 앞으로의 연구과제들은 우리 실상에서 밀착되는 분야와 글로벌 분야로 주제를 확장할 계획입니다. 풍수지리학은 양자물리학, 사회심리학, 명리학, 천문학 등이 융합된 최고급 학문입니다. 우주 탄생으로부터 시작해 먼 미래에까지, 영고불변산, 물, 방위, 별자리 등의 고정적 요소들이 어떻게 인간에게 영향을 미치며, 조물주가 창조하신 이러한 요소들을 우리 인간 사회에 어떻게 지혜롭게 잘 활용할지를 연구하는 학문입니다.

본인이 조광 저자를 한마디로 표현한다면 실전 풍수의 대가大家입니다. 풍수계에 많은 이론과 학파가 있지만 정작 풍수지리학자들은 실전에서 상당한 어려움을 토로합니다. 건물과 묘지를 평가할 때 단순히 "좋다, 나쁘다, 기감이 어떻다, 아마도 그럴 것이다, 옛날 고서에 그렇게 나와 있다, 풍수는 마음속에 있다"라는 등 말도 안 되는 탁상공론의 주관적 해석을 붙이는 게 현실 풍수입니다.

그러나 조광 저자는 어느 학파에 속한 것이 아닌, 순수 실험으로 입증된 자연 풍수의 연구를 토대로 실제적 적용을 하는 최고의 대가입니다. 자리가 좋으면 왜 좋은지, 왜 나쁜지, 건물에 거주하는 사람과 묘지에 묻혀있는 망자의 과거의 삶 및 업을 읽어주고, 그 자손들의 미래를 예측하는 학자입니다.

『땅의 유혹』초판에 이어 개정판이 발행되기까지 사이에 많은 변화가 있었습니다. 대통령선거가 끝나고 새로운 정권이 들어섰으며, 그 후보자들은 초판『땅의 유혹』에서 예견한 대로 흘러가고 있습니다. 또한 조광 저자는 큰 수술을 받으면서까지 개정판 발행의 의지를 놓지 않았고, 이렇게 실현하시는 모습에 큰 감명을 받았습니다. 그 의지에 경의를 표합니다. 어려운 환경에서 개정판이 나오는 만큼 독자들께서 많이 사랑해주셨으면 합니다.

『땅의 유혹』은 일반인들이 어렵게 생각하는 풍수지리를 쉽게 개괄하고, 지역 풍수, 역사 풍수, 사회 풍수, 정치 풍수 등 알기 쉽게 설명하여 흥미를 돋우는 책입니다. 이 책을 통해 풍수에 대한 이해와 관심이 모아지길 기대합니다.

추천사

도서출판 행복에너지 편집부

작년 8월, 삼복더위가 기승을 부리던 어느 날, 풍채 좋게 삼베옷을 차려입은 조광 저자께서 행복에너지에 방문해 주셨습니다. 두툼한 개정판 원고를 들고 온 저자의 눈빛에서 다시 책을 내고자 하는 강한 의지를 느낄 수 있었습니다.

그러나 강한 의지와 달리, 그의 몸은 많이 피폐해진 상태였습니다. 평생을 산에 다니며 남들의 운명을 바로잡아주는 일에 보람을 느끼며 살았음에도, 정작 본인의 몸을 돌볼 틈은 없었던 것입니다.

심장대동맥박리술이라는 큰 수술을 앞두었다는 저자의 이야기를 듣고는 편집을 담당해야 할 일원으로서 걱정이 앞섰지만, 정작 본인은 태연하기 그지없었습니다. 강한 의지로 평생 독학을 통해 풍수를 배워 자가풍自家風을 이루었고, 실전 풍수에 있어서 범접할 수 없는 대가의 위치에까지 올라섰지만, 본인의 기맥이 막혀 있음은 알 수 없는 것이 세상 이치입니다.

그렇게 병마와의 싸움을 앞두고도 개정판 준비를 멈추지 않았고, 수술 후 기력을 회복한 후에도 원고에 대한 관심을 이어나갔습니다. 그 열정이 바로 이 『땅의 유혹』개정판을 탄생하게 한 원동력이라고 생각합니다.

동서양을 막론하고 사람은 좋은 곳에 살고 좋은 곳에 묻히기를 원합니다. 우리처럼 산에 매장하는 문화가 발달하지 않는 서양의 경우 풍수학으로까지 발달하지는 않았지만, 그래도 좋은 땅을 가지기 위해 선택과 지혜를 발휘하고자 하는 노력은 만국 공통이 아닐까 합니다. 그래서인지 현대인들은 일상생활 속에서도 생활에 적합한 최적의 공간 배치, 공기의 흐름을 고려한 방과 창의 연결 등 다양한 양택 풍수를 적용하고 있는 것일 테지요.

인간사에서 생로병사生老病死는 빠져나올 수 없는 삶의 순환 패턴입니다. 그런데 이 패턴은 죽는 순간 끝나는 것이 아니라, 매장되는 순간 다음 세대 후손의 생로병사生老病死에도 영향을 미칩니다. 모든 것이 순환적 구조인 세상 속에서 우리는 살아가고 있습니다. 그래서 우리는 환경, 특히 산이 우리 삶에 미치는 영향을 받아들이며, 이해하고, 좋은 방향으로 풀어나간다는 관점에서 풍수의 힘을 거부할 수 없습니다. 운명의 선순환을 위해 풍수를 잘 이용할 필요가 있습니다.

이 책『땅의 유혹』속에는 산을, 조상의 선영을 잘 읽어내고, 살아 있는 사람들의 삶에 조화롭게 작용하도록 하며, 세상의 커다란 흐름에 미치는 산의 기운을 파악하는 다양한 시각과 관점들이 내포되어 있습니다. 2019년 기해년을 시작하면서, 이 책을 읽으시는 독자들께서도 우리 운명의 강력한 작용점인 산의 힘을 느끼고, 잘 활용하시는 한 해가 되시길 바랍니다.

목차

땅의 유혹

1장

풍수의 기본 원리와 영향

C 풍수의 기본 원리

풍수에서 산은 남자, 평야는 여자를 상징한다. 산세에 따라 기질도 달라진다. 사람의 기질도 산에서 온다. 산의 모양에 따라 바람이 다르고, 산의 형세에 따라 삶에 전달되는 에너지의 파장이 다르다. 당연히 사람의 성격도 산에서 만들어진다.

풍수는 세 가지로 나눈다.

첫째, 음택 풍수다. 묘지를 생기 왕성한 곳에 잡는 방법과 과정을 산, 물, 방향, 사람 등에 맞추어 논리적으로 체계화시킨 것이다.

둘째, 양택 풍수다. 주택의 구성 요소 중 사람의 성장과 발달에 영향을 주는 대문, 안방, 부엌의 방위별 배치를 조합하여 생기가 극대화되도록 이론화시킨 것이다.

셋째, 양기 풍수다. 마을과 도시의 부지를 선택하는 것이다. 한양 도읍지를 정하는 것 등이 이에 해당한다. 배산임수背山臨水와 장풍득수藏風得水의 기본 원리에 의해 터를 찾아야 하며, 높은 산을 등지고 앞에는 물이 흐르는 곳으로 바람을 가둘 수 있어야 최적지다. 밖에서 보면 안이 보이지 않지만 안으로 들어가면 넓고 아늑한 곳이다.

환경에 완벽하게 적응한 생물들은 풍수를 몰라도 이미 풍수대로 살고 있다. 동해의 수면에 넘실대는 파도는 세지만 물속은 잠잠하고 부드럽다. 반대로 남해는 겉으로 잔잔해 보이지만 안으로는 물살이 거세다. 남해의 물고기는 물살에 견디기 위해 살이 탄탄하지만 동해의 물고기들은 거친 물살이 적어 살이 연하다. 충남 갯벌에 사는 낙지는 잘라도 한동안 죽지 않지만 거센 물살 속 풍부한 산소로 호흡하는 남해안 고등어는 물 밖에 꺼내만 놓아도 금세 죽는다. 물고기나 마찬가지로 사람들의 성격도 자연에 접해 있는 환경을 닮아간다. 그것이 풍수다.

일이 벌어지면 먼저 나서는 사람이 전라도 경상도 사람들이다. 다혈질이다. 급하다. 그리고 자기주장이 강해서 자신의 의사를 표현해야 한다. 충청도 사람들은 현장을 보고 상황을 판단한다. 그리고 일이 진행되는 것을 보고 결정한다. 경기도·서울 사람들은 보고만 있다 만다. 자기주장이 강하지도 않고 도전정신이 강하지도 않다. 전라도는 개인의 힘으로 치고 나오고, 경상도 사람들은 조직으로 밀고 나오며, 경기도·서울 사람들은 바라만 보고 있다. 상황이 종료될 때까지 바라보다가 상황이 종료된다. 강원도 사람은 자신의 일에 충실할 뿐 그리 쉽게 사회적인 일에 가담하지 않는다. 삶에 끈기를 가지고 참을성 있게 살아가지만 자기주장을 하거나 세상일에 뛰어들지 않는다. 유순한 생활인이다. 정치적이지 않다. 이처럼 모두 다르다. 지역별 특성이 확연히 드러난다. 이것은 산과 물의 영향이다. 또한 바람과 토양의 영향이다. 지역별 인물 특성이 확연히 다르듯 산과 토양도 다르다. 산세가 다르고, 산형이 다르다. 산수가 인물을 만든다는 옛말이 옳다. 그것을 풍수지리학이라고 하고 줄여서 풍수라고도 한다.

경상도에는 정치인과 재벌, 학자가 많고, 전라도에는 정치인과 예능인이 많다. 충청도에는 충신이 많다. 서울·경기는 인물도 없고 뭉치지도 않는다. 서울·경기 토박이들이 성공한 사례는 드물다. 그리고 강원도는 유순하고 순수함은 있지만 정치나 사업적인 근성이 약해 강력하게 목적 달성을 위해 온몸을 던지는 인물이 드물다. 충남 사람과 충북 사람은 같은 충청권이지만 확연히 다르다. 산세가 다르기 때문이다. 충청도 사람 중에서도 충남 사람은 은근하고 자신을 숨긴다. 충신이 나오기에 좋은 땅이다. 산들이 부드럽고 둥그렇게 안으로 보듬어 현재를 긍정하는 기질이 있다. 반대로 강하게 추진하는 것이 충북이다.

평지로 습한 곳에 사는 여성은 성에 밝고 남성은 성에 약하다. 반대로 산세가 강하면 남성성이 강하다. 산세가 강하다는 것은 산이 높은 것을 말하는 게 아니라 산의 몸통이 크고 웅장하며 에너지를 가진 것을 말한다.

우리는 산악 민족이다. 국가를 비롯해서 교가와 국가에 준하는 노래들에 하나같이 산이 등장한다. 우리는 은연중 산을 찾고 산에 기대어 살고 있다. 국가나 교가에 산이 등장하는 이유는 내면에 산이 깊이 자리하고 있기 때문이다. 왕궁을 지어도 산에 의지해서 짓고, 관청을 지어도 산에 기대서 짓는다. 산은 마음의 언덕이고, 생활이 이루어지는 터전이다. 산과 물이 있는 곳에 마을을 이루어 살고, 죽으면 산으로 돌아간다. 그래서 풍수도 발전했다. 풍수는 세계적으로 사라졌다. 한국이 발원지이기도 하지만 한국에만 남았다. 양택에 대해서는 서양이나 동양 모두가 연구하지만 음택에 대해서 연구하거나 제대로 보는 사람이 없다. 그리고 볼 줄 아는 사람이 우리나라 외에는 아예 없다. 하지만 풍수의 핵심은 음택이다. 음택이 사람의 운명과 건강에 연결되어 있는 것을 확인하게 될 것이다. 단언할 수 있다. 그리고 증명할 수 있다. 음택이 살아있는 사람에게 얼마나 큰 영향을 주는가를…….

동기감응, 조상과 후손은 하나다!

화장 문화가 대세다. 국토도 좁고, 산 자들의 땅도 부족하니 화장 문화가 필요하다고 권장한다. 화장은 시신을 재로 만들어 뿌리거나 남은 재를 보관하는 방식이다. 시대적인 필요에 의해서 화장이 필요하다면 시대의 요청에 따라야 한다. 하지만 분명하게 알아야 할 것이 있다. 화장은 깨끗하게 정리할 수 있는 편리함이 있지만 지켜야 할 수칙이 있다. 화장하고 남은 유골을 나무에게 거름 주듯이 하지 말라는 당부다. 수목장이라고 해서 나무에 거름 주듯이 하는 경우가 있다. 자연으로 돌아가라는 취지는 좋지만 결과는 좋지 않다. 풍수의 원리를 알면 무엇이 나쁜지 알 수 있다.

풍수에서 말하는 동기감응이란 것이 있다. SBS의 〈그것이 알고 싶다〉라는 프로그램에서 진행한 부산 동의대 이상명 교수의 실험이다. 성인 남자 세 사람의 정액이 담긴 시험관에 각각 전압계를 설치한 뒤 다른 방에서 세 사람을 약한 전류로 자극하는 실험을 했다. 결과는 놀라웠다. 세 사람이 자극을 받는 것과 동시에 그 사람들의 정액이 담긴 시험관에 설치한 전압계의 바늘이 움직였다. 정확히 말하면 정자가 경련을 일으킨 것이다. 학자들은 이를 동기에 의한 반사파 현상이라고 설명했다. 동기감응 현상이 증명된 것이다.

그런데 아무리 기를 인정한다고 해도 정자는 생명체이기에 가능하지만, 이미 죽어 뼈만 남은 조상의 기운이 후손에게까지 전해진다는 것은 무리가 아닐까 하는 의문이 있을 것이다. 하지만 뼈는 단순한 물질이 아니다. 화학적으로 분석하면 인산칼슘의 집합체이지만, 골수라는 말이 있듯, 생물체의 정이 응집된 것이기도 하다. 미국의 윌라드 리드 박사는 '사람의 뼈 속에는 14종의 방사성 탄소 원소가 사후에도 오랫동안 남아 있다'는 발표를 했다. 이것을 풍수로 해석하면 뼈에는 그 사람이 가졌던 기운이 간직되어 있으며, 같은 파장을 가진 후손에게 전달된다는 것이다.

다른 사례도 있다. 일본에서 실험한 내용이다. 아이가 아플 때 아이의 엄마에게 침 시술을 하면 아이가 낫는다는 실험이다. 성장한 아이에게는 해당되지 않으며 5살 이하 어린아이의 경우 효과가 있음이 입증되었다. 과학이 발달하지 않았던 옛날에도 현인들은 알고 있었다. 물론 여전히 의문은 남는다. 과연 그런 일이 있을 수 있을까 하는 의문이다. 동기감응에 대한 최초의 기록은 진나라 때 곽박이 지은 『금낭경』에 나온다. 첫 장 「기감편氣感篇」에 "시이동산서붕是以銅山西崩 영종동응靈鐘東應"이라는 내용이 나온다.

내용을 풀면 이렇다. 중국 한나라 때의 동쪽에 있는 미앙궁에 구리로 만든 커다란 종이 매달려 있었다. 종은 서쪽 땅 진령에 있는 구리산에서 캐어낸 구리를 원료로 만들었다. 어느 날 누가 종을 건드리지도 않았는데 종이 저절로 울었다. 황제가 이상해 옆에 있던 동방삭에게 종이 울린 원인이 무엇이냐고 물었다. 동방삭이 대답하기를, "서쪽에 있는 구리산이 붕괴되었습니다."라고 답변을 했다. 과연 얼마 되지 않아 진령에 있는 구리산이 붕괴되었다는 보고가 들어왔다. 산이 무너질 때가 바로 미앙궁의 영험스러운 종이 울린 시각과 일치했다. 황제가 다시 동방삭에게 그런 사실을 어떻게 알았느냐고 물었다. 동방삭이 대답했다.

"이 종은 진영의 구리산에서 캐어낸 동으로 만들었기 때문에 동질의 구리끼리 서로 감응을 일으켜 발생한 일입니다."

황제가 크게 감탄을 하며 말했다.

"이처럼 미천한 물질들도 서로 감응을 일으키는데, 만물의 영장이 되는 사람은 조상과 후손 사이에 얼마나 많은 감응을 일으킬 것인가?"

무생물인 광물조차도, 동질의 에너지끼리 서로 교감이 이루어지고 있다는 내용으로, 사람도 조상의 유해를 좋은 터에 잘 모시면 반드시 자손 등에게 복이 닥친다는 교시다. TV나 라디오도 주파수가 맞아야 볼 수 있고 들을 수 있다. 중요한 것은 공명 현상이다. 주파수는 서로 공명한다. 소리굽쇠라는 도구를 사용하여 실험해보면 확인된다. 소리굽쇠는 같은 주파수의 소리굽쇠를 가까이 가져가면 공명하면서 역시 진동하기 시작한다. 같은 주파수를 가진 것은 한편이 소리를 내면 거기에 공명하여 소리를 낸다. 유유상종이란 말이 있다. 같은 파동을 가진 것이 서로를 끌어당겨 반응하는 것이다.

파동은 속성상 주파수가 맞으면 다른 파동과 공명을 한다. 오페라 가수의 고음과 유리컵의 주파수가 맞으면 유리컵이 깨어진다. 1850년 프랑스에서는 478명의 군인들이 발을 맞추며 앙제 다리를 걸어가다가 다리와 공명이 일어나 다리가 무너졌다. 1985년 멕시코 지진

때는 중간 높이의 건물들이 많이 붕괴되었다. 이유는 비슷한 높이의 건물이 가지고 있는 고유 주파수와 지진파의 진동 주파수가 거의 같아서 공명이 일어났기 때문이었다. 1940년 미국의 타코마 다리는 바람이 불자 완공 4개월 만에 허망하게 무너지고 말았다. 바람이 강해서가 아니라 바람의 주파수와 다리의 주파수가 일종의 공명을 일으켰기 때문이었다.

인체도 파동체다. 당연히 공명을 하게 되어 있다. 인체의 파동은 미약하기 때문에 오페라 가수의 고음이라든지, 지진파라든지 혹은 강한 바람과 같은 강한 진동에 공명하는 것이 아니라 생각지도 않았던 미약한 것으로부터 공명의 영향을 받는다. 풍수에서는 망자의 묻힌 산과 땅의 영향을 받는 것으로 본다. 산을 보면 운명을 알 수 있고, 살아온 운명을 말하면 산의 모양을 그릴 수 있으니 수학 원리와 같다. 이것이 풍수다.

확실하게 말하지만 풍수는 존재한다. 화장 문화를 이야기하다 풍수 원리를 짚어봤다. 국가를 위하고, 민족을 위하여 싸우다 사망한 국가 유공자들의 자손이 잘 안 풀리는 이유는 어디에 있는가. 국가에서 지원을 하면서까지 도와주려 하는데 왜 독립유공자나 국가 유공자들의 자손들은 가난하고 어렵게 살고 있는가. 한 마디로 안 좋은 자리에 묻힌 경우가 많기 때문이다. 전쟁 중에 사망한 경우는 사망자의 시신을 찾을 수 없고, 제대로 안장되지 않고 묻힌 경우가 많다. 제대로 된 자리에 묻히지 않은 경우 사망자의 후손이 그대로 영향을 받는다. 골짜기에 묻혔거나 늪 같은 곳에 묻힌 경우 치명적인 문제점을 낳는다.

예를 들어, 물에 빠져 죽은 조상의 시신을 찾지 못하고 강이나 바다에 그대로 침잠沈潛 된 경우 자손 중에 정신질환자나 정상적인 활동을 하지 못하는 후손이 나오게 된다. 옛날부터 객사나 전쟁 시에 사망했을 경우에도 반드시 시신을 찾아서 안장하는 것이 이러한 이유 때문이다. 시신이 잘못 묻힐 경우 후손에게 나쁜 영향이 생기게 된다. 독립유공자나 참전용사의 후손들도 마찬가지다. 전쟁 시 함께 매몰됐을 경우 급박하여 장례를 제대로 치를 수 없는 상황인 경우가 많다. 그런데 시신의 상태가 후손에게 그대로 영향을 끼치게 된다. 안타까운 일이다. 국가와 민족을 위하여 싸우다 사망했음에도 후손들이 더 어려운 상황에 빠지게 되는 경우다.

골짜기에 묻혀서 겨울에 시신이 어는 경우는 후손들이 백혈병이나 암 같은 병으로 죽어나가고 가난에 시달리게 된다. 풍수를 하면서 확신하는 것은 부모 산소의 영향을 후손들이 그대로 받는다는 것이다. 파묘를 해서 시신의 상태를 보면 후손들이 어디에 병이 걸렸는지를 그대로 짚어낼 수 있다. 그리고 현충원이나 국립묘지의 경우 화장을 했을 때만 안장될 수 있는 규정이 있어 문제가 생긴다. 화장을 하면 시신이 불에 타 영향을 주지 못한다. 나쁜 묏자리를 쓰는 것보다 화장을 하면 부모에 의한 파장을 받지 않지만, 반대로 좋은 영향도 받지 못한다는 아쉬움이 있다. 화장을 한 경우 성공한 자식을 만나기 어려운 것도 같은 이유다.

인간은 만물의 영장으로 생물 가운데 가장 강력한 기가 응결된 결정체이다. 특히 인간의 뼈는 도체導體로서 기를 잘 흡수하기 때문에 인체 가운데 가장 많은 기가 응결된다. 사람을 매장하면 피와 살은 곧 썩어 없어지지만 뼈만은 오랫동안 남아 있다. 따라서 남은 뼈는 같은 유전자를 가진 자손과 시공을 초월하여 좋고 나쁜 감응을 일으킨다. 사람이 죽으면 흙으로 돌아간다. 만약 흙 속에 묻힌 시신이 좋은 땅인 진혈에 묻히면 땅속으로 흐르는 좋은 기운인 생기가 유입되어, 기가 자손에게 좋은 감응을 일으키도록 유도한다는 것이 동기감응론이다.

적어도 사회적으로 안정되고 자신의 의지대로 굳세게 밀고 나가 성공을 한 사람의 경우 조상의 선영이 없는 자가 드물다. 반대로 선영을 없애고 화장을 한 순간부터 집안의 재산과 권력이 부지불식간에 빠져나가 버리고 만다. 조상 묘를 화장하고 자손이 잘되는 경우는 드물다. 특히 오래된 선산의 조상 묘를 없애고 선산마저 팔아먹은 경우 처참하게 망해서 죽어 나가는 것을 여러 번 목격했다. 보상받은 돈으로 호의호식하며 잘살 것 같아도 반대 상황에 처하는 것을 종종 목격했다.

이외에도 동기감응에 대한 사례는 많다. 예를 들면, 후손이 백혈병에 걸린 경우는 대부분 조상의 시신이 골짜기에 묻혀 얼었다가 한여름까지도 녹지 않을 때 발생하는데, 시신을 다른 좋은 곳으로 이장하면 백혈병이 감쪽같이 낫는 것을 여러 번 경험했다.

아는 스님 한 분은 백혈병으로 고생을 해서 산소를 찾아갔다. 투석하는 단계까지 와 있었다. 예상했던 대로 골짜기에 산소가 있었고, 시신은 얼어있었다. 파보지 않아도 시신 상태를 어느 정도 파악할 수 있다. 파보지 않고 시신상태를 확인하는 것은 훈련을 통해 알 수 있다. 특별한 능력이 아니라 누구나 훈련을 통해서 할 수 있는 방법이다. 이장을 하자고 했다. 스님에게서 연락이 왔다. 큰스님이 올해 이장을 하면 너는 죽는다고 했다고 하면서 난색을 보냈다. 풍수에서 나쁜 곳에 묻혀 있으면 날을 볼 것이 아니라 한시라도 빨리 옮기거나 화장을 하는 것이 옳은 일이다. 날짜에 의해서 해도 되고 안 되는 것은 없다. 물에 빠지거나 병에 걸린 사람이 날짜를 보면서 약을 먹거나 치료를 하는 것이 아니듯 풍수도 마찬가지다. 빨리 이장할 것을 강력하게 제안했다. 스님도 동의했다. 동의를 얻어 묘를 파보니 시신이 꽁꽁 얼어 있었다. 그리고 이장을 했다. 지금은 다 나아서 건강한 상태로 교수로 활동을 하고 있다.

북한의 경우 3대가 세습을 하면서 김일성과 김정일 부자의 시신을 보관해 오고 있다. 풍수상 부모 시신의 상태가 자식에게 그대로 전달된다고 본다. 정상적인 상태가 아니라 약물과 방부제 등으로 보관하고 있다고 한다면 자식들의 건강은 물론 인생에도 적잖은 부정적 영향을 끼친다고 볼 수 있다. 이처럼 억지로 보관된 김일성·김정은 부자의 시신 상태도 바로 후손에게 영향을 끼친다고 믿는다. 지금까지 버텨 온 것만으로도 길다고 본다. 앞으로 길어야 3년 안에 몰락할 것이다. 그리고 김정은과 김정철 등 후손의 건강 상태는 상당히 나쁠 것으로 추측한다.

화장 문화 시대의 풍수

　동기감응으로 인해 후손에게 영향을 주는 산소는 좋은 자리에 있을 때 좋은 영향을, 나쁜 자리에 있을 때 나쁜 영향을 미친다. 대신 묘를 쓰지 않고 화장을 하면 어떤 현상이 생길까? 동기감응은 같은 유전자를 가진 만큼 영향을 준다. 자식에게는 영향이 절대적이지만 손자에게는 영향이 줄어든다. 증손자 대까지는 영향이 일부 있지만, 그 아래로 내려가면 영향권에서 벗어난다. 묻힌 사람의 영향을 받는 것인데 화장을 해서 태워버리면 대부분은 사라지고 일부 뼈만 남는다. 그것도 부숴서 빻으면 더욱 영향력이 사라진다. 일부만이 남아서 남은 만큼의 영향을 준다.

　좋은 것도 없고 나쁜 것도 없어진다. 자신의 능력으로 살아가면 된다. 자신의 능력으로 살아가는 것이 쉽지 않음은 양택을 통해 확인할 수 있다. 허허벌판에 집을 지으면 산의 영향을 받지 않는다. 하지만 거친 바람과 태양을 피하기 어렵다. 풍수도 마찬가지다. 아무 영향도 없으면 나쁜 것을 제거했다는 점에서는 좋지만 좋은 영향을 받은 사람과의 경쟁에서 밀리게 된다. 부모의 선산이 없는 사람의 경우 군수 이상의 자리를 차지한 경우를 찾기 어렵다는 점이 이를 방증해준다.

풍수의 영향이 인생에 30% 정도라고 하면 100미터 달리기를 할 때 아무 영향력도 받지 않는 사람의 경우는 그대로 100미터를 달려야 한다. 좋은 자리를 가지고 있는 사람은 70미터만 달려도 된다. 그리고 나쁜 자리에 있는 사람의 경우 130미터를 달려야 한다. 승리는 거의 결정된 것과 같다. 한 사람의 운명은 그가 어느 나라에 태어나느냐에 따라 이미 상당 부분 영향을 받는다고 한다. 빌 게이츠가 아프리카 소말리아 흑인의 후손으로 태어났어도 세계적인 컴퓨터 천재가 되었을까? 물론 불가능하지야 않겠지만 쉽사리 상상이 가지 않는 상황이다. 이처럼 국적은 국토의 차원으로 부여되는 개인의 운명이지만, 한 국토 내에서 풍수는 더욱 직접 개인에게 영향을 미친다. 다소 껄끄러운 사례이지만, 부자 집안에서 태어난 아이는 부자가 될 확률이 높다. 가난한 집안에서 태어난 아이는 가난할 확률이 높다. 왕의 집안에서 태어나면 저절로 왕자가 된다. 사회적 평등의 관점에서 바람직한 상황은 아니지만, 분명한 것은 자신의 능력만으로 큰 성공을 이루기는 쉽지 않다는 점이다.

분명한 것은 동기감응이라는 현상의 실체다. 조상이 물속에서 허우적대는 꿈을 꾸고 난 다음 묘소를 찾아보니 묘가 내려앉거나 침수된 사례는 흔하다. 조상이 추위에 떨며 옷을 달라고 하는 꿈은 상당수가 묘에 물이 찬 경우다. 묘에 물이 차면 후손들에게 여러 가지로 나쁜 영향을 준다.

조상의 묘가 있고 없고의 차이는 확연하게 구분된다. 선산이 있는 경우는 당차게 한길을 포기하지 않고 간다. 좋은 산을 가질 경우 산의 좋은 에너지를 받아서 건강하고, 주체적인 성격을 가지게 된다. 하지만 산소가 없는 경우는 중도에 포기하거나 한길을 가지 못하고 쉽게 포기하는 경향이 있다.

마지막으로 화장 문화가 80%로 대세지만 화장을 했을 경우 제대로 된 관리를 해야 한다. 화장했을 경우에는 항아리에 담아 뼈를 곱게 빻아서 공기가 밀폐되도록 하고 양지바른 곳에 매장하는 것이 좋다. 숲이나 바다에 뿌리는 경우를 종종 보게 되는데 얼마 남지 않은 유골이라도 숲이나 물에 뿌리는 것은 좋지 않다. 항아리 같은 것에 담아서 안장하거나 썩지 않도록 보관하는 것이 좋다.

오래된 공원묘지의 경우는 그렇지 않지만 요즘 만들어지고 있는 곳들에는 문제가 많다. 예전의 공원묘지는 산을 있는 그대로 유지한 채 산소를 쓰도록 만들어졌다. 나무만 베어내고 정리해서 산소를 쓰게 했기 때문에 산이 파괴되지 않았다. 반면 요즘의 공원묘지를 보면 산을 아예 허물어 버리고 골짜기는 흙으로 채우는 평탄 작업 후에 분양한다. 치명적인 문제점을 가지고 있다. 산을 깎고 평탄작업을 해서 만든 터에 묘를 쓰면 집안이 몰락한다. 건강상태도 나빠진다. 공원묘지는 편의시설과 치장을 해서 잘 가꾸었지만 정작 풍수학적으로 봤을 때 산을 허물고 만들어 후손들이 어려움을 당하도록 조성했다는 점에서 낙제점수를 줄 수밖에 없다. 새로 조성되는 공원묘지의 경우 상당수가 비슷하게 만들어지고 있다.

산을 깎으면 무슨 문제점이 생기는가를 살펴보자. 산소를 쓴 자리를 혈장이라고 하는데 혈장이 우선 파괴된다. 혈장이 파괴되면 후손에게 파괴된 혈장의 영향이 전달된다. 혈장을 보고 집안의 내력을 알 수도 있다. 혈장이 파괴되면 해당하는 자손에게 문제가 생긴다.

산소를 관리하기 힘들면 화장을 해서 잘 모시는 것이 필요하다. 산소 관리를 잘못하면 바로 화가 미친다. 산소관리에서 나쁜 현상으로 대표적인 것을 염廉이라고 한다. 5대 염이 있다. 물이 차는 건 수렴水廉, 나무뿌리가 침범하는 건 목렴木廉, 뼈가 불에 타듯 까맣게 변하는 게 화렴火廉, 그리고 벌레가 끓는 게 충렴蟲廉이다.

충렴은 묘에 뱀이나 쥐, 지네 등 벌레가 들어가 있는 것이며, 자손들은 대개 중풍을 앓거나 정신질환에 걸려 미친 사람 된다. 목렴은 나무뿌리가 들어간 경우로 대개 토질이 나쁠 때 생긴다. 자갈땅에 묻으면 영락없이 목렴이 든다. 자손들은 신경통이나 농창, 피부병 등에 걸린다. 수렴은 수맥이 지나는 곳에 시신을 묻으면 든다. 입수처入首處가 바위와 흙으로 나누어진 곳이면 물이 지하로 스며들기 쉬워 수렴이 든다. 관 속에 물이 들면 시신이 썩지 않거나 반대로 녹아 없어져 버리게 된다. 드문 경우지만 복시혈伏屍穴이라 하여 시신이 뒤집어지는 수도 있다. 자손들은 극심한 두통이나 만성질환을 앓는다. 화렴이 들면 흡사 불에 탄 것처럼 수의의 일부분이 까맣게 타 있다. 시신의 한 부분이 타 없어지는 예도 있는데 마찬가지로 자손들에게 나쁜 영향을 끼친다. 풍염은 관 속에 바람이 드는 경우인데, 직접 칼바람을 맞아 시신이 푸석푸석하게 되고 만다. 자손들은 흉사凶死를 당한다.

시신을 모실 때 회를 섞어 묏자리 기반을 다지는 경우도 있는데, 나무뿌리나 곤충이 침입하지 못하고 흙이 단단해지는 효과를 위해서다. 회를 섞어서 개어 회다지를 하면 흙이 굳어지는 효과가 있는데 문제는 회에서 열이 발생하니 조심해야 한다.

지금은 국민의 80%가 화장을 한다. 화장이 대세인 세상이다. 산소를 관리할 사람이 없다는 것도 한몫하고 있다. 국토가 좁은 나라에 산소가 차지하는 면적이 넓다는 주장도 있다. 지금에 와서 매장 문화를 주장하고 싶지는 않다. 꼭 필요한 사람만 하면 되지만 다만 매장의 폐해는 줄이고자 한다.

화장의 문제점도 적지 않다. 우선 기존에 있는 묘를 화장해서 납골당에 모실 경우 부모 형제의 위계가 깨지는 현상이 발생한다. 형제간에 서로 돈독한 관계가 깨지는 것을 목격한다. 그리고 끈기가 없어진다. 힘든 것을 참고 견디며 밀고 나가는 힘이 결여된다. 중요한 것은 크게 성공한 사람 중 선대의 묘를 가지고 있지 않은 사람이 없다는 점이다. 우선 선대 묘가 없으면서 대통령이 된 경우는 없다. 우리나라 대통령의 경우 대부분 가난하고 시골에서 태어나 자란 경우가 많다. 그럼에도 서울로 진출하고 명문고를 나오거나 어려움을 극복하고 대통령의 자리에 올랐다. 선영이 있는 경우 견디는 힘과 추진력이 강하게 작용하는 것을 알 수 있다. 국회의원이나 시장·도지사, 혹은 구청장이나 군수 정도로 입지를 굳힌 사람의 경우도 선대의 묘가 없는 경우를 거의 보지 못했다. 선대 묘의 유무에 따라 확연하게 차이가 났다. 선영이 있는 경우는 주체적인 인간으로서 자신이 목표한 것을 꿋꿋하게 밀고 나가는 힘이 있었고, 선영이 없는 경우는 포기가 빨랐다.

건강에도 확연하게 차이가 났다. 선영이 정맥에 잘 자리하고 있는 경우는 병이 거의 없었다. 하지만 무기 맥이나 사맥에 묘를 쓴 경우는 여러 가지 병치레를 했다. 특히 당뇨병 같은 것은 무기 맥이나 사맥에 쓴 경우 나왔다. 무기 맥은 산의 옆 부분에 해당하는 곳이고, 사맥은 맥이 죽어 힘이 없는 것을 말한다.

C독립군의 자손이나 국가 유공자가 못사는 이유

한국이 국가를 이루고 살아남는 데 몸을 던져 싸운 분들이 있다. 6·25 참전용사와 독립군으로 활동한 분들이다. 4·19혁명 지사와 민주화 인사, 그리고 국가 위기 시 목숨을 걸고 조국을 지키려 한 분들이다. 그런데 안타깝게도 국가 유공자들이 어렵게 사는 것을 종종 보게 된다. 나라를 팔아먹은 매국노의 후손 중 일부가 잘살고 있는 것과는 대조적 현상이다. 국가에서도 최대한 보상을 하려고 하고 있고, 경제적인 보조도 있다. 하지만 국가 유공자들의 삶은 어렵다. 어려운 이유에도 여러 가지 있겠지만 풍수 입장에서 보면 확실한 까닭이 있다.

국가에서 국가 유공자들에게 주는 혜택 중 하나로 국립묘지에 안장할 수 있는 권한을 부여했다. 국가에 헌신한 분에 대한 보답의 한 방법이다. 그런데 이런 고마운 지원책이 풍수에 전혀 맞지 않게 시행되고 있어서 유감이다. 풍수에서는 화장을 하면 인물이 나오지 않는다는 것이 정설이다. 실제로 화장을 한 후손들의 경우 성공하는 사례가 드물다. 드물게 있지만 묘를 가지고 있다가 나중에 화장을 한 경우다. 화장을 하고 나면 그나마 가지고 있던 자리에서도 밀려난다. 국립묘지에 안장될 때에도 반드시 화장을 해야 한다. 대통령과 장관의 경우는 매장이 가능하다. 서울을 비롯한 수도권에서의 화장률은 60~70% 정도로 파악된다. 장례식장의 게시판을 보면 장지가 화장터인 곳이 압도적인 우위를 차지한다. 화장이 매장에 비해 경제적이고, 신속하며, 후손에게 묘를 관리하는 부담을 주지 않는 점이 커다란 장점으로 인식되고 있다. 그러나 매장 풍습이 사라질 것이냐는 물음에는 부정적이다. 국립현충원에 묻히는 대통령이나 장관들은 아직도 매장을 고수하고 있다. 풍수에서는 매장을 선호하지만, 매장에 따른 단점 때문에 정부는 제한을 두고 있다. 매장은 전통적인 장례풍습이다. 유전자가 포함된 뼈의 모든 세포가 산화되면서 후손에게 영향을 준다는 것이 풍수의 기본이다. 그런데 화장을 해도 유전자가 남아있다. 그것은 완전한 화장이 아니다. 불교의 다비식과 같이 화장을 하여 뼈까지 재로 변한다면 유전자까지 소실되겠지만, 현재의 화장터에서는 살만 태우고 뼈는 골라내어서 유족의 요청에 따라 분말로 만들지 않으면 뼈째로 건네준다. 유전자가 뼈에 남아있는 상태이다. 풍수적으로 좋은 환경에서 완전히 산화되도록 하는 것이 중요하다. 도자기에 담아서 완전히 밀봉한 후 양지바른 땅에 묻어주어야 한다.

그나마 이렇게 화장 후 유골이라도 안치한 경우는 다행이지만, 6·25전쟁에 참전했다가 시신을 찾지 못한 경우는 더 안타깝다. 시신을 찾지 못한 그 자체도 안타까운 일이지만 후손은 더욱 어려워진다. 전쟁 중이라 급하게 매장해서 어디에 묻혀 있는지 확인하기 어렵고,

많은 경우 낮은 산기슭이나 골짜기에 묻혀 있는 경우가 많다. 풍수에서 산기슭에 묻히면 산의 힘을 얻을 수 없다. 정맥이 흐르는 10부 능선에 써야 하는 것이 원칙이다. 산기슭에 쓰면 기맥이 흐르지 않아 자기주도적인 삶을 살기 어렵고 건강에도 문제가 생긴다. 정맥에 묻힌 경우는 후손들이 건강한 몸으로 당당하게 삶을 살지만 산기슭에 묻힌 경우는 주체적인 삶을 못 살게 된다. 국립 현충원 내 사병들의 묘역 역시 다르지 않다. 산과 산 사이에 자리 잡아 풍수에서는 골짜기로 여기는 곳에 묻혀 있다. 그나마 다행인 것은 화장을 해서 영향이 적다는 점이다. 하지만 화장으로 인한 폐해는 국가 유공자들의 후손이 정계나 재계 그리고 문화예술계에서 두드러지게 활약하는 사례가 현저하게 적다는 것만 봐도 확인된다.

더욱 안타까운 경우는 골짜기에 묻힌 채 아직까지 발굴도 안 된 경우다. 골짜기는 풍수에서 대표적으로 나쁘게 본다. 집이 망해 나가고, 후손들은 건강에 치명적인 문제를 얻게 된다. 한두 번이 아니라 여러 번 반복적으로 확인한 경우다. 골짜기에 시신이 묻힌 경우 후손들이 잘된 경우를 보지 못했다. 건강하던 사람도 골짜기에 집을 짓고 이사해 살면서 건강을 잃고 사업의 어려움을 호소하는 경우를 숱하게 봤다. 골짜기에 묻히고 골바람과 그늘로 시신이 얼어버린 경우는 후손이 암이나 난치병을 앓게 된다. 국가는 시신 발굴 작업에 좀 더 관심을 가질 필요가 있다. 눈에 보이지 않지만 운명을 좌우하는 일들이 조상의 시신이 묻힌 상태에 따라 영향을 받고 있음을 간과해서는 안 된다.

개발된 곳에서는 인물이 나오지 않는다

인물이 나오는 터, 안 나오는 터가 정해져 있다. 인물이 나오는 터에서는 계속 인물이 나온다. 맑은 샘물이 나오는 곳에서는 계속 맑은 물이 샘솟는다. 탁한 물이 나오는 곳에서는 계속 탁한 물이 나온다. 풍수 공부를 하다 보면 산골 오지의 차도 다니지 않는 곳에서 태어난 사람이 서울까지 진출해서 성공하는 사례를 종종 보게 된다. 반면 여건이 잘 갖춰진 서울이나 대도시에서 태어난 사람들의 성공 확률이 의외로 적은 것에 놀라게 된다. 오히려 오지 중의 오지에서 태어난 경상도나 전라도 사람들의 진출이 눈에 띄게 많다. 이중환의 『택리지』를 한번 들여다보자.

"한양에서 벼슬을 하다 그만두고 살다 삼남三南, 즉 충청·전라·경상도로 내려간 사람들은 자식은 다시 과거에 합격해 한양으로 올라오지만, 한양에서 머문 사람들은 가세가 기울어 명문가 이름에서 사라져버렸다."

산에서 인물이 나온다는 점에서 이중환의 발언은 핵심을 찌르고 있다. 지금도 마찬가지고 앞으로도 마찬가지다. 서울 근교와 수도권에 자리 잡은 묘를 가진 사람들의 경우 어려운 상황에 빠져 있는 사례를 자주 목격하게 된다. 산이 그곳에 살고 있는 사람들의 성격도 만들어낸다. 산이 안아준 곳의 마을 사람들은 화목하고 안정적이며 협조적이다. 하지만 산이 외면한 마을 사람들의 경우 척박하고 거칠다.『택리지』를 쓴 이중환은 경상도에 대해서 상당히 후하게 표현했다. 그리고 실제로 경상도의 사람이 정계나 재계 혹은 문화예술계에 진출하는 경우는 독보적이다. 팔도의 인심을 이렇게 적었다.

"평안도는 인심이 순후하기가 첫째이고, 다음은 경상도로 풍속이 진실하다. 함경도는 지역이 오랑캐 땅과 잇닿아있으므로 백성의 기질이 모두 굳세고 사납다. 황해도는 산수가 험해 백성이 사납고 모질다. 강원도는 산골 백성이어서 많이 어리석다. 전라도는 오로지 간사함을 숭상하여 나쁜 데 쉽게 움직인다. 경기도는 도성 밖과 들판 고을 백성들의 재물이 보잘것없고, 충청도는 오로지 세도와 재리만 좇는다. 이것이 팔도 인심의 대략이다."

이것은 서민을 논한 것이고 사대부의 풍속은 또 그렇지 않다고 부연했다. 다시 돌아가서 서울을 중심으로 한 수도권과 대도시에서 태어나 자란 사람들 중 왜 큰 인물이 나오지 않을까. 먼저 대통령부터 살펴보자. 박정희·노태우·전두환 대통령은 경상북도 출신으로 가난한 농부의 자식이다. 김영삼 대통령은 경제적으로 윤택했지만 당시로서는 거제도라는 오지의 섬 출신이다. 김대중 대통령의 경우도 마찬가지로 가난했다. 노무현 대통령은 공부도 제대로 하지 못할 정도로 어려웠다. 이명박 대통령도 마찬가지다. 대다수의 대통령들이 시골 벽지나 오지에서 태어났고, 가난했다.

그런데도 역대 대통령들에게는 한 가지 공통점이 있다. 선산이 있고, 선산의 한 중심에 묘를 썼다. 풍수로 이야기하면 정맥을 탔다고 한다. 예외가 없는 것에 놀란다. 그리고 주산에서 봤을 때 왼쪽 산을 좌청룡이라고 하는데 하나같이 좌청룡이 발달해있다. 좌청룡은 권력과 명예를 주관하는 산으로 힘차고 강한 기운을 발휘한다. 대통령들의 산 모양의 공통점이다.

대통령을 만드는 산이 정말 있는지는 장관 등 정치·경제·문화의 중심인물들을 나열해 놓고 출신지를 적어보면 확인할 수 있다. 어느 지역이 많은지 확연히 드러난다. 우선 대도시에서 태어난 사람과 산간벽지에서 태어난 사람을 조사해보라. 산간벽지가 훨씬 많은 것에 당황할 것이다. 대통령의 대다수가 시골이었듯 한국에서 활동하는 중심인물들의 출생지는 시골이다. 더 정확하게 말하면 산간벽지에 묘를 둔 사람들과 시골 오지에 묘를 둔 경우 누가 성공했는가를 조사해보면 더욱 명료해진다. 수도권의 공원묘지에 묘를 쓴 사람들 중 중추적인 역할을 하는 사람은 드물다. 오래전에 마련된 공동묘지의 경우는 그래도 낫다. 하지만 새로 단장한 공원묘지의 경우는 문제점이 아주 많다.

이유는 이렇다. 서울을 중심으로 한 수도권에 있는 산들이 힘이 있는 산이 적다. 북한산과 관악산에는 묘를 쓸 수가 없고, 경기도권의 산들은 힘이 약하고, 더욱 안타까운 것은 개발되어서 산이 깨졌다. 개발된 곳에 선산을 두면 패가망신한다. 고속도로로 뚝 잘린 곳에 산소를 가진 후손은 망한다. 한두 번 본 것이 아니다. 그것도 3년 안에 망한다.

반대로 시골 오지에 산소를 가진 사람들이 경우 성공하는 이유는 뭘까. 시골 오지에는 산을 자르고 깎아내는 경우가 거의 없다. 본모습 그대로 맑은 기운의 산을 가지고 있다. 동기감응에 대해서는 앞서 설명한 바와 같다. 좋은 산의 기운을 후손들이 그대로 받는다는 것이 풍수의 핵심이다. 개발된 곳에 있는 산소를 가진 후손들은 하나같이 생활이 어렵고 병마에 시달린다. 개발되지 않은 곳에 산소를 가진 사람들의 경우는 산의 기운을 온전히 받아 한결 안정적이다.

예전의 공동묘지에서는 인물이 나도 요즘 신설되고 있는 공원묘지에서는 인물이 나올 수 없다. 인물이 되고 안 되고는 둘째 치고, 치명적인 문제점을 가지고 있어서 가정적으로 어려움을 당하게 된다. 산을 깎고, 깎은 흙으로 골을 메워 썼기 때문에 이미 지기地氣가 깨져 나쁜 영향만을 준다. 공원묘지에 매장을 하느니 화장을 해서 불필요한 화근을 제거하는 것이 좋다. 예전의 공동묘지는 산을 그대로 두고 묘를 썼다. 산이 깨지지 않아 산의 영향을 그대로 받았다. 지금의 공원묘지는 휴게시설이나 편의시설을 잘 갖추어 편리하지만 후손들이 어려움을 당한다. 공원묘지에 들어가려면 화장을 해서 납골묘로 쓰기를 당부드린다. 집안이 한 번에 망하는 것을 피할 수 있다.

풍수를 보는 방법도 마찬가지로 개발된 기구를 이용할 수 있겠지만 현재까지 나와 있는 것들은 믿음을 주지 못하고 풍수를 오히려 어지럽히는 결과를 준다. 패철은 방위를 표시해주는 것으로 풍수에서는 기본적인 도구다. 하지만 패철의 남용은 조심해야 한다. 먼저 산과 물을 보고 사람에게 미치는 영향을 알 수 있어야 한다. 자연의 원리를 기계의 힘으로 보는 것에는 한계가 있다.

집이나 묘를 쓸 때 방위계부터 들이대는 사람을 조심하라. 방위계는 최후에 확인해보는 보조 기구여야 한다. 산의 흐름과 물의 흐름을 파악한 후에 자리를 앉히고 나서 확인해야 하는 것이 방위계다. 아울러 엘로드L-rod로 수맥을 확인하고 기를 측정하는 기계 등으로 풍수를 보겠다는 것은 문제가 있다. 자연 상태에서 기氣에는 일정한 흐름이 있다. 이것을 학문적인 힘으로 찾아내는 법을 익혀야 한다. 풍수가 자연과학이라면 자연의 이치를 깨우치는 학문으로 자리 잡아야 한다. 통계적으로 확인할 수 있고, 실증적으로 현장과 이론이 맞는 것을 증명해야 한다. 수학공식처럼 명확한 원리가 있는데 기계의 힘으로 찾아내는 것에는 오류가 있다. 산을 보고 후손의 운명을 알아내는 움직일 수 없는 흐름을 깨우쳐야 진정한 풍수가라고 할 수 있다. 산소를 보고 지금의 운명이나 미래 예측을 구체적이고 정확하게 맞추지 못하는 풍수가를 믿지 말라.

땅의 유혹

2장

한국의 산줄기와 지명

한국의 산줄기

한국의 산하를 정리한 지도가 있다. 〈산경표〉다. 산의 줄기와 갈래를 일목요연하게 정리했고 산의 흐름을 사람의 핏줄처럼 흘러가는 것으로 표현함으로써 산과 물을 생명의 근간으로 삼았다는 점이 특징이다. 우리의 국토를 산 중심의 정신으로 체계화하였으며, 산줄기의 분류는 물로 나누었다.

'산자분수령 山自分水嶺'

산은 스스로 자신의 가장 높은 봉우리에서 물을 나눈다는 의미인데, 다시 설명하면 산과 산 사이에는 물이 있고, 물과 물 사이에는 산이 있다. 너무나 확연하게 정리되는 원리를 가지고 있다. 한국의 산하를 실제적으로, 그리고 논리적으로 정리한 것이 〈산경표〉다. 산경표는 산줄기의 흐름이다. 한국의 산을 물로 나누었다. 또한 물은 산으로 분리했다.

백두대간은 백두산에서 시작되어 동쪽 해안선을 끼고 남쪽으로 달리다가 태백산 부근에서 서쪽으로 기울어 남쪽 내륙의 지리산에 이르는, 우리나라 땅의 근골을 이루는 거대한 산줄기의 이름이다. 백두대간은 한강과 낙동강을 분리한다. 또한 금강과 낙동강을 나눈다.

백두대간은 백두산에서 시작하여 금강산·설악산·태백산·소백산을 거쳐 지리산으로 이어지는 큰 산줄기다. 한반도의 산줄기를 대간과 정간, 정맥으로 나타낸 체계를 따라 붙여진 이름이다. 나라 땅의 산줄기는 하나의 대간과 하나의 정간, 그리고 13개의 정맥으로 이루어졌다. 백두산에서 시작되어 여러 갈래로 갈라진 산줄기는 모든 강의 유역을 나눈다. 크게 나누어 동·서 해안으로 흘러드는 강을 양분하는 큰 산줄기를 대간·정간이라 하고, 그로부터 다시 갈라져 하나하나의 강을 경계 짓는 분수 산맥을 정맥이라 하였다.

대간, 정간, 정맥, 기맥, 그리고 지맥은 어떤 기준으로 구분하는가. 대간大幹은 우리나라의 10대 강을 동류東流와 서류西流로 구획하고, 모든 정맥을 가지 치는 기둥 산줄기다. 정점에 백두산이 있어 백두대간이라는 이름을 얻었다. 정간正幹은 백두산의 다른 이름인 장백산에서 이름을 물려받은 장백정간이 유일한데 큰아들 대접을 받았다는 상징적인 의미 외에 달리 특별한 점은 없다.

정맥正脈은 우리나라에서 유역면적이 넓은 순서로 10대 강을 정하고 그것을 나누는 산줄기로서 바다와 만나는 강의 하구가 흐름의 끝이 되어야 한다. 기맥岐脈은 대간 또는 정맥에서 분기하는 산줄기로서 길이가 100km 이상인 것이다. 정맥과 기맥의 구분은 산줄기의 규모나 길이에 따르는 게 아니라 10대 강을 구획하느냐 하지 않느냐에 따른 것이다. 그러므로 기맥은 정맥의 하위 개념이 아니며, 오히려 기맥이 정맥보다 길이나 세력이 큰 경우도 있다. 기맥은 대간에서 분기하기도 하고 정맥에서 분기하기도 한다. 기맥은 원칙적으로 강의 끝으로 향해 가지만 설정 목적에 따라 특정한 곳으로 가기도 한다. 대간, 정맥, 기맥을 제외한 모든 산줄기를 지맥地脈이라 한다.

대간을 이루는 산은 기점인 백두산으로부터 동남쪽으로 허항령, 포태산, 최가령, 백사봉, 두류산 등 2,000m 정도의 높은 산으로 이어져 압록강과 두만강의 유역을 동·서로 가르며, 북동쪽으로는 장백정간으로 나뉘었다.

서남쪽으로는 후치재, 부전령, 황초령으로 이어져 압록강의 남쪽과 동해로 흘러드는 물로 나뉘며, 다시 남쪽으로 차일봉, 철옹산, 두류산으로 이어져 대동강의 남쪽 정맥인 해서정맥으로 이어진다. 원산 서남쪽으로 이어진 대간은 마식령, 백암산, 추가령으로 연결되어 임진강 북쪽 유역의 경계를 이루었고 한강 북쪽 한북정맥의 출발이다.

동해안을 끼고 국토의 척추로 달려 내려가는 대간은 금강산, 진부령, 설악산, 오대산, 대관령, 두타산, 태백산으로 이어 내려오다 남쪽으로 낙동강의 동쪽 분수 산줄기인 낙동정맥을 만든다. 대간의 본줄기는 내륙으로 들어와 소백, 죽령, 계립령, 이화령, 속리산으로 뻗어 내려 한강과 낙동강을 남북으로 삼아 물의 흐름을 나눈다. 이로부터 추풍령, 황학산, 삼도봉, 덕유산, 육십령, 영취산까지 금강의 동쪽 분수산맥을 형성하며 섬진강의 동쪽 분수령인 지리산에서 백두대간이 끝난다.

백두대간은 장백정간과 함께 서쪽으로 해안선까지 골과 들을 이루며 뻗어 내려간 13개의 정맥, 구체적으로 청북정맥·청남정맥·해서정맥·임진북예성남정맥·한북정맥·한남정맥·한남금북정맥·금북정맥·금남정맥·금남호남정맥·호남정맥·낙동정맥·낙남정맥이 근육처럼 연결되고 있다.

산줄기의 이름은 강줄기의 이름에서 얻었다. 산과 물이 서로 나뉘면서 하나로 자연을 이루고, 또한 나누는 역할을 했다. 언어·습관·풍속 등과 의식주의 다름이 산줄기와 물줄기의 가름으로 세분화되어 지역의 특성을 만들었다. 산줄기마다 지역을 구분 짓는 경계선이 되어 부족국가의 영역을 이루었고, 고구려·백제·신라의 국경을 비롯하여 조선 시대의 행정경계를 이루었으며 현대에 이르러서도 각 지방의 분계선이 되었다. 우리 땅을 파악하고 지리를 밝히는 데 있어서 백두대간은 근본이다.

지역마다 산의 특성이 다르다. 산의 특성이 다르니 기질도 다르다. 일찍이 조선 개국공신 정도전이 각 도마다의 기질을 설명한 내용이 있다. 우선 팔도 사람들의 특성을 한 마디로 정리한 평부터 들어본다.

경기도는 경중미인鏡中美人으로 거울 속의 미인처럼 우아하고 단정하다.

평안도는 맹호출림猛虎出林으로 숲 속에서 나온 범처럼 매섭고 사납다.

황해도는 석전경우石田耕牛로 거친 돌 밭을 가는 소처럼 묵묵하고 억세다.

강원도는 암하노불巖下老佛로 큰 바위 아래에 있는 부처님처럼 어질고 인자하다.

충청도는 청풍명월淸風明月로 맑은 바람과 큰 달처럼 부드럽고 고매하다.

전라도는 풍전세류風前細柳는 바람결에 날리는 버드나무처럼 멋을 알고 풍류를 즐긴다.

경상도는 태산준령泰山峻嶺으로 큰 산과 험한 고개처럼 선이 굵고 우직하다.

다른 도에 대해서는 거리낌 없이 평을 하고서는 정작 이성계의 고
향이 있는 함경도에 대해서는 평을 하지 않았다. 이성계의 고향은
함흥이었다. 함흥이 속해있는 함경도에 대해서는 말을 하지 않자 이
성계는 궁금했다.

"왜 함경도에 대해서는 말을 하지 않는 게요?"

이성계가 정도전에게 재촉했다. 사실 정도전은 조심스러웠다. 권
력의 정점에 있는 이성계가 태어난 함흥이 속한 함경도에 대한 평을
망설였다.

"아무 말이라도 좋으니 어서 말해 보시오."

태조 이성계는 재차 재촉했다. 정도전은 머뭇거리며 말했다. 권력
의 정점에 있는 왕에게 실수하면 화를 입을 수도 있는 상황이었다.
절대 권력의 지존에게 밉보여서 좋을 게 없었다.

"함경도는 이전투구泥田鬪狗이옵니다"

이성계는 정도전의 말을 듣고는 얼굴이 벌게졌다. 자신의 고향이 있
는 도 사람에 대한 평이 다른 도와 달리 좋지 않아 심기가 불편했다.
정도전의 평은 객관적이었다. 함흥은 함경도에서 가장 발달한 도시
중 하나였다. 함경도라는 이름에서도 알 수 있다. 함경도의 함경이
란 도 이름은 함흥咸興과 경성鏡城의 머리글자를 합하여 만든 이름이다.
다른 도도 마찬가지다. 크고 의미 있는 도시의 이름의 앞 글자를 따
서 이름을 지었다. 경기도는 서울 경京과 왕 터 기畿라고 해서 서울과
왕이 살고 있는 지역이라는 의미가 있다. 다시 설명하면 경京은 왕이
살고 있는 4대문 안을 말하고 기畿는 왕성을 중심으로 사방 5백 리

이내의 땅을 의미한다.

이성계가 지금은 터를 이전해서 한양에 머무르고 정착했지만 엄연히 이성계의 고향은 함경도였다. 아무리 왕이라고 해도 없는 말을 지어서 이야기할 수는 없었다. 하지만 왕의 심기를 불편하게 해서 이로울 것이 없었다. 눈치 빠른 정도전이 이어 말했다.

"그러하오나 함경도는 또한 석전경우石田耕牛이옵니다."

좋은 말을 하나 연결해서 마음을 달랬다. 이성계의 얼굴이 환하게 펴졌다. 돌밭을 가는 우직하고 충직한 소를 비유해서 한 말이었다. 인내심이 강하다는 의미가 담겨있었다. 이전투구라는 말은 진흙탕에서 싸우는 개라는 뜻으로 거칠고 이익에 집중하는 함경도 사람의 성격을 평한 말이다. 진흙에서 싸우는 개를 말하는 이전투구는 그냥 싸우는 것이 아니라 진흙탕에서 싸우니 보기에도 더 거칠어 보이고 체면을 돌보지 않는 모습에서 다른 도와는 달리 나쁜 평이었다. 하지만 석전경우는 돌밭을 가는 우직하고 성실한 소를 상징하니 칭찬이었다. 같은 것을 다르게 표현해야 할 때가 꼭 오기 마련이다. 하지만 정도전이 4자로 조선팔도의 인물평을 한 이면에는 또 다른 반전의 의미가 부여되어 있었다.

경기도 경중미인鏡中美人은 실속이 없다. 충청도 청풍명월淸風明月은 맑은 바람과 밝은 달로 결백하고 온건한 성격을, 전라도 풍전세류風前細柳는 바람 앞에 가는 버드나무를 말하니 부드럽고 영리하지만 변하기도 자주 한다는 의미를 담고 있다. 경상도 송죽대절松竹大節은 소나무와 대나무처럼 겨울이 와도 푸른빛이 변하지 않는 꼿꼿하고 대쪽 같은 절개를 말하고 있다. 강원도에 대한 평은 그리 좋지 않다.

암하노불岩下老佛은 바위 아래에 있는 오래된 부처라고 해서 착하지만 행동력이 떨어지고 진취성이 없다.

　도에 대한 또 다른 평이다. 북한 지역에 대한 평은 대체로 거칠고 강한 면을 보여준다. 황해도는 춘파투석春波投石이라고 해서 봄 물결에 돌을 던지면 돌이 어디로 갔는지 확연하게 보이지 않으니 명확하지 못하다는 의미를 담고 있다. 평안도는 산림맹호山林猛虎라 해서 숲속에 있는 용맹스러운 호랑이니 사내다운 기질과 배짱 있는 기개를 표현했다. 함경도는 이전투구泥田鬪狗로 앞서 말한 것처럼 일을 대하는 모습이 악착스럽고 끈질긴 면이 있음을 말해주고 있다. 이전투구와는 다른 면인 돌멩이가 많은 메마른 밭을 힘이 있는 소가 가는 성실함으로 석전경우石田耕牛라고 하기도 했다.

　모두 양면성을 같이 가지고 있지만 남쪽의 사람들과 북쪽의 사람들의 평은 구분된다. 북쪽은 남성다운 면의 거친 성격으로 표현된 반면 남쪽은 북쪽보다는 유순하고 여성적이며 학문을 하는 모습으로 표현하고 있다.

　산이 기질을 만들고, 성격을 만든다. 대간과 정간, 정맥이 우리나라 하천의 주요 발원지가 되며, 산줄기를 중심으로 국토의 물줄기가 갈라지게 되어 유역 구분의 기본이 되고 있다. 정신적으로는 한반도의 역사가 백두대간 중심의 지맥에 뿌리를 둔다는 역사적 의미도 강하다. 우리는 산을 숭상하는 민족이다. 산에서 태어나고 산으로 돌아간다는 의식을 가지고 있다. 다른 산이 도마다 다른 기질을 만들어내는 엄숙한 자연의 원리가 있다.

지방을 나누는 지명
— 호서 지방으로 불리는 충청도

우리의 산하를 나누는 기본이 산에서 왔고, 국가를 구분하기 위한 것에서 출발한 것도 있으며, 지역의 상징적인 의미를 가지는 것에 의하여 구분되었다. 먼저 큰 줄기부터 나누어보자.

백두대간을 기준으로 영동嶺東지방, 영서嶺西지방, 관동關東지방으로 구분된다. 전체 면적의 80%가 산지인 강원도는 넓은 지역에 비해 우리나라에서 가장 적은 사람들이 살고 있는 고장이다. 강원도라는 말은 신라와 고려를 거쳐 조선시대의 대표적인 도시였던 강릉과 원주의 첫 글자를 따서 만든 이름이다.

우리나라 동쪽에 있는 백두대간은 강원도를 동쪽 지역과 서쪽 지역으로 나누었다. 백두대간을 기준으로 동쪽을 영동 지방, 서쪽을 영서 지방이라고 한다. 강원도 지방을 다른 말로 관동지방이라고 부르기도 하는 것은 백두대간에 있는 고개들 중 서울과 함경남도 원산시를 연결하는 곳에 철령이라는 고개가 있어서다. 철령은 깊고 험한 고개로 요새와도 같은 협곡이기 때문에 군사적으로 중요했다. 그래서 일찍부터 나라에서는 철령관鐵嶺關을 만들어 방어 요충지로 활용했다. 철령관을 기준으로 북쪽인 함경도를 관북지방, 서쪽인 평안도를 관서지방, 동쪽인 강원도를 관동지방이라고 불렀다.

좀 더 자세히 설명하면 백두대간의 봉우리와 봉우리의 사이에는 진부령, 미시령, 한계령, 대관령 같은 고개들이 많이 있다. 고개들을 기준으로 고성, 속초, 양양, 강릉, 삼척 등 동쪽 지역을 영동지방이라고 부르고, 춘천, 홍천, 횡성, 인제, 원주, 평창, 영월, 정선 등의 서쪽 지역을 영서지방이라고 부른다. 영서지방이란 백두대간의 서쪽으로 경기도 접경지까지를 말한다. 경상도는 지금은 작은 도시지만 고려 시대의 대표적인 도시인 경주와 상주에서 나온 이름이다. 경상도를 영남지방이라고 한다. 영남이란 지명은 경상도에서 서울로 가려면 백두대간의 험한 산줄기를 넘어야 한 데에서 왔다. 백두대간의 산줄기에는 죽령, 추풍령, 조령 등 많은 고갯길이 있는데, 경상도에서 서울로 가는 가장 크고 빠른 길은 경상북도 문경과 충청북도 괴산 사이에 있는 조령鳥嶺이었다. 문경새재의 '새재'는 바로 조령鳥嶺의 우리말 표현이다. 조령의 남쪽 지방인 경상도를 고개 이남이란 뜻으로 영남嶺南으로 불렀다.

호남湖南이란 이름은 금강 이남의 전라북도와 전라남도를 가리킨다. 전라도란 말은 고려 시대에 가장 번성한 도시인 전주와 나주에서 따온 말이다. 호남 지방이라고 부르기도 하는데 여기서 호湖는 금강錦江을 말한다. 조선시대에는 금강을 호수가 많은 강이라는 뜻에서 호강湖江, 혹은 금호錦湖라고 불렀다. 그리고 호강의 남쪽에 있는 땅이라는 의미에서 전라도를 호남湖南이라고 불렀다. 오늘날 전라도 지역을 주요 연고지로 한 기업인 금호錦湖 그룹의 사명도 이와 무관치 않다.

한편 일기예보를 듣다 보면 한반도의 중심지역인 수도권을 기호 지방이라고 한다. 기호畿湖 지방의 기畿는 경기京畿에서 나온 말이다. 경京은 서울을 의미하고 기畿는 서울에서 500리 거리의 주변 지역으로, 왕이 사는 자리란 의미를 가지고 있다. 과거 서울 사대문 안에는 농경지도 시장도, 땔감 나무를 벨 곳도 없었다. 오늘날 시장의 대표인 남대문 시장은 과거 시장이 없던 한양 성곽 밖에서 발달했던 것이다. 왕실로부터 허가를 받아 거래하는 종로 육의전을 빼고는 시장이 없으니 일반인들은 도성에 들어오기 전 남대문에서 물건을 사는 것이 편리하였다. 경제의 규모가 더욱 발달함에 따라 조선 후기에는 동대문 밖에도 시장이 발달하게 되었다. 아울러 성곽 내에는 땔감을 벨 곳도 없었다. 오늘날 서울 행정구역 중 과거 한양 성 밖이었던 곳들 지명에 유독 '목木'이나 '림林' 글자가 많이 들어가는 이유가 바로 한양 도성 밖의 땔감 베는 지역이었던 탓이다. 그러므로 경기京畿는 서울과 인접한 수도권에 해당하는 지역을 말한다.

한편 기호지방이란 말은 경기도의 기畿와 충청도를 가리키는 호湖가 합쳐진 말로, 현재의 서울, 인천, 충청 남·북도 일대를 지칭하는 말이다. 여기서 호湖는 충북 제천의 의림지를 지칭한다. 제천의 의림지는 작지만 삼한시대부터 있었던 저수지로 의미가 크다. 의림지와 의림지의 주변 지역 충청도, 경기도를 일컫는 명칭으로 자리 잡았다. 아울러 충청도를 호서湖西 지방이라고도 한다. 의림지를 기준으로 충청도가 서쪽에 있다고 해서 호서 지방으로 부르게 된 것이다.

땅의 유혹

3장

팔
도
풍
수

우리 땅에는 변화와 곡절이 많다. 바다도 또한 변화가 많다. 삼면이 전혀 다른 바다를 가지고 있다. 동해의 깊고 푸른 바다. 남해의 섬과 물살이 빠른 바다. 서해의 갯벌과 조수간만의 차가 큰 바다. 한 나라에 이토록 다른 바다들이 있는 나라는 없을 것이다. 우리의 산하도 마찬가지다. 작지만 알차고 서로 다른 산을 가지고 있다.

수도권에서부터 강원도, 남쪽으로 충청도와 전라도, 그리고 경상도의 산이 모두 다르다. 그만큼 사람의 심성도 다르다. 산의 다름이 사람의 심성의 다름으로 연결되었다. 북한 땅은 밟아보지 못해 짐작만 하지만 남한의 변화만으로도 풍수를 읽어내기에 부족하지 않다.

서울과 경기도부터 살펴보자. 먼저 조선시대 이중환의 『택리지』에 적혀 있는 내용에서 시작해 보겠다. 『택리지』는 풍수를 다룬 책으로 우리나라 최초다. 다음으로 한국에서 태어난 풍수가로서 직접 체험하고 배운 것을 말하고자 한다.

『택리지』는 실학의 열풍이 우리의 국토와 역사, 문화에 대한 애정으로 이어지던 시기, 우리의 산천과 그곳에서 살아갔던 사람들의 이야기를 담아낸, 인문人文과 지리地理가 결합된 책이다. 저자 이중환은 30대 후반에 유배된 후부터 67세를 일기로 세상을 떠날 때까지 약 30년간 전국을 방랑하면서 보고 느낀 것을 택리지에 담았다. 택리지를 저술한 정확한 연대는 기록되어 있지 않다. 저자 자신이 쓴 발문에 "내가 황산강黃山江가에 있으면서 여름에 아무 할 일이 없어 팔괘정八卦亭에 올라 더위를 식히면서 우연히 논술하였다."라고 기록하고 있다. 그리고 말미에 신미년, 1751년이라고 기록하여 저자가 61세 되던 무렵에 정리한 것임을 알 수 있다.

「팔도총론」 부분에서는 우리 국토의 역사와 지리를 개괄한 다음,

당시의 행정구역인 팔도의 산맥과 물의 흐름을 말하고 관계있는 인물과 사건을 기술하고 있다. 팔도의 서술 순서는 평안도·함경도·황해도·강원도·경상도·전라도·충청도·경기도였다. 아쉽게도 이중환은 전라도와 평안도에는 가 보지 못했다.

강원도에 관한 기록 중에는 "지역이 또한 서울과 멀어서, 예로부터 훌륭하게 된 사람이 적다. 오직 강릉에서는 과거에 오른 사람이 제법 나왔다."라고 했다. 경상도에 관한 항목에서는 "좌도左道는 땅이 메마르고 백성이 가난하여 비록 군색하게 살아도 문학하는 선비가 많다. 우도右道는 땅이 기름지고 백성이 부유하나 호사하기를 좋아하고 게을러서 문학을 힘쓰지 않는 까닭으로 훌륭하게 된 사람이 적다."라고 하였다. 경상도는 낙동강을 기준으로 좌도와 우도를 나누었는데, 특히 이중환은 경상좌도에 대해 호의적이었다. 게다가 예안·안동·순흥·영천·예천 등의 다섯 고을에 대해서는 한반도 최고의 지역으로서 한마디로 신이 알려 준 복된 지역이라는 극찬까지 덧붙였다. 경북 내륙 지역은 "사대부가 가장 많고 모두 퇴계 이황과 서애 유성룡의 문하생의 자손들인데, 의리를 밝히고 도학을 중히 여기는 지역"이라고 했다. 또한 이 지역들은 "아무리 외딴 마을, 쇠잔한 동리라 할지라도 문득 글 읽는 소리가 들리며, 비록 해진 옷을 입고 항아리 창을 한 가난한 집에 살아도 모두 도덕과 성명性命:천성과 인명을 말하는 고장"이라고 극찬을 아끼지 않았다.

전라도는 땅이 기름지고 서남쪽으로 바다에 임해 있어 생선, 소금, 벼, 명주실, 솜, 모시, 대나무, 귤, 유자 등이 생산된다. 풍속이 노래와 계집을 좋아하고 사치를 즐기며, 사람이 경박하고 간사하여 문학을 대단치 않게 여기는 지역이라고 했다. 대단한 악평이다. 전라도에 대한 극심한 악평은 이중환만 그러했던 것이 아니라 세종, 성호 이익, 다산 정약용, 순암 안정복 등 조선시대 왕과 학자들의 공통된 평가였다. 또한 전라도에서 과거에 올라 훌륭하게 된 사람의 수가 경상도에 미치지 못한 이유도 대개 문학에 힘써 자신을 이름나게 하는 사람이 적은 까닭이라고 덧붙였다. 그저 먹고 놀기를 좋아한다는 평가였다. 유학에 빠져 있던 선비들의 입장에서 문화예술에 대한 몰이해와 폄하가 있음을 볼 수 있다. 지금은 전주를 대표적 예향藝鄕이라 칭송하는 것과 대비되는 평가이다.

충청도에 대해서는 '남쪽의 반은 차령이남車嶺以南에 위치하여 전라도와 가깝고 반은 차령이북車嶺以北에 있어 경기도와 이웃한다. 물산은 영남·호남에 미치지 못하나 산천이 평평하고 예쁘며 서울 남쪽에 가까운 위치여서 사대부들이 모여 산다. 그리고 대대로 서울에 살며 전답과 주택을 마련하여 생활의 근본으로 삼지 않는 집이 없다. 또 서울과 가까워서 풍속에 심한 차이가 없으므로 터를 고르면 가장 살만하다'며 긍정적으로 평가했다.

한국의 길지

인물이 나는 땅을 좋은 땅이라고 한다. 인물이 세상을 지배하고, 생산을 주관하며, 세상을 만들어가기 때문이다. 인물이 어느 곳에서 많이 날까? 그 이유는 무엇일까? 전국의 산수와 지형을 보면서 확인해 보았다. 인물은 나는 곳에서 계속 난다. 반대로 인물이 나오지 않는 곳에서는 계속 인물이 나오지 않는다. 우리 국토의 경우는 도별로 확연히 다른 산의 모습을 가지고 있다.

먼저 조선시대에 전국을 유람하고 풍수에 대한 평을 했던 이중환의 『택리지』에 기록된 살기 좋은 땅과 살기 나쁜 땅에 대한 논리를 확인해 보자. 「팔도총론」 다음에 기술한 「복거총론卜居總論」에서는 사람이 살 만한 곳의 조건을 〈지리地理〉, 〈생리生理〉, 〈인심人心〉, 〈산수山水〉의 네 가지를 들어서 설명하고 있다.

첫째 조건인 〈지리〉는 교통이 발달한 것과 같은 현대적 의미의 지리가 아니라 풍수학적인 지리를 의미한다. "지리를 논하려면 먼저 수구水口를 보고, 다음에는 들판과 산의 형세를, 이어 흙빛과 물의 흐르는 방향과 형세를 본다."라고 기록했다.

둘째로 〈생리生理〉를 살 만한 곳의 조건으로 들었는데, 기름진 땅이 첫째이고, "배와 수레를 이용하여 물자를 교류시킬 수 있는 곳이 다음이다."라고 했다. 기름진 땅으로는 전라도의 남원·구례와 경상도 성주·진주를 제일로 꼽았으며, 특산물로는 진안의 담배, 전주의 생강, 임천과 한산의 모시, 안동과 예안의 왕골을 들었다.

셋째로 〈人心인심〉을 들면서, 팔도의 인심을 서로 비교하여 기록하였다. 특히 이 부분에서는 서민과 사대부 사이의 인심·풍속이 다른 점을 강조하고, 당쟁의 원인과 경과를 비교적 상세히 기록하는 한편 인심이 정상이 아님을 통탄하였다. "오히려 사대부가 없는 곳을 택해 살며 교제를 끊고 제 몸이나 착하게 하면 즐거움이 그중에 있다."라고 한 대목에서도 알 수 있듯이 이중환에게 있어서 집권 사대부의 권위주의는 비판의 대상이 되었다.

넷째로 〈산수山水〉를 들면서 '집 근처에 유람할 만한 산수가 없으면 정서를 함양할 수 없다.'고 하였는데, 이중환은 산수의 경치가 훌륭한 곳으로는 충남의 영동을 으뜸으로 삼았다.

그렇다면 「팔도총론」에서 가장 살기 좋다고 판단한 곳은 어디였을까? 이중환이 선택한 최고의 터전은 다름 아닌 충청도 공주 갑천甲川 주변이었다. 공주의 금강錦江 언저리를 설명하면서 '사송정은 우리 집'이라며 결국 자신의 고향을 최고 살기 좋은 집으로 꼽았다. 사송정은 금강 주변 마을 이름이다. 고향만큼 살기 좋은 터를 만나는 것은 어렵다. 심정적으로 고향은 따뜻하고 아늑하며 인심이 좋은 곳으로 자리 잡고 있기 때문이다.

이처럼 이중환은 「팔도총론」을 통해 우리나라의 인문지리를 설명하고 "사대부는 어떤 곳에서 살아야 하는가?"라는 질문을 던진 후 지리·생리·인심·산수를 분류 기준으로 삼아 품평했으니, 당시 다른 지리서에서 시도한 바 없는 획기적인 내용이다. 아울러 도시와 지역에 대해서도 세밀하게 표현하고 있다. 풍수적인 관점에서는 미흡하지만 우리나라의 국토에 대한 첫 번째 평이라는 점에서 의미를 부여할 수 있다.

이중환이 우리 국토를 전체적인 관점에서 평했다면, 필자는 풍수 원리와 풍수가 인간에게 어떤 영향을 주는가에 대해 현대적 관점에서 논하려 한다. 이중환의 시대에는 아쉽게도 요즘과 같은 풍수 원리가 확립되지 않았던 것 같다. 그러나 과거는 과거의 평가로 남겨두되, 현재는 이중환의 몇 배나 되게 전국을 답사했고, 풍수로서 관심 있게 살펴본 필자만의 새로운 생각을 정리해 보고자 한다.

지금은 산의 원리와 그것이 사람에게 미치는 영향을 과학적 근거에 입각해 정리해서, 적어도 『택리지』를 쓸 당시보다는 정확하게 짚어낼 수 있다. 현재의 풍수에는 과학적 판단을 할 수 있는 분명한 변별적 근거가 있다. 바로 산이 전혀 다르다는 점이다. 경기도의 산과 경상도의 산은 전혀 다르고, 경상도의 산은 강원도의 산과 또 다르다. 산의 기운도 형태도 다르다. 힘의 크기도 확연하게 다르다. 바로 이 산의 '다름'을 통해 각 지역 풍수의 '다름'을 읽어내고 사람에게 미치는 서로 '다른' 영향을 파악해 볼 것이다.

한국의 지역별 인물 배출

먼저 지역별 산을 평가해 본다. 산은 남자를 말하고, 들판은 여자를 말한다고 했다. 산은 두 가지 형태를 가지고 있다. 우리나라의 경우는 입체형 산과 선형 산이 있다. 입체형 산은 산의 모양이 위로 솟아오른 형태를 말한다. 선형 산은 용이 꿈틀거리며 가는 것처럼 흘러가는 형태를 말한다. 우리나라에서 입체형 산을 가진 곳은 강원도와 경기 일부 지역이다. 입체형 산에서는 인물이 나오지 않는 특성이 있다. 반면 선형 산에서는 인물이 나온다. 입체형 산은 기가 위로 올라가 안온하게 품어 주지 못한다. 선형 산의 대표적인 곳이 경상도다. 다음으로 전라도, 충청도가 선형 산이다. 제주도는 한라산을 기점으로 밖으로 퍼져나가는 모습이어서 사발 모양처럼 안아주지 못하는 아쉬움이 있다. 이처럼 인물도 산에서 나오고, 사람의 운명도 산에서 온다. 산을 보면 사람의 성향을 파악할 수 있고, 한 인물의 성공과 실패도 보인다. 산을 다니면서 터득한 결과다.

먼저 한국의 인물 지형도를 살펴보자. 어느 지역에서 인물이 나오

62

는가에 대하여 거칠게나마 살펴보면, 대부분 경상도와 전라도 충청도 순으로 나온다. 이유는 간단하다. 산이 인물을 만들기 때문이다.

일단 국무총리를 배출한 지역을 살펴보았다. 현재 우리나라의 국무총리는 44대로, 여러 내각에서 총리를 지낸 4명을 제외하면 40명이다. 중임한 국무총리는 장면·백두진·김종필·고건이다. 경기도가 8명으로 의외로 많다. 물론 선거에 의한 치열한 경쟁을 통해서 만들어진 인물이 아니라는 한계가 뚜렷이 있다. 또한 국무총리의 조상묘의 위치를 정확하게 파악할 수 없다는 점도 무시할 수 없다. 건국 당시의 인물 중에는 연고 지역이 서울로 파악되는 경우가 많았다. 이는 거주지가 서울이라는 것을 염두에 두었을 뿐, 부모의 묘가 어느 지역인지는 파악하지 못한 경우 경기도로 했기 때문이며, 따라서 실제보다 경기도의 숫자가 늘어날 수밖에 없었다. 다음으로 경상도가 9명으로 가장 많고, 충청도가 6명, 전라도가 5명을 배출했다. 특이한 점은 충청도 6명 중에서 충청북도에서 태어난 인물은 한 명도 없었다. 같은 충청도지만 충청북도와 충청남도의 산은 분명 다르다. 강원도는 2명을 유지해 겨우 체면을 살렸다. 제주도는 없다. 국무총리의 경우는 대통령이 지명하고, 정치적인 영향을 받아 상황에 따라 결정되는 경우가 많으므로 전체적인 흐름을 파악하는 수준에서 이해하면 된다.

한편 경쟁 체제가 유지되는 곳에서 인물의 지형도는 산세에 더 많이 좌우된다. 살아남지 못하면 죽어야 하는 치열한 곳이 기업의 세계다. 성공하지 않으면 망한다. 따라서 우리나라 기업의 경우를 살펴보면 산의 풍수적 영향력이 보다 극명하게 드러난다.

일단 우리나라 30대 재벌을 조사했다. 삼성, 현대, LG같이 창업자가 한 사람인 경우, 즉 같은 계열의 재벌인 경우 제외했다. 공기업과 중복 계열을 제외하니 14개 재벌이 남았다. 이 중 창업자가 이북 출신인 경우가 3곳이었다. 현대의 정주영을 비롯한 OCI와 영풍이 이북 출신이었다. OCI는 동양제철화학에서 사명을 변경하였다. 남한 출신의 창업주를 찾아본 결과 놀라운 결과가 나왔다. SK를 제외하고 모두 삼남지방이었다. 삼남은 충청도·전라도·경상도를 말한다. 더구나 경상도의 경우 6개 재벌의 창업주가 탄생한 지역이었고, 전라도가 3곳, 충청도가 1곳이었다. 강원도와 제주도는 없었다. 이 사실들이 무엇을 말하고 있는가?

저자가 남한 팔도를 직접 돌아다니며 체험할 때의 조건은 이중환이 『택리지』를 쓸 때와 사뭇 다르다. 조선시대에는 교통의 불편으로 돌아보기도 어려웠고, 기술적인 면도 발달하지 못해 산을 보는 방법도 육안 외에는 달리 없었다. 지금은 항공촬영을 비롯해 못 가는 곳이 드물 만큼 오지까지도 살펴볼 수가 있다. 많은 정보와 지식이 현장을 보는 것처럼 확실하고 또한 가 보지 못할 곳이 없어서 보다 명확한 판정을 할 수 있다. 이중환은 당시의 사정으로 평안도와 전라도·제주도를 직접 가 보지 못했다. 하지만 필자는 한 달에도 남한 지역은 몇 번씩 간다. 전라도·경상도의 오지를 비롯하여 강원도의 깊은 산골까지 자주 오고, 가고, 본다. 이처럼 답사의 조건과 상황에 차이가 있지만, 필자와 이중환의 판단 사이에는 바로 다음과 같은 공통점이 있다.

이중환은 한양에서 벼슬을 하다 그만두고 살다 삼남三南, 즉 충청도·전라도·경상도로 내려간 사람들은 자식들이 다시 한양으로 벼슬을 해서 올라오지만, 한양에서 머문 사람들은 가세가 기울어 명문가 이름에서 사라져버렸다고 했다. 아주 중요하고 핵심을 찌르는 말이다. 지금도 마찬가지고 앞으로도 마찬가지다. 산에서 인물이 나오기 때문이다.

아울러 이중환의『택리지』에는 고려 때의 인물이 나오는 상황을 적어놓은 것도 눈에 띈다. 우리나라의 지도를 놓고 서북쪽에서는 무신武臣이 많고, 동남 방향에서는 문사文士가 많았다고 적고 있다. 이것도 풍수적으로 풀어보면 답이 나온다. 산이 높으면 위용威容을 주장하고, 산이 낮으면 화목和睦을 주장한다. 높은 산에 음택이나 양택을 쓰는 사람은 무신다운 성격을 가지고 있다. 반면 산이 낮고 안정된 곳에 음택이나 양택을 짓고 살면 사람이 부드러워진다. 무신인 장군의 묘는 상당 부분 높은 곳에 쓰여 있으며, 문신들의 묘는 낮은 곳에 있다. 산이 사람의 성격을 대변해주고 있는 현장을 자주 확인한다.

앞서도 서술했지만, 인물이 나오는 산을 보면 뚜렷한 공통점을 가지고 있다. 산을 보면 인물의 정도를 알 수 있다. 그것을 제대로 읽어주면 인물이 나오는 곳과 개인적으로는 집안의 내력을 고스란히 이야기할 수 있다. 성공한 집안과 실패한 집안, 집안의 안정과 집안끼리의 싸움 같은 것을 확인할 수 있다. 인물도 산의 크기와 모양 그리고 안정됨을 보고 평가하게 된다.

다시 본론으로 돌아와, 기업인 다음으로 정치인을 이야기해보자.

대통령은 어디에서 나오는가? 지존을 뽑는 것이 대통령이다. 한 명만을 선출해야 하므로 무엇보다 경쟁이 치열하다. 지금까지 우리나라 대통령은 11명이다. 11명 중 경상도 출신 대통령이 7명이다. 박정희, 전두환, 노태우, 김영삼, 노무현, 이명박, 박근혜 대통령으로 계보를 형성하며 우파적 대통령이나 좌파적 대통령을 가리지 않고 경상도 출신이 압도적이다. 어떻게 이런 일이 가능할까. 산은 말해주고 있다. 이상한 현상이 아니라 당연한 현상이다. 재벌가 창업자의 출신지로 경상도가 절대다수를 차지하고, 다음으로 전라도와 충청도가 차지했듯이, 앞으로도 이른바 삼남지방이라는 곳의 득세가 지속될 것이다. 이유는 간단하다. 산의 힘이 강하고 기가 순정하기 때문이다. 지금의 상황도 비슷하다.

먼저 경상도부터 살펴본다. 현재의 정치지형도를 봐도 그대로다. 대통령 후보군을 나열해보면 거의 경상도 지역이 절대 우세다. 경상도 후보군으로 문재인, 안철수, 이재명, 유승민, 김무성 등이다. 전라도 사람으로는 내세울 만한 인물이 없다. 충청도 사람으로는 반기문 후보가 나섰다가 사퇴했다. 그리고는 안희정 후보가 있다. 경기도에서는 남경필 후보와 고양의 최성 후보도 있지만 지명도가 현저하게 떨어진다. 특이한 것은 전라도에 지지기반을 둔 사람들의 경우도 경상도 사람들이라는 점이다.

경상도

이중환은 『택리지』에서 가장 뛰어난 곳을 경상도로 쳤다. 풍수를 하는 사람이라면 누구나 경상도에서 한눈에 파악할 수 있는 것이 산의 크기다. 다른 곳에서 볼 수 없는 산의 위용과 기세에 놀라게 된다. 그힘이 그대로 드러나는 곳이 경상도다. 이중환은 '지리가 가장 아름다운 경상도'라고 했다. 산의 크기로는 강원도가 압도적이지만 풍수적으로 경상도의 산과 강원도의 산은 전혀 다르다. 강원도의 산은 설악산이나 금강산처럼 위로 솟아오른 모양을 하고 있다. 입체형 산이라고 해서 기가 흩어지는 형태이다. 반면 경상도의 산은 사뭇 다르다. 둥글고 부드러우면서도 용이 꿈틀대며 이동하는 듯 살아있는 기운을 느끼게 한다. 산이 안으로 감아주는 형태로 기가 모여서 사람에게 이로운 기운을 주는 모습을 가지고 있다.

고려시대부터 이중환 생존 당시의 조선까지를 계산하면 천 년의 세월인데, 경상도에서 장상將相, 공경公卿과 문장과 덕행이 있는 선비와 공을 세웠거나 절의를 지킨 사람, 선·불·도교에 통한 사람이 많이 나와서 경상도를 인재의 광이라 한다고 했다. 인재가 나오는 창고라는 말이다. 경상도에 대한 이중환의 평가는 후하다 못해 넘쳐난다. 국정을 잡은 자들이 모두 경상도 사람이고, 문묘에 종사된 사현四賢 또한 경상도 사람이라고 했다. 사현四賢은 퇴계退溪 이황李滉, 회재晦齋 이언적李彦迪, 한강寒岡 정구鄭逑, 일두一蠹 정여창鄭汝昌을 말한다. 이 지역은 풍습으로도 옛날 선배가 남긴 전통이 지금까지 없어지지 않아 예의와 문학을 숭상하며 지금도 예전과 같이 과거시험에 많이 합격하기로 여러 지방에서 으뜸이라고 적고 있다.

그러면서도 좌도와 우도의 평가는 좀 다른 면이 있다. 좌도와 우도는 낙동강을 축으로 삼아 경상도를 나눈 별칭이다. 『택리지』에 따르면 좌도는 땅이 메마르고 백성이 가난하여 비록 군색하게 살지만 문학하는 선비가 많다고 했고, 우도는 땅이 기름지고 백성이 부유하나 호사하기를 좋아하고 게을러서 문학에 힘쓰지 않아 훌륭하게 되는 사람이 적다고 했다. 구체적으로 지명을 예시하면서 대단한 자리를 말했다. 살기 좋고 인물이 나는 곳으로 예안·안동·순흥·영천·예천을 들었다. 예안은 이황의 고향이고, 안동은 유성룡의 고향이다. 예안·안동·순흥·영천·예천에는 사대부가 가장 많으며 모두 이황과 유성룡의 문하생들이라고 했다. 의리를 밝히고 도학을 중히 여겨서 비록 외딴 마을이나 쇠잔한 동리라도 문득 글 읽는 소리가 들린다고 적고 있다.

상주에 대해서도 자세히 적고 있다. 경상도는 경주와 상주의 앞 자를 따서 지은 이름이다. 조선시대의 지방 행정단위는 규모에 따라 목牧·부府·군郡·현縣으로 나뉜다. 상주는 이 중 가장 큰 지방 단위인 목牧에 해당되어 목사牧使가 파견되던 제법 위상이 높은 도시였다. 오늘날로 따지면 광역시 급이다. 상주는 조령 밑에 있는 하나의 큰 도회지로서 산이 웅장하고 들이 넓다. 이중환은 상주의 이와 같은 위상을 충청·경기와 통하고, 동東으로는 낙동강을 끼었으며 김해·동래와 통해서 운반하는 말과 짐 실은 배가 남쪽과 북쪽에서 육로로 모여들어 무역에 편리하기 때문이라고 했다. 상주에는 부유한 사람이 많고 또한 이름난 높은 벼슬을 지낸 사람도 많다고 했다.

선산善山은 산천이 상주보다 더욱 깨끗하고 밝다. 전해오는 말이라고 전제하면서 "조선 인재의 반은 영남에 있고, 영남 인재의 반은 일선一善에 있다."고 하면서 이유를 예부터 문학하는 선비가 많기 때문이라고 했다. 여기서 일선一善은 선산을 말한다. 선산의 대표적인 산이 금오산이다.

아울러 성주와 고령·합천을 좋은 곳으로 지목해서 설명을 붙였다. 논이 영남에서 가장 기름져 작은 종자로도 많이 수확한다며 고향에 뿌리박은 사람은 넉넉하게 살며 떠돌아다니는 사람이 없다고 했다. 특히 성주는 산천이 수려하고 고려 때부터 이름난 사람과 선비가 많았다고 적고 있다.

진주는 지리산 동쪽에 있는 큰 고을로 장수와 정승이 될 만한 인재가 많이 태어났다. 땅이 기름지고 또 강과 산의 경치가 좋았다. 사대부는 넉넉한 살림을 자랑하고, 제택第宅과 정자 꾸미기를 좋아하여 비록 벼슬을 하지 못하더라도 한가하게 즐기는 공자라는 명칭이 있다고 적었다.

의령과 초계도 진주와 비슷하다고 했다.

경상도 전체를 평할 때에는 앞에서 언급했지만 다시 부연하면서 좌도에는 벼슬한 집이 많고, 우도에는 부자가 많으며 간간히 천 년이나 된 유명한 마을이 있다고 적었다.

산의 모양이 지역 특성에만 영향을 끼치는 게 아니라 인물도 결정한다. 경상도의 인물 성격은 리더십이 강하며 개인은 조직 내에서 활동하는 성격을 지니고 있다. 개인적으로는 다혈질로 추진력이 강하다. 장군·검사·재벌이 나오는 터이며 정치가와 경제인이 나올 수 있는 터가 경상도의 산세다. 그런데 남북으로 다소 차이가 있다. 경상남도는 산세가 거칠고 변화가 많으며 경상북도는 산세가 부드럽고 힘이 있어 양반마을이다. 철학과 논리가 발달하며 지도력이 있다. 자기주체적인 성격으로 추진력과 지도력이 뛰어나다. 개인으로서의 돌파보다는 조직의 힘을 이용해 전략적으로 추진하려는 의도가 강하다. 산세가 응집력이 있어 결속이 잘 된다. 언뜻 보면 경상도 사람이 말이 적고 무뚝뚝하다고 하는데, 표현이 거칠 뿐이지 자기주장이 강하고 말이 많은 편이다. 할 말을 다 하고 속마음을 그대로 다 표현한다. 경상도 사람은 성격적으로 지도자로서의 자질을 가지고 있다. 또한 자기주장이 강하다. 좋고 싫은 표현이 명확하다. 하지만 조직의 결정에 따르면서 개인적인 행동을 절제하는 모습을 보인다. 산이 포용하는 모습을 보이기 때문이다. 경상도의 특성은 한마디로 하면 조직에 순응하고 조직으로 세력화하는 특성이 있다.

경북에서는 선산·구미·고성이 인물이 나오기 좋고, 경남에서는 특히 고성·의령·창녕·선산 등이 산세가 강하고 인물이 배출되는 지역이다. 영상사領相砂가 많다. 정치하는 사람들을 배출하는 토체土體와 일자문성一字文星이 발달해 있고, 이에 따라 제정구·제정호 등 재야인물도 있었으며 국회의장을 비롯해 대통령까지 연이어 배출된 지역이다. 경북에서는 박정희·전두환·노태우·박근혜 대통령이 나왔고, 경상남도에서는 김영삼·노무현·문재인 대통령이 나왔다.

전라도

전라도에 대한 이중환의 평은 부정적이다. 하지만 이중환은 전라도에 직접 방문한 적이 없다. 차령이남車嶺以南의 물은 모두 산세와 어울리지 않고 엇갈리게 흐르니, 이곳 사람을 등용하지 말라는 고려 태조 왕건의 말을 인용하면서, 고려 중엽에 이르러서 가끔 재상의 지위에 오른 사람도 있었으나 드물다고 했다.

고려를 탄생시킨 왕건의 〈훈요십조訓要十條〉에 나오는 말이다. 차령 산맥 이남이나 공주강 외곽 출신은 반란의 염려가 있으므로 벼슬을 주지 말라 했다. 차령이란 차현車峴으로 공주와 천안 사이에 있는 차령車嶺을 이른다고 보는 설과, 충북 음성과 경기도 안성 사이의 차현을 이르는 설이 양립해 있다. 또한 공주강 바깥은 어디인가 하는 것도 문제다. 공주강은 금강의 다른 이름이 아니라 금강의 공주 구간으로 보기도 한다. 차령이남車嶺以南과 공주강 바깥의 산형 지세가 배역해 있고 인심 또한 그러하니, 그 아랫녘의 군민이 조정에 참여해 왕후·국척國戚과 혼인을 맺고 정권을 잡으면 혹 나라를 어지럽히거나, 통합의 원한을 품고 반역을 감행할 것이라는 우려를 보여준다. 그런데 차령 이남이라고 하면 국토의 상당 부분을 말하기 때문에 문제점 또한 상당히 생기게 된다. 아직도 차령 이남과 공주강 밖이라는 정확한 장소가 나오지 않았다.

이중환의 『택리지』를 좀 더 살펴본다. 전라도에서 모악산 서쪽에 있는 금구와 만경 두 고을은 샘물이 제법 맑다. 살기를 벗은 산세가 들 가운데를 굽이쳐 돌고, 두 가닥 물이 감싸듯 하여 정기가 풀어지지 않아 살 만한 곳이 제법 많다. 산과 가까운 태인과 고부와 바다에 가까운 부안, 무장 등의 고을은 모두 풍토병이 있다. 오직 변산의 옆과 덕장지德長池 아래는 땅도 기름지고, 호수와 산의 경치가 좋다. 나주는 노령 아래에 있는 한 도회인데 북쪽에는 금성산이 있고, 남쪽으로는 영산강이 닿아있다. 고을 관아의 판세가 한양과 흡사하여 예로부터 높은 벼슬을 지낸 사람이 많다. 임실에서 구례까지 강을 따라 내려오면서 이름난 곳과 훌륭한 경치가 많다. 큰 마을이 많은데 그중에서 구만촌은 시냇가에 위치하여 강산 토지와 거룻배를 통해 얻는 생선·소금의 이익이 있어 가장 잘 살만한 곳이다.

이중환은 전라도를 일컬어 풍속이 노래와 계집을 좋아하고 사치를 즐기며, 사람이 경박하고 간사하여 문학을 대단치 않게 여겨 과거에 올라 훌륭하게 된 사람의 수가 경상도에 미치지 못한다 하였다. 그런데 지금의 관점에서 보면 이러한 습성은 풍류와 낭만을 가진 것으로 바꾸어 말할 수 있다. 그러나 여주驪州 이씨로서 성호 이익과 한 집안이며, 비록 크게 출세하지는 못했으나 이익의 가르침을 받아 유가적 가풍 속에서 성장한 이중환의 시선으로 봤을 때는 이러한 전라도의 풍류가 어지러운 풍속으로 보일 수도 있었다. 확실히 전라도 사람들은 다른 도와 달리 친화력이 있고, 친절하다. 여행하다 보면 알게 되지만 정이 많고 배타적인 면이 적다. 이중환이 말한 것처럼 소위 놀기 좋아하는 면도 보인다. 과거에는 이 점이 어떻게 비춰졌을지 몰라도 지역 문화와 관광이 중요하게 된 지금으로 보면 더없이 권장해야 할 덕목이라고 할 수 있다.

경상도가 이황이나 유성룡 같은 학자가 나오는 땅이라면 전라도는 예향의 고장이다. 윤선도·윤두서나 진도 운림산방의 허련과 같은 문화·예술에 관련된 인물의 고장이 전라도다. 소리 하면 전라도다. 소리를 하는 조선의 인물들이 전라도에서 나왔고, 특히 진도에서는 소리 자랑하지 말라 할 정도다.

한편 기질적 차원에서 볼 때, 전라도 사람은 개인적인 주장이 강하다. 경상도의 자기주장과는 다르다. 경상도는 전체와 조직 속에서의 개인 주장이라면, 전라도는 독단적인 개인의 주장이 강하다. 같은 다혈질이라도 전라도의 다혈질이 개인 특성이 강한 다혈질이라면 경상도는 전체 속에서의 조화를 생각하는 다혈질이다. 다시 말하면 경상도는 전체 속에서 개인의 주장을 하지만, 전라도는 개인 능력을 우선으로 하고 개인의 가치관에 의지해서 자기주장을 한다. 조직보다 자신의 주장을 더 강하게 표현하는 특성이 있다. 이러한 특성은 정치판으로 이어져 야권의 주도세력을 차지하고 개인 능력이 뛰어난 인물이 태어난다. 산의 모양에도 산과 산이 강력하게 결속되기보다는 독립적으로 발달하는 특성을 가지고 있다. 영상사가 많은 이유도 여기에 있다. 때문에 전라도의 산은 경상도의 산과 모양은 비슷하나 산세가 약하다. 우선 눈에 띄게 드러나는 차이는 경상도의 산보다 체형이 작고 독립적이라는 점이다. 따라서 전라도 사람의 성격 또한 개인적이고 독립적이며 자기주장이 조직에 앞서는 면을 보여준다.

한편 뛰어난 머리를 가지고 있어 검사·판사·공무원 등 시험으로 성공할 수 있는 것들에 강하다. 성격이 부드러우며 정이 많아 예술가적인 면을 발전시킨 곳이기도 하다. 또한 유배지의 자손들이라 한이 많다. 감성적이고 타협이나 합리적인 면에서는 떨어진다. 전라도는 예로부터 푸대접을 받았다. 역모의 땅이라는 오명을 달고 살았다. 광주의 기세가 그렇다. 무등산의 모양이 그러한 면을 상징적으로 보여준다. 광주의 무등산은 이름에 비하여 산세는 약하지만 도전적인 산이다. 독봉과 영상사가 발달해 있다. 그래서 전라남도의 기질은 개인과 개인이 만나 세력화 하는 특성이 있다. 경상도가 조직, 즉 전체 속에서 개인으로서의 세력화라면 전라도는 개별적인 모임으로서 세력화를 모색한다.

백두대간에서 흘러내려온 산줄기가 영취산에서 금남호남정맥으로 나뉘는데 금남정맥과 호남정맥이 유정하게 품에 안듯이 둥글게 감싸지를 못하고 무정하게 뻗어간 바깥에 무등산이 위치하고 있어 전라도는 더욱 오명을 뒤집어써 왔다. 요즘으로 표현하면 체제 안에 머무르기보다 체제 밖에서 도전하는 모습을 보이는 것이라고 할 수 있다. 좋게 말하면 변화와 혁신을 꾀하는 것이라 새로운 혁명의 주역이 될 가능성을 가지고 있다.

전라도에서는 고흥·순천 지역이 인물이 나오기 좋은 산세를 가지고 있다. 현재까지 대통령이 한 명도 배출되지 않은 지역이다. 인물은 조상의 선영이 묻힌 곳의 영향에 의하여 나온다고 보는 것이 풍수의 기본이다. 김대중 대통령은 전라도 출신이지만 선영을 출생지인 하의도에서 경기도 용인으로 옮겼다. 풍수적으로는 김대중 대통령을 만든 곳은 '죽어 용인'이라고 하는 경기도 용인 땅이다.

경상도가 굳건한 철학과 사상의 땅이라면 전라도는 풍류와 낭만의 땅이라고 할 수 있다. 경상도의 산세는 기본적으로 안정적이고 보수적인 성향을 지니고 있다. 반면 전라도는 낭만과 풍류가 넘치는 인간적인 풍모와 개인적인 향유를 덕목으로 삼는다. 개인적으로 능력이 강한 면은 같이 가지고 있으나 경상도는 조직으로, 전라도는 개인으로 추진하는 성격이 강하다.

경상도 출신이면서 전라도에 지지기반을 가지고 있는 사람들의 경우를 보면 두드러진다. 노무현부터 문재인, 안철수, 박원순 같은 인물은 분명 경상도 출신이다. 하지만 전라도의 지지기반을 이용하고 있다. 전라도의 특성을 그대로 보여주고 있는 면이다. 전라도는 개인 특성으로 세상에 도전하는 면이 강한 반면 경상도는 조직으로 세상을 향해 도전한다. 김대중 대통령처럼 전라도는 개인적으로 뛰어난 것을 주장하는 경향이 강해 조직을 기반으로 삼는 정치적인 면에서 약한 모습을 보여주고 있다. 경상도 쪽의 인물들은 대중적인 인기와 더불어 조직의 안정성을 함께 들고 나오는 경향이 두드러진다. 개인의 독보적이 면이 강한 것이 전라도가 정치적 경쟁에서 밀리는 원인이다. 전라도와 경상도는 이처럼 기질적으로 다르다. 경상도가 안정적인 보수라면 전라도는 기질적으로 진취적이고 변화를 끌어내는 진보성이 강하다.

충청도

물산은 영남 호남에 미치지 못하나 산천이 평평하고 아름다우며 서울에 가까운 남쪽에 있어 사대부들이 모여 사는 곳이 충청이다. 이중환은 터를 고르면 가장 살 만하다고 하며 충청도를 비교적 긍정적으로 봤다. 그중 직산은 들이 여기저기에 흩어져 있고, 땅도 메마르고, 좀도둑이 많아 살 만한 곳이 못된다고 하면서 충청도에서는 내포를 가장 좋은 곳으로 꼽았다. 내포는 가야산 앞뒤에 있는 열 고을이라고 했다. 땅이 기름지고 평평하며 생선과 소금이 매우 흔하므로 부자가 많고, 여러 대를 이어 사는 사대부집이 많다고 했다. 또한 다른 길지로는 보령을 들었다. 산천이 가장 훌륭하고 호수와 산의 경치가 아름답게 트여서 명승지라고 했다.

부여는 강에 다다르면 암벽이 기이하고 경치가 매우 훌륭하다. 또 땅이 기름져 부유한 자가 많다. 도읍터로는 판국이 비좁아 평양이나 경주보다 못하다고 했다. 옥천은 산천이 조촐하고 깨끗하며 흙빛이 맑아 한양 동교와 같다. 들이 매우 메말라 논의 수확이 적고, 주민들은 오직 목화 심는 것을 업으로 삼고 있다. 땅이 목화 가꾸기에 가장 알맞다. 그러나 예로부터 문학하는 선비가 많이 나왔다. 특히 충주와 청풍에 대한 평이 좋았다. 사대부들이 여기에 살 곳을 정했고 사대부의 정각亭閣이 많았다고 적고 있다. 한 고을에 과거에 오른 사람이 많기로는 팔도 여러 고을 중 첫째여서 이름난 도회라고 부르기에 족하다 했다. 목계는 생선배와 소금배가 정박하고 외상거래도 하는 곳이다. 동해의 생선과 영남 산골의 화물이 여기에 집산되므로 주민은 모두 사고팔고 하는 일에 종사하여 부유하다. 목계 북쪽 10리 지점에는 내창촌內倉村이 있는데 천 년 동안 이름난 마을이다. 산중에 들판이 트여서 바람이 조용하고 땅이 매우 넓어 여러 대를 사는 사대부들이 많다. 제천은 고을 사면이 산으로 둘러싸여 있다. 안으로 들이 열려 있고, 산이 낮아서 훤하고 명랑하다. 여러 대를 이어 사는 사대부들이 많다. 그러나 지대가 높아서 바람이 차고, 땅이 메말라 목화가 없으며 부자는 적고, 가난한 사람들이 많다. 이중환의 충청도에 대한 개략적인 평이다.

충청도는 충신이 많은 곳이다. 김좌진, 유관순, 이봉창, 윤봉길 같은 애국자가 많이 나오는 지역이다. 사람의 체격은 다른 지역보다 왜소하고 얼굴은 갸름하다. 외유내강형이다. 속마음을 안 드러낸다. 매복형이라고 할 수 있다. 관망하면서 전체를 파악한 후에야 자신의 마음을 표현한다. 충청도 사람에게 상황을 설명하고 의사를 말할 것을 요구하면 '알았슈'라고 대답하는 것을 흔히 본다. '알았슈' 하면 일반적으로 다른 도 사람들은 내 의견을 받아들인다는 표현으로 안다. 하지만 충청도 사람에게 알았다는 말은 당신이 이야기하고자 하는 마음을 알았다는 의미다. 그만큼 자신의 속마음을 드러내지 않는다.

충청도 사람을 고문하면 이를 악물고 참아낸다. 속마음을 드러내지 않고 참아내는 안중근, 유관순 등 열사와 애국자가 많은 지역이다. 충남은 산세가 부드러우면서도 강하다. 한국적인 상황에서 캐스팅 보트, 즉 결정권을 가진 곳이 충남이다. 성격상 자신을 드러내지 않고 관망하면서 전라도와 경상도의 경쟁을 관망한다. 유리한 곳을 선택할 수 있는 결정권이 있다. 뚝심이 있지 않으면 발휘될 수 없는 성격이다.

예산·아산·서산·청양·부여 등이 길지다. 청주와 신탄진은 산이 부드러워 중소기업형 인물이 나오는 땅이다. 충청도는 큰 산이 적다. 계룡산·대둔산 등이 큰 산으로 산세도 북도와 남도가 다르다. 충청남도는 전라도의 산세와 유사하다. 논산·금산은 전라도 산세를 닮아 기질도 전라북도와 유사하다. 충청북도는 전라도보다 산이 입체형을 띄고 있어 풍수적으로 부족하다고 할 수 있다. 때문에 안정적이지 않으며 자기주장이 뚜렷하고 개인적인 취향이 강하다. 자기주도적이기보다는 상황에 따른 주장으로 개인적인 차원에 머무를 수 있다. 산이 출렁거린다. 산은 자로 재거나 컴퍼스로 원을 그린 듯이 깨끗해야 하는데 산이 출렁거린다고 하면 굴곡이 심한 것을 말한다. 물결이 출렁거리듯이 변화가 많고 산의 크기가 작은 데다가 산세가 깨끗하지 못해 결점이 많다. 이런 산세는 상황에 따라 변화할 수 있다. 대천의 산세도 거칠다. 정치나 큰일을 할 때의 주도적인 강함이 아니라 개인적인 취향에 의한 자기주장, 고집이 세다. 하여 큰 인물이 나오기 어려운 곳이 충북이라고 할 수 있다. 그러나 중소상공인은 배출할 수 있는 산세를 가지고 있다. 특히 상황에 따라 변화하는 것을 장점화하면 장사에 유리할 수도 있다. 예컨대 강경은 장사가 발달할 수 있는 곳이다.

충남은 전라도와 경상도를 합한 지리라고 할 수 있다. 전체적으로는 단합이 안 되고 흩어지는 형세다. 충북은 경기도와 전라도를 합한 모양이다. 경기도 지세를 닮아 약하고 산에 기복이 심하다. 충남은 충북보다 산세가 유려하고 부드러우면서도 강하고, 충청도에서도 인물 나거나 살기 좋은 곳으로는 충남이 우세하다. 반기문·이인제·정청래·이해찬·안희정·김종필·정진석 같은 정치적인 인물이 활동하고 있다.

충청도의 기질은 개인으로는 양보심이 많은 합리적인 성격이다. 튀지 않고 바라보는 성향이다. 자신의 의사표현을 잘 하지 않는다. 산세가 크면서도 강하지 않고 굴곡이 적으며 편안한 영향을 받아 남하고 부딪히는 것을 꺼려한다. 물에 물 탄 듯, 술에 술 탄 듯 드러내지 않는다. 아쉬운 점이라면 정치·경제적 인물이 적게 나오고 도전정신이 떨어지는 것이다. 충주는 남한강 줄기로 입체형 산이 많다. 뭉치기 어렵다. 산이 입체형이라 기를 안아주지 않기 때문이다. 도전 정신이 떨어지는 만큼 경쟁심도 다소 부족하다.

경기도

경기도에 대해서는 한양과 그에 이웃하고 있는 마을들을 소개하고 있는데 생각보다 칭찬에 인색하다. 조선 건국의 중심지인 한양이 들어서 있는 곳임에도 여타 지역의 평에 못 미친다. 양주·포천·가평은 동교東郊이고 고양·적성·파주·교하는 서교西郊인데 양 교郊는 모두 땅이 메마르고 백성이 가난하여 살 만한 곳이 못 된다고 했다. 사대부 집이 가난해져 세도를 잃은 다음, 삼남으로 내려간 사람은 집안을 그대로 보전하게 되는데 양 교郊로 나간 사람은 한두 세대를 내려오면 신분마저 낮아지게 되어, 낮은 벼슬이나 하거나 평민이 되어버린 사람이 많다고 했다. 다시 말하면 벼슬을 하다 경기 일원에 대대로 머물러 사는 사람은 점점 신분이 낮아지고 생활이 어려워지는데 반해, 삼남 지방인 충청도·전라도·경상도로 내려가 사는 사람은 다시 과거에 급제하고 벼슬을 해서 성공하는 것을 볼 수 있다는 말이다.

중요하고 의미 있는 발언이다. 경기도는 조선 500년과 대한민국 정부의 중심지로 아직도 굳건하게 자리를 지키고 있다. 정치는 물론 경제·문화·예술의 중심지다. 한국의 대표적 인물들이 살고 있는 곳이다. 서울에서 오래 살수록 성공해야 하는 것이 당연한 귀결로 보인다. 하지만 현실은 조선시대부터 현재까지 부정적이다. 무슨 사연이 있을 것이다. 그렇지 않고서야 중심된 도시이고, 중심된 인물들이 살아서 당연히 성공 확률이 높아야 하는데 반대의 현상을 보이고 있다는 점이다. 결과는 원인에 의하여 만들어진다. 원인 없는 결과가 있을 수 없다.

풍수적으로 볼 때 경기도에는 산세가 약하고 깨어진 산이 많다. 산의 힘에서 경상도와 전라도 그리고 충청권에 밀린다. 삼남의 산세와 경기도의 산세는 사뭇 다르다. 경기도는 산이라고 해야 할지 들이라고 해야 할지 분간하기 어려운 구릉지로 이루어져 있다. 고양시와 교하 일대는 평야로 산이 드물다. 수원이나 평택·성환 쪽으로 내려가도 산도 아니고 들도 아닌 지형이다. 넓고 넓은 들판에 사는 사람들이 들판의 주인일 것으로 생각하지만 사실 주인은 허허벌판이 아니라 산에 산다. 조사해 보면 바로 알게 된다. 재벌이나 부자들이 태어난 곳은 산골이다. 권력자가 태어난 곳도 산골이다. 평야지대에서 인물 난 적이 드물다. 과거에도 그랬고, 앞으로도 이러한 현상은 계속될 것이다.

경기도 땅에는 인물이 드물지만 더러 예외가 있다. 산이 있는 곳이다. 산도 입체형 모양의 산에서는 인물이 나지 않는다. 입체형 산은 산이 촛불처럼 위로 올라가는 모양으로 생겨 기가 위로 솟구치는 산이다. 서울에서는 대표적인 것이 북한산과 관악산이다. 관악산은 화산火山이라고 한다. 불이 타는 모양처럼 작은 봉오리들이 솟아있다. 풍수적으로 좋은 산이 아니다. 일산으로 넘어오면 교하·운정 지구를 포함해서 고봉산 정도가 남아있고 낮은 산들은 안정적이지 않으며 오히려 깨져있다. 산의 힘을 빌리기 어렵고 양택지, 즉 주거지역으로 살 수 있는 곳이라 인물이 나지 않는다.

이처럼 산이 깨지면 질서가 없어지고 의리가 없다. 지도자가 나오기 어려운 곳이다. 주요 신도시 중에서 주택지로 좋은 곳은 광교·하남·위례다. 수도권에 인접한 교통의 요충지이기도 하지만 10만 명 이상 모여 살 수 있는 국세局勢를 가지고 있고, 산세가 안정되며 힘이 있다. 안정적으로 발달하고 갈수록 자신의 입지를 다지는 도시가 될 것이다. 반면 송도는 메운 땅이라 지기地氣가 흩어져 유행처럼 스쳐가는 도시다. 겉멋만 내는 졸부와 젊은 세대들이 잠시 머물다 떠나는 땅이다. 문화 생성과 토착화가 어려우며 인물도 나오지 않는다.

경기남부는 산이 유하고 체형이 작다. 큰 산이 드물고 산은 깨졌다. 경기남도라고 할 수 있는 수원·화성·이천·여주·안성·안양의 산세가 비슷하다. 그래도 그나마 이곳들이 경기도에서 인물이 나오는 땅이다.

경기북도는 강원도의 산세를 가지고 있다. 가평·양평·청평 같은 곳은 입체형 산을 가지고 있어서 인물이 나오지 않는다. 기가 뭉쳐지지 않기 때문이다. 그나마 포천·양평·의정부·파주는 산이 있는 곳으로 인물이 나온다. 그러나 고양·교하 같은 곳에서는 인물이 나오기 어렵다. 평지에서 인물이 나오지 않는다고 했다. 풍수에서 산은 남자를, 들은 여자를 말한다. 경기도는 여자들의 땅이다. 산이 약하고 기가 부족하다. 큰 인물이 나오기 어렵다.

강원도

이중환은 강원도에 대해서 인물보다 경치를 더 많이 이야기했다. '경치가 나라 안에서 참으로 제일'이라고 했다. 강원도 사람들은 노는 것을 좋아하여 노인들이 기악妓樂과 술, 고기를 싣고 호수와 산 사이에서 흥겹게 놀며, 큰일로 여긴다. 노는 것이 버릇이 되어 문학에 힘쓴 사람이 적다. 지역이 또한 멀어 예부터 훌륭하게 된 사람이 적다. 오직 강릉에서만 과거에 오른 사람이 제법 나왔다. 흡곡·통천·고성·간성·양양·강릉·삼척·울진은 모두 주민이 바닷가에서 고기 잡고 미역을 따며 소금 굽는 것을 생업으로 했다. 땅은 비록 거칠지라도 부유한 집안이 많다. 다만 서쪽이 고개가 높아 이역異域과도 같으므로 한때 유람하기는 좋지만 오래 살 곳은 아니라고 했다.

서쪽이 높다는 것은 백두대간을 말한다. 정선의 여량촌은 양쪽 언덕이 제법 넓고, 언덕 위에는 긴 소나무와 흰모래가 맑은 물결을 가리고 비친다. 참으로 은자가 살 만한 곳이다. 다만 농사지을 땅이 없는 것이 아쉽지만 백성들은 모두 자급자족한다.

춘천에 대해서는 인물이 나는 땅으로 적고 있다. 토질이 단단하고 기후가 고요하며 강과 산이 밝고 훤한 데다가 땅이 기름져서 여러 대를 사는 사대부가 많다. 원주에 대해서는 더 호의적이다. 원주는 강원 감사가 있는 곳이다. 경기도와 영남 사이에 위치해 동해로부터 수운하는 생선·소금·인삼, 그리고 관곽棺槨과 궁중에 소용되는 재목 따위가 모여들어 도회가 되었다. 두메와 가까워 난리가 나면 숨어 피하기 쉽고, 서울과 가까워 세상이 평안하면 벼슬길에 나갈 수 있는 까닭에 한양 사대부들이 이곳에서 살기를 좋아한다.

강원도의 산은 입체형으로 기가 위로 올라가 감아주거나 응집하지 않아 흩어지고 만다. 산이 높고 골이 깊다. 개인적으로 생활력이 강하며, 인내하고 참는 것도 잘하지만 추진력이 부족하다. 강원도 사람들의 인내심은 경상도·전라도 사람의 인내심과는 다른 종류의 것이다. 경상도와 전라도의 인내심이 목적 달성을 위한 추진력이라면 강원도의 인내심은 생존하기 위한 생활인으로서의 인내심이다. 우리나라에서 가장 안정적이고 현실적인 성격의 소유자들이다. 한마디로 말하면 착하다. 남에게서 이득을 구하려 하지 않는다. 온유하고 어지며 순수한 마음의 소유자들이다. 상대적으로 경쟁하려 들지 않고 안주하려 하는 경향이 있다. 남의 힘을 빌리지도 조직의 힘으로 강력하게 추진하지도 않는다. 타고난 내 힘으로 살아가려는 강인함이 있다. 밭을 일구고 산에서 채집을 해서 근근이 살아가려는 생활인들이다. 개인적인 생업에 열중하고 조직과 전체 속에서의 융합을 그리 달갑게 여기지 않는다. 강원도는 산이 입체형의 전형으로 거칠고 경

사가 심하며 사람을 품어 안아주는 산이 드물다. 또 독봉, 영상사, 일자
문성 같은 상서로운 산도 없다. 전형적인 개인의 힘으로 살아가는
의지의 한국인들이다. 그나마 안정적으로 인물이 나오는 곳으로는
강릉·춘천·원주다.

제주도

　전라도를 방문해 보지 못한 이중환은 당연히 제주도도 방문하지 못했다. 제주도 사람의 특성을 조선시대의 관점에서 바라볼 수 있는 기회를 놓쳤다는 점에서 아쉽다. 제주도를 이루고 있는 산은 한라산 하나다. 하나의 산이 독보적으로 중심에 자리 잡고 있다. 전체적으로 하나의 큰 산이 솟아 있고 용암이 흘러내려 생긴 작은 오름들이 자리 잡고 있다. 한라산이나 오름들이 하나의 줄기를 이루어 움직이는 것이 아니라 독립적으로 하나씩 솟아 있는 형국이다. 일종의 독봉이라고 할 수 있다. 길게 띠를 이루어 바람을 막아 주며 기의 흐름을 주도하는 산이 아니다. 유정하게 끌어안아 주고, 어머니의 품처럼 따뜻하게 보듬어 주는 역할을 하는 산이 없으니 바람이 불어오면 바람을 다 맞아야 한다. 바람을 피할 길이 없다는 것은 풍수에서 좋지 못한 것으로 평한다. 바람을 가두어 주고 물을 얻을 수 있는 장풍득수藏風得水라고 하는 풍수의 기본에서 어긋난다. 그래서 바닷바람으로 대표되는 곳이 제주다. 바람을 막아 줄 곳이 없으니 땅도 척박하고 의지할 곳이 없다. 산물이 적고 농사를 지을 땅 또한 적다. 땅 또한 피토皮土·진토眞土·혈토穴土가 형성되지 않은 토양으로 농사에 도움을 주지 못한다.

한라산은 분산형 산으로 남성성이 부족하다. 산의 바람을 막아 주고 기를 품어 안아 응집력이 강하면 남성이 강해지고, 반대로 산이 바람을 막아 주는 것이 없는 평지의 경우에는 여성성이 더 강해진다. 앞서 말한 바와 같이 산은 남성을 말하고, 들은 여성을 말한다. 제주도에서는 남성보다는 여성의 생활력이 강하다. 남성성이 부족한 모습을 보이는 것이 제주다.

아울러 이런 입체·분산형 산 때문에 제주도에서는 오히려 타지 사람이 득세한다. 여행지로는 더없이 아름답고 즐길 만한 곳이지만 터를 잡고 살기에는 어려움이 있다. 때문에 제주에 살자면 환경에 적응하는 강하고 질긴 생명력을 타고날 수밖에 없다. 척박함을 극복하고 바람 부는 환경 속에서도 적응하며 사는 강인함은 제주인이 환경으로부터 물려받은 또 다른 능력이기도 하다.

땅의 유혹

4장

역사적 인물 풍수와 자연원리

세종대왕 능, 영릉

영릉은 조선 왕릉 중 최고의 명당으로 인정받고 있는 능이다. 왕의 묘를 능陵이라고 하고, 왕가의 묘를 원園이라고 하고, 일반인의 것을 묘라고 한다. 죽어서 묻힌 자리에 대한 이름에도 격이 있었다. 일반인이 산소를 옮기는 것을 이장이라고 하고, 왕의 능, 즉 왕의 묘를 옮기는 것을 천장遷葬이라고 한다.

조선 최고의 성군이 세종이다. 세종의 인생만큼 그가 묻힌 자리도 사연도 많았다. 세종은 한 왕조의 군왕이며 동시에 한 가족의 일원이었다. 군왕으로서의 길과 한 집안의 가장으로서의 역할은 사뭇 다르다. 세종의 개인사는 불행하다. 불행해도 너무 불행했다. 세종의 능을 천장한 까닭은 그의 개인 인생사에서 찾아야 한다.

세종릉의 천장에는 흥미로운 이야기가 전해진다. 우선 세종의 능은 남의 묘를 빼앗아 들어간 곳이다. 남의 묘가 있던 자리에 세종이 들어갔다. 세종의 능인 영릉은 천하의 명당이다. 세종이 영릉에 묻혀 조선의 운이 100년을 더했다고 말하기도 한다.

하지만 세종의 능은 원래 이곳이 아니었다. 지금의 서울 서초구 내곡동 대모산 중턱이 원래 영릉 자리였다. 대모산에는 세종의 아버지 태종의 능인 헌릉이 있다. 세종은 왕비인 소헌왕후가 먼저 죽자 태종의 능에서 200m 떨어진 곳에 이미 잡아 놓은 묏자리에 관을 묻기 위해 땅을 팠는데, 그 자리에서 물이 나왔다. 왕의 능으로 잡아 놓았던 곳에서 물이 나오니 문제가 커졌다. 지금의 자리를 써서는 안 된다는 반론이 일어났고 묘를 잡은 사람에 대한 책임론까지 복잡해졌다. 조정 대신들과 지관들이 다른 명당을 찾아야 한다고 주장했다. 세종은 담담하게 말했다.

"부모 곁에 묻히는 것만큼 큰 복이 어디 있느냐."

조정 대신들과 지관들의 말을 일축했다. 세종으로서는 아버지에 대한 마음이 남달랐다. 세종의 형인 양녕·효령대군을 제쳐놓고 자신을 믿어 왕의 자리를 넘겨주신 분이었다. 아버지에 대한 사랑이 남달랐다. 세종의 입장에서 아무리 좋은 다른 터도 아버지 곁에 묻히는 것만 못하다고 생각했다. 많은 조정 대신들이 길하지 못한 곳이라 하여 철회를 권했지만 세종의 마음은 단호했다. 아버지 곁에 묻혀야 한다는 확고한 결정을 이미 내리고 있었다.

마음은 마음이고, 원리는 원리다. 자연은 원리대로 돌아가지 사사로이 사람의 감정을 받아들이지 않는다. 나쁜 터에 나쁜 일이 일어나고, 좋은 터에 좋은 일이 일어난다는 것이 풍수의 원리다. 흉한 터에서는 좋은 일이 일어나지 않는다. 숱하게 현장을 돌아다니며 풍수 세계를 접한 결론이다.

역시나 대모산자락은 좋은 않은 자리였다. 당시 세종이 묻힌 자리를 평한 최양선은 말했다.

"이곳은 장손의 대가 끊어지는 터입니다."

그런데 정말 세종이 죽고 2년 만에 문종이 사망하고, 단종마저 숙부인 수양대군에게 왕위를 빼앗겨 죽음을 당했다. 대가 끊겼다. 거기다가 세종의 둘째 아들인 세조의 큰아들이 20세에 죽자 최양선의 말은 더욱 신뢰를 받게 되었다. 장자들이 계속 죽음을 당했다. 악재가 계속 겹쳤다. 세종의 자식끼리 권력을 가지고 싸우고, 서로를 죽이는 사태까지 발생했다. 세조의 장자인 의경세자가 20살에 죽고, 예종도 재위 14개월 만에 죽었다. 남은 아들 2명도 30세 전에 죽었고 딸도 33세에 죽었다. 집안이 엉망이 되어가고 있었다. 세종의 묘를 잘못 썼기 때문이라는 의견이 지배적이었다. 더구나 최양선의 말은 신빙성을 더해가고 있었다. 지관인 최양선은 당시에 세종의 묘를 보고 이렇게 평했다. "서남쪽의 물줄기가 갈라졌기 때문에 이곳에 능을 쓰면 장자가 절손絶孫됩니다."라고 상소까지 올렸으나 세종의 고집으로 채택되지 않았다. 집안이 어려워지자 결국 천장이 결정되었다. 세종의 묘를 파 보니 수의마저 썩지 않은 채로 물이 가득 차 있었다. 물이 나오는 자리인 것을 알고 썼으니 물이 나오는 이치는 당연하지만 그것으로 후손들이 직접적인 영향을 받는 것을 믿지 않았던 세종의 실수였다. 물이 나오는 자리에서는 시신이 썩지 않는다. 뿐만 아니라 자식에게 그대로 영향을 준다. 물까지 나오는 나쁜 터에 자리를 쓴 업보였다. 인간에 대한 차별이 없고, 지위고하에 대한 구분이 없이 자연은 냉정하게 영향력을 실현한다. 산의 모양대로, 물의 흐름대로 이루어지는 것이 풍수원리다.

결국 천장을 결정한다. 지금 여주의 영릉에 있는 세종의 자리는 안효례라는 지관이 북성산 정상에서 보아 두었던 터였다. 하지만 다시 찾아보니 찾을 수가 없었다. 잊혔던 자리를 찾게 된 계기가 있었다.

원래 지금의 영릉자리는 광주 이씨 이인손의 묏자리였다. 이인손은 태종 때 문과에 급제해 우의정까지 올랐다. 이인손의 부친은 청백리로 유명한 이지직이고, 조부는 고려 말 이집이었다. 이집의 호가 둔촌인데 서울의 둔촌동은 바로 그의 호를 따서 붙여진 이름이다. 그만큼 명문의 집안이었다.

이인손은 세상을 떠나기 전 후손들에게 유언을 남겼다. 자리를 지명해 주며 자신이 죽으면 이 자리에 묘를 쓰라고 명을 해 놓고는 두가지 당부를 했다. 첫째는 묘 앞을 흐르는 개울에 절대로 다리를 놓지 마라. 둘째는 재실이나 사당 등 일체의 건물을 짓지 말라는 당부였다. 이인손의 묏자리 영향인지 후손들이 더욱 번창했다. 아들 5형제와 종형제 3인이 모두 벼슬을 하고 높은 자리까지 올랐다. 최고의 벼슬인 정승과 판서가 나왔다. 팔극조정八極朝廷이란 말이 나올 만큼 대단한 위세를 자랑하는 집안이 되었다.

하지만 후손의 입장에서 봤을 때 이인손의 묘를 찾을 때마다 불편했다. 제사나 참배를 하러 찾아오면 다리도 없는 냇물을 건너야 하고, 음식을 장만할 공간이 없어 불편했다. 다리가 필요하고 묵어가려면 재실이 필요했다. 당당하고 위풍이 있는 집안에서 이래서는 안 된다며 문중회의를 열어 다리를 놓고 재실을 짓기로 하고 실행했다.

마침 예종의 명으로 여주와 이천 쪽에 세종의 천장 자리를 보러 나온 지관 안효례는 명당자리를 찾기 위해 돌아다니다가 갑자기 소나기를 만났다. 비를 피할 곳을 찾는데 산자락 아래 조그마한 집이 보였다. 광주 이씨 문중에서 전해에 세운 재실이었다. 비를 피하기 위해 집으로 향하는데 갑자기 쏟아진 소낙비 때문에 냇물이 불어 섶불리 건널 수 없었다. 낙담해 두리번거리다 아래쪽에서 돌다리를 발견하고 냇물을 건너 찾아갔다. 인가가 아니라 재실이었다. 재실에서 소낙비를 피했다. 소낙비가 그치자 주위를 돌아본 안효례는 깜짝 놀랐다. 그곳이 바로 자신이 찾아다니던 천하의 명당이었다. 소낙비를 피하게 만들어 준 고마운 묘택의 묘비를 보니 우의정을 지낸 이인손의 것이었다.

안효례가 보기에 군왕이 들어설 자리이지 정승이 들어갈 자리는 아니었다. 안효례는 감탄했다. 자신이 찾아다녔던 곳 중에서 최고의 명당이었다.

"이런 명당 터는 조선에 다시 없다. 세종의 묘택으로서는 여기가 최적지다. 그러나 이미 이인손이 묘를 썼으니 어찌할까!"

산도山圖를 그려 궁궐로 돌아와 예종에게 알렸다. 조정에서 회의가 열렸다. 왕은 지관들을 불러다 놓고 물었다.

"답사한 결과 명당이라 할 만한 곳이 과연 있었습니까?"

안효례가 답했다.

"예, 두루 살펴본 결과 몇 군데 능산陵山 자리가 될 만한 터가 있었습니다. 천하 대명당 자리로 손꼽을 만한 곳은 딱 한 자리가 있습니다. 여흥 북쪽에 큰 골짜기가 하나 있는데 산의 형세가 떡 벌어져서 주산과 무덤 자리가 분명한 곳입니다. 풍수에 산이 멈추고 물이 구부러진 곳은 자손이 크게 번성하고 천만 세 동안 승업承業을 이어간다고 하였는데, 이곳이 그러한 터로 생각됩니다. 신이 본 바로는 능을 모실 터로서 이보다 나을 곳이 없을 듯합니다."

아무리 좋은 자리라고 하지만 문제가 있었다. 남이 쓴 자리를 빼앗아서 한 나라의 국왕이 들어간다는 것은 말도 안 되고, 부끄러운 일이었다. 조정 대신들과 고민한 끝에 결국 안효례가 권장한 이인직의 묘를 이장하고 바로 그 자리에 천장하기로 결정했다.

여러 날을 고심한 끝에 묘책을 생각해내고 당시 평안도 관찰사로 있던 이인손의 큰아들 이극배를 조정으로 불러들였다. 아무리 한 나라의 국왕이지만 사대부의 묘를 함부로 명분도 없이 파 가라고 할 수는 없었다. 예종은 인간적인 호소를 하였다. 말하자면 명당 터를 양도해달라는 은근한 압력을 우회적으로 전했다.

"지금의 선친의 자리는 신하가 들어갈 자리가 아니라 왕이 들어갈 자리라고 하네."

무서운 말이었다. 왕이 들어갈 자리에 신하가 들어가 있다는 말은 역적이 나올 수도 있다는 말이기도 했다. 그러면서도 예를 갖췄다. 왕은 용상에 앉아서 말하는 것이 상례였지만 돗자리를 깔아 이극배를 앉게 하고 왕도 용상에서 내려와서 친히 옆으로 바싹 다가앉아 이극배의 손목을 잡으며, "경은 얼마나 복이 많아서 선친의 산소를 그렇게 좋은 대명당에 모시었소? 짐은 삼천리 강산을 갖고 있지만 조부 세종을 편히 쉬게 할 곳을 마련하지 못하고 있습니다. 이로 인해 나라에 극심한 한발과 폭풍우로 곤란을 겪는 일이 발생하고 있으니 그저 경들이 한량없이 부럽기만 할 따름이오." 하면서 수차에 걸쳐 애원하다시피 되풀이했다. 바로 명당 터를 양보해 달라는 뜻이었던 것이다. 할 수 없이 이극배는 묘 터를 양보할 수밖에 없었다. 이인손의 묘를 파서 유해를 들어내니 그 밑에서 비기秘記를 새겨 넣은 글귀가 나왔다. 이를 본 모든 사람들이 대경실색할 수밖에 없었다.

"이 자리에서 연을 날려 하늘 높이 떠오르거든 연줄을 끊어라. 그리고 연이 떨어지는 곳에 이 묘를 옮겨 모셔라."

장례를 할 때 벌써 이장의 운명을 알았던 것이다. 사람들이 신기하게 여겨 그렇게 하니 과연 연은 바람에 날리어 서쪽으로 약 10리쯤 밖에 떨어졌다. 그곳에 가보니 대명당은 아니었으나 그래도 아늑한 터로서 자손이 번성할 만한 곳이었다. 이인손의 묘는 현재의 영릉 자리에서 서쪽으로 10리쯤 되는 곳으로 옮겨졌다. 연이 떨어졌다해서 그곳은 연주리延主里로 불렸다. 이인손의 자리는 대명당은 못 되더라도 아늑한 자리로서 자손이 번성했다. 좋은 자리는 공식대로 된 터다.

　세종릉은 주산이 완만하면서도 힘을 가지고 있다. 전체를 아우를 수 있는 크기와 높이 그리고 산세가 부드럽다. 왕에 오르면서 첫 일성이 "짐은 지금부터 논의하는 정치를 하겠다."라는 말이었듯 부드러움과 강인함으로 신하들을 아우르면서도 참고 인내하며 합의점을 찾아갈 수 있는 성품을 가진 자리다. 묘는 후손에게 직접적인 영향을 준다고 했지만 들어가 있는 사람의 성품을 그대로 닮아 있는 것에도 놀라게 된다. 당연히 인생도 닮아 있다. 세종의 개인사가 불행한 것처럼, 그런 물이 나오는 자리를 선택하게 되었던 것이다. 며느리두 명이 목을 매 죽은 것에 대한 책임의 당사자일 수도 있었고, 아버지 태종에 의해서였지만 죄 없이 장인이 죽임을 당하고 처가는 노비가 되는 아픔을 옆에서 본 장본인이었다. 더구나 넷째 아들과 딸이일찍 죽는 고난을 겪었다. 개인의 인생사로는 불행한 인물이었다.물이 나오는 자리는 자신이 선택한 것이었지만 운명대로 묻히고 그것이 후손에게 영향을 주는 놀라운 영향력을 지닌 것이 풍수다.

　천장遷葬한 여주의 영릉 자리는 앞서 설명한 주산과 마찬가지로 좌청룡과 우백호가 균형 있게 발달해 있고, 안산은 말할 수 없이 안정적이다. 주산과 마찬가지로 부드러우면서도 강한 면을 보이고 있다. 조선 왕조의 능 중에서 최고의 자리라고 할 수 있다. 성왕의 품위를 되찾은 자리다. 개인사의 아픔을 딛고 다시 성군의 자리로 제대로 되돌려놓은 최고의 명당이다. 세종의 능에 서면 전체가 편안하고 아늑하다. 묘를 중심으로 삼아 품어 안는 모습이 따뜻한 분위기를 만들어 주고 있다. 세종은 걸어 다닐 때 다리를 절 만큼 관절과 당뇨로 고생했고, 눈은 실명 상태에 가까웠다. 살아있는 병동이라 할 만큼 병이 많았다. 무려 16가지의 병을 앓고 있었다. 개인사로 봤을 때 세종의 삶은 불행의 연속이었다. 묘는 개인사를 그대로 보여주는 인생사의 결정판이다. 물이 나오는 묘에서 조선 최고의 명당으로 이전하게 된 것은 백성을 위한 적덕積德과 효심 그리고 애민이 크게 작용해서라고 믿는다.

이순신 장군

여해汝諧는 이순신의 자字다. 이순신 장군의 어머니가 『서경』에 나오는 순임금이 우임금에게 제위를 양위할 때 "오직 그대가 합당하다惟汝諧."라고 했다는 구절에서 따와 세상에 큰 힘이 되라는 의미로 지어주셨다 한다. 이순신 장군의 운명적인 인생을 두고 지어준 이름 같다. 조선의 운명이 한 사람에게 걸려 있었다. 이순신이었다. '한 사람이 길목을 지키면 천 명을 두렵게 할 수 있다.'고 믿는 강인한 장군이었다. 그리고 조선을 지키는 데 한몫을 했다. 조선을 화평케 하는 데 주된 역할을 한 것이다.

조선은 패전을 해서 수군 전체의 선박 수가 불과 13척이었다. 12척의 배와 출정하기 전에 한 척을 더 수거해 13척의 배가 조선 수군의 전력의 전부였다. 한 나라의 수군이 13척이라니…. 불과 13척의 배로 130여 척의 왜선을 격퇴시킨 전설 같은 존재가 이순신이다. 일본 측의 기록에는 300여 척 또는 500여 척이라고 나온다. 실로 상상할 수 없는 전투였다.

지휘자 한 사람의 역할이 승과 패를 좌우한다. 조선을 지킨 인물로 이순신 장군을 빼놓을 수 없다. 이순신의 묘는 이장한 묘다. 이장을 했다고 자신의 운명을 벗어날 수 없다. 예외는 있지만 대부분 자신의 운명을 그대로 가지고 간다. 이순신 장군의 묘는 낮으면서 아늑한 모습을 보여주고 있다. 산세는 성품을 보여준다. 산이 높고 험하면 위용이 있는 성품을 가진 사람이고, 아담하고 원만하면 인자하고 선비 같은 성품을 가진 인물이다.

　　이순신 장군은 분명 무인이지만 선비라고 할 수 있다. 문인 같은 무인이다. 임진왜란이라는 위기 상황에서 화려하게 빛을 발했다. 위기는 영웅의 무대다. 위기는 영웅의 탄생을 기다린다. 바로 그 위기에 이순신 장군이 출현했다. 이순신은 우선 백성과 부하의 아픔과 어려움을 배려하는 소통의 지휘자였다. 수많은 장수들과 백성을 상대로 끊임없이 소통하려 했다. 대화와 회의는 일상이었다. 즉 배려와 소통 속에서 수많은 인적 연결망을 만들었다. 이순신 장군은 나폴레옹, 롬멜 등 어느 유명한 장군도 하지 못한 일을 했다. 전쟁 일지인 『난중일기』의 저술이다. 이순신 장군은 기록의 대가였다. 2,570일간의 기록인 『난중일기』는 당시의 전쟁 상황뿐만 아니라 개인 신상과 당대의 풍습, 그리고 전쟁 준비 상황을 알 수 있다. 조정과의 관계, 교통상황 등 다양한 상황을 알 수 있는 정보로 가득하다. 이순신 장군은 무장이었지만 문인 집안에서 태어났고, 문인적인 요소를 많이 지니고 있었다.

　　여러모로 무장이지만 인간적이면서도 선비다운 면모를 읽을 수 있다. 이순신을 잘 알고 있었던 유성룡의 글에 이순신의 성품에 대한 기록이 남아 있다.

"순신은 말과 웃음이 적은 사람이었고, 그의 바르고 단정한 용모는 근신 수양하는 선비와 같았으나, 내면으로는 담력이 있었다."

이순신 장군의 인품과 용모를 전하고 있다. 난중일기를 보면 이순신 장군은 찾아오는 막하 장령들과 공사를 논의하며 새벽닭 우는 소리를 들었고, 출전하지 않는 날에는 동헌에 나가 집무했다. 틈을 내어 막료들과 활을 쏠 때가 많았다. 진중 생활 속에서도 술로 마음을 달래며 시가詩歌를 읊었고, 달 밝은 밤이면 감상에 젖어 잠 못 이루는 때가 많았다. 또 가야금의 줄을 매었고, 음악 감상에 심취하기도 했다. 어머니를 그리는 회포와 달밤의 감상, 투병생활, 애끓는 정의감과 울분, 박해와 수난으로 이어진 7년 전란이 『난중일기』에 고스란히 담겨 있다.

이순신 장군 묘의 산세는 장군의 성격을 그대로 말해 주고 있다. 무장이지만 선비로서의 문인의 모습을 보여주고 있다. 단아하면서 포근한 모습의 산이 이순신 장군의 인품을 보여준다. 꼬장꼬장하면서도 강직하지만 문인적文人的 품성을 보여주는 산세다.

산은 후손들의 운명도 보여준다. 풍수 세계를 이해하지 못하는 사람의 경우 믿어지지 않겠지만 이런 일이 있었다. 산소 자리를 감정하기로 하고 여러 사람들과 산을 올랐다. 산소에 도착해서 감정을 하는 중에 묘주가 제동을 걸었다. 산소 감정을 요청한 묘주가 정색을 하며 말을 끊었다.

"내 아들은 넷입니다. 둘이라는 것은 틀린 말입니다."

다시 한 번 살펴보았다. 분명 둘이었다. 산에는 아들이 둘 외에 없었다.

"아들이 둘입니다. 제가 본 것으로는 둘입니다."

"나는 아들이 넷이라니까요?"

묘한 분위기가 조성되었다. 산소 감정을 의뢰한 묘주와 나, 둘만 있는 것이 아니라 여러 사람이 모여 있었다. 무려 30명 가까이 지켜보고 있었다. 지금 같으면 다른 핑계를 대고 물러나겠지만 당시는 팔팔한 열혈청년이었다. 세상 물정을 몰랐던 나이였다.

"분명 둘입니다. 선생님이 문제입니다."

말도 안 되는 일이 벌어진 것이었다. 자식을 아버지가 알지, 산소 감정을 하는 풍수가가 안다는 것은 어디에서도 있을 수 없는 일이다. 많은 사람들이 지켜보는 가운데 산소 앞에서 묘주와 풍수가가 싸우는 모양새였다. 다음 감정이 이루어질 수가 없었다. 뜻하지 않은 언쟁이 벌어져 중간에 중지되었다. 합리적으로 볼 때 당연히 내 자식을 내가 알지 풍수가가 안다는 것은 이해되지 않는다. 그리고 강하게 주장하는 것도 문제가 있었다. 하지만 당시는 풍수에 미치다시피 해 있을 때라 정확하게 실현되는 풍수 원리를 알려주고 싶었다.

2년 정도 지나 언쟁을 벌였던 사람이 불쑥 찾아왔다.

"그때 미안했습니다. 조 선생님 말씀이 옳았습니다."

"예? 아, 아들 문제요?"

"예, 그렇습니다. 조 선생님 말씀이 맞습니다."

집안에 일이 생겨 유전자 검사를 하게 되었는데, 둘은 다른 사람의 자식이라는 판정이 나왔다고 했다. 부인이 다른 사람을 사귀어 낳은 아이라고 했다.

마찬가지로 역사적 인물들을 대상으로도 산을 통해 해당 인물의 삶을 읽어낼 수 있다. 가령 이순신 장군의 딸이나 며느리가 속을 썩이는 큰일이 있었을 것이다. 이순신 장군은 보성군수를 지낸 방진方震의

딸 방 씨와 결혼하여 회·열·면 등 3형제와 딸 하나 그리고 서자로 훈과 신, 2명의 서녀를 두었다. 이 중 셋째인 면은 정유재란이 일어나던 해인 16세 때 아산 본가에서 왜적과 맞서 싸우다 전사했다. 면은 다섯 아들 중에서도 담력과 총기가 출중하여 아버지의 특별한 사랑을 받았고 이순신도 면의 장래를 크게 기대하고 있었다. 난중일기에는 아들의 죽음을 접하는 모습과 그에 대한 감회가 상세하게 기록되어 있다.

"맑음. 새벽 2시쯤 꿈을 꾸니, 내가 말을 타고 언덕 위를 가다가 말이 실족해서 내 가운데로 떨어졌으나 거꾸러지지는 않았다. 그런데 막내아들 면이 나를 붙들어 안는 것 같은 형용을 하는 것을 보고 깨었다. 무슨 조짐인지 알 수가 없다. 저녁에 천안으로부터 사람이 와 집에서 온 편지를 전하는데, 떼어보기도 전에 뼈와 살이 먼저 움직이고 정신이 황란荒亂하다. 겉봉을 대강 뜯고 둘째 아들 열의 글씨를 보니, 겉에 통곡慟哭이라는 두 글자가 쓰여 있다. 면이 전사한 것을 마음속으로 알고 간담이 떨려 목 놓아 통곡했다. 하늘이 이다지도 어질지 못한가? 간담이 타고 찢어지는 것만 같다. 내가 죽고 네가 사는 것이 올바른 이치인데, 네가 죽고 내가 산다니 이것은 이치가 잘못된 것이다. 천지가 어둡고 저 태양이 빛을 잃는구나! 슬프다, 내 어린 자식아. 나를 버리고 어디로 갔느냐? 영특한 기상이 보통 사람보다 뛰어났는데, 하늘이 너를 머물게 하지 않는가? 내가 죄를 지어서 그 화가 네 몸에까지 미친 것이냐? 이제 내가 세상에 있은들 장차 무엇을 의지한단 말이냐? 차라리 죽어서 지하에 너를 따라가 같이 지내고 같이 울리라. 네 형과 네 누이와 너의 어머니도 또한 의지할 곳이 없으니. 아직 목숨은 남아 있어도 이는 마음은 죽고 형용만 남아 있을 뿐이다. 오직 통곡할 뿐이로다. 밤 지내기가 1년처럼 길다. 이날 밤 9시경에 비가 내렸다."

셋째 아들 면뿐만이 아니라 서자인 아들도 전투에서 죽었다. 서자인 이훈은 이괄의 난 때 전사했고, 마찬가지로 서자인 이신은 정묘호란 때 사촌형 이완과 함께 전사했다. 아들들이 절명할 운명은 이순신 장군의 산소를 통해서도 그대로 읽어낼 수 있다. 풍수에서 아들은 좌청룡을 보면 알 수 있다. 이순신 장군의 묘에서 바라본 좌청룡은 매끄럽게 균형을 유지하면서 마치 토체 형태를 띠고 있다. 또한 청룡은 다정히 안으로 감아 돌며 수구 끝까지 감아주는 형태다. 이순신 장군의 빛나는 인생을 말해주는 좌청룡의 산세. 하지만 흠이라면 청룡이 시작하는 부분이 푹 꺼져서 이순신 장군의 아들이나 손자가 불운을 겪었음을 보여준다. 아들뿐만 아니라 손자 대에서도 어려움을 겪었다고 산은 말해주고 있다.

그리고 이순신 장군의 딸과 며느리 중에도 어려움을 당했을 것으로 추정된다. 풍수에서 우백호는 여자와 경제적인 면을 주관한다고 했다. 우백호를 보면 딸과 며느리를 알 수 있다. 이순신 장군 묘의 우백호는 출발지점이 푹 꺼져 주저앉았다가 다시 출발하는 모양이다. 이러한 우백호는 딸과 며느리 중에 누군가가 아주 어려운 일을 당했다는 것을 말해준다. 우백호가 출발하는 곳이 푹 꺼져있다. 이런 경우 특히 맏며느리나 맏딸에게 문제가 생긴다. 산은 속임이 없다.

다산 정약용

　살아온 인생대로 묻히고 묻힌 자리의 영향에 따라 후손이 산다는 풍수 공식은 가능한 것일까. 풍수에서는 지위 고하를 막론하고 순리대로 묻힌다. 살아온 개인사로서 묻히지 사회적인 명성으로 묻히지 않는다. 차지하는 면적도 더도 덜도 없이 자신의 키대로 묻힌다. 살아남은 자의 뜻에 따라 묘의 크기야 다르지만 묻힌 면적은 일정하다. 나라를 위해 많은 일을 했어도 인연이 닿아야 명당에 묻힌다. 전쟁에서 목숨을 바친 사람의 충절은 말할 수 없이 높아도, 묻히는 자리는 개인적인 인생사에 의해서 묻힌다.

　다산 정약용은 잘 알려진 대로 실학을 집대성한 대학자이자, 정치·경제·문학·철학·의학·자연과학 등에 두루 조예가 깊었던 한 시대가 낳은 인물이다. 조선의 대표적인 학자다. 정조의 명에 따라 30세의 나이에 수원화성 축조라는 엄청난 대역사를 맡을 만큼 뛰어난 인물이었지만, 75년을 살면서 20여 년을 유배지에서 보낼 만큼 많은 고초를 겪기도 했다. 강진에서 18년, 다른 유배지에서 몇 년을 살았다.

인생의 한 부분을 유배로 보냈다.

정약용의 묘는 자신의 생가와 나란히 조성돼 있다. 묘역과 생가 등이 잘 정비된 다산 유적지를 들어가 야트막한 언덕 위에 조성되어 있다. 정약용은 세상을 떠나며 자식들에게 명했다. "지관한테 묻지 말고 집 뒷동산에 묻어 달라." 유언대로 집 뒷동산에 묻혔다.

언뜻 보면 자신이 태어난 곳에 대한 향수로 평범한 뒷동산에 묻힌 것 같지만, 풍수가들이 보기에 보통 명당자리가 아니다. 각종 학문에 통달했던 정약용은 풍수를 믿지 않은 대표적인 인물 중에 한 사람이다. 하지만 자신이 살아온 운명대로 묻혔다. 정약용의 묘역은 춘천 쪽에서 흘러오는 북한강과 충주에서 달려온 남한강이 합수돼 만나는 곳, 팔당호가 삼면을 둘러싸듯 흐르는 좋은 자리에 있다. 뒤쪽으로는 멀리 예봉산과 갑산, 운길산이 버티고 서서 묘역까지 맥을 흘려보낸다. 좌우로 청룡과 백호가 감싸 안았는데, 위압적으로 높지 않고 눈높이에서 부드럽게 이어져 보기에도 편안함이 느껴진다. 두 물이 합수되는 물 너머에는 토체가 떨어져서 띄엄띄엄 자리 잡고 있다.

정약용의 묘는 그의 인생을 이야기해주고 있다. 주산을 길게 끌고 내려와 끝 지점에 자리 잡았다. 정약용의 인생처럼 약하고 길게 내려왔으며 매끄럽지 못하고 굴곡이 있다. 풍수는 개인의 인생을 그대로 보여준다. 일관되게 자신의 일을 추진하지만 힘들고 벅찬 인생이었다. 청룡은 잘 감아주어 벼슬을 했지만, 앞에 보이는 합수점 건너 토체가 띄엄띄엄 있다. 토체는 왕을 상대하는 영험한 산이다. 토체가 띄엄띄엄 있다는 것은 왕과의 관계를 그대로 보여준다. 하나로 이어주는 산에 자리 잡은 것이 아니라 완전히 떨어진 토체들이 독립적으로 자리 잡고 있다. 인생에서 왕으로부터 인정받다가 쫓겨서 유배당하는 모습을 그대로 보여준다. 강진에서 무려 18년을 유배당해 있었다.

개인으로서의 인생은 힘들고 벅찼지만 조선을 대표하는 학자로 자리를 잡았다. 역사에 남는 인물들의 묘는 공통점을 가지고 있다. 풍수적으로 품어 안는 중심에 묘가 자리 잡고 있으며 청룡이 발달해 있고, 주산은 산의 기가 맺히는 끝에 자리 잡고 있다. 엄지손가락으로 보면 체했을 때 바늘로 따 주는 바로 그 장소다. 정약용의 묘도 마찬가지다. 품어 안은 중심에 묘가 자리 잡고 있으며 두 물이 모이는 합수 지점을 바라보고 있는 풍수적으로 뛰어난 자리에 묻혀 있다. 한국의 이름난 집안의 성씨를 가진 시조들의 묘를 방문해 봐도 똑같은 모양을 가지고 있다. 예외 없이 같은 모습에서 자연의 원리를 확인할 수 있다. 특정 성씨의 시조가 될 만한 인물의 묏자리는 공통적으로 명당에 자리 잡았다.

스님이나 신부가 나오는 산

　산이 인물을 만든다고 했다. 경험상으로 알게 된 사실이다. 풍수 생활 30년이 되어가고 있다. "서당 개 3년이면 풍월을 읊는다."라고 한다. 관심을 가지고 하나에 몰입해서 살면 달인이 된다. 반복적으로 관찰하다 보면 같은 모양의 산에서는 같은 일이 일어난다는 사실을 알 수 있다. 산의 형상과 흐름, 그리고 사람의 운명은 일치한다. 부드러운 산에서 부드러운 심성이 나온다. 거친 산에서는 거친 사람이 나온다. 산이 자로 잰 듯이 깨끗한 직선 모양으로 완만한 경사를 이루면 자손들이 부드럽고 예의와 질서를 지키는 품위 있는 가족 공동체를 이룬다. 형제간에 우애 있고, 서로 존중해 주며 살아간다. 반대로 돌출이 심하고 밑으로 내려갈수록 높아지는 산이 있다. 이러한 산을 가진 사람들은 형제간에 싸우고 위계질서가 없다. 동생이 형을 욕하거나 무시하는 경향을 보인다. 공동체 형성이 이루어지지 않고 뿔뿔이 흩어진다.

　산이 사람을 만든다는 것을 현장에서 확실하게 경험했다. 인물이 나오는 산에서 인물이 계속 나온다. 하나같이 품어 안아주는 형상을 한 산이다. 반대로 산이 밖으로 돌아나간 곳에서는 인물이 나오지 않는다. 물이 밖으로 도망가듯 외면하거나 물이 외면하듯 흘러가는 곳에서도 인물이 나오지 않는다. 판별하는 방법은 너무 쉽다. 풍수를 며칠만 배워도 알 수 있는 쉬운 공식이다.

마을에 들어가면서 산과 물의 흐름을 보고 한 마디만 하면 정확하게 나온다. 산이 감아주는 아늑한 마을일 경우, "이 마을에서는 인물이 많이 나오는군요." 한 마디만 하면 바로 다음 대답이 나온다. "마을은 오지이고 작아도 인물이 계속 나옵니다."

반대로 산이 외면하고 돌아나가거나, 물이 돌아서 나가는 마을에 가서 한 마디 던져 보라.

"이 마을에서는 수십 년이 되어도 군수 하나 나오지 않았겠군요?"

"그렇습니다. 경치는 좋은데, 오지라 그런지 인물이 나오지 않습니다."

인물이 나오고 안 나오는 데에도 산의 유형이 따로 있다. 산은 여전히 있고, 물은 여전히 흐르고 있으니 세월이 흘러도 같은 일이 반복된다. 인물이 나는 곳에서 계속 인물이 나는 원리다. 잘 나가던 마을에도 문제가 발생할 때가 있다. 마을 한복판으로 큰길이 뚫리거나, 터널이 뚫려서 마을에 흉한 일만 거듭되는 경우다. 터널이 뚫려서 산이 깨진 데다 차들이 빠른 속도로 지나가면 마을에 나쁜 일이 겹쳐서 일어난다. 빨리 이사 가는 방법 외에는 없다. 산은 오늘도 자연의 원리대로 실천하고 있다.

기왕에 산에서 인물이 나온다는 말을 했으니 하나를 추가해 보자. 스님이나 신부가 나오는 산도 정해져 있다. 스님이 나오는 마을에서는 계속 스님이 나온다. 가톨릭 신부나 수녀가 나오는 땅에서는 계속 신부와 수녀가 나온다. 산이 없이 홀로 외롭게 돌출된 땅. 자세히 설명하면 산이 용처럼 길게 이어져 나오는 산이 아니라 단독으로 우뚝 솟은 것을 말한다. 독봉이라고 한다. 이런 산에 묘를 쓰면 후손 중에 승려나 종교지도자가 배출된다. 혈을 맺으면 승려나 종교지도자가 나오고, 혈을 맺지 못한 땅에서는 과부나 고아가 나온다. 여기서 혈이라는 것은 기가 흘러가는 용맥의 중심을 말한다. 어느 산이나 산의 흐름이 있다. 작은 산에도 산이 흘러가는 방향이 있다. 홀로 우뚝 솟았다고 해도 산의 흐름을 찾을 수 있는데 산의 흐름의 정중앙에 묘를 쓰면 혈을 맺었다고 하고, 정중앙에 쓰지 못한 경우 혈을 맺지 못했다고 한다.

혈을 맺고 못 맺음에 따라 다른 인생을 살 가능성이 많지만 삶도 달라진다. 종교인과 과부·홀아비는 다르다. 스스로 선택한 것과 스스로 선택하지 않은 삶의 차이다. 혈을 맺을 경우는 당차고 자기주도적 삶을 살지만 혈을 맺지 못한 경우는 주체성이 부족해져서 의타적인 삶을 살게 된다. 혈을 찾으라는 것이 중요한 이유가 여기에 있다. 산의 10부 능선에 써야 한다는 것은 기본 중에 기본이다. 이를 어긴 경우는 문제가 생기는데, 후손에게 주체성의 있고 없음에도 차이가 난다.

부자를 만드는 산, 정치가를 만드는 산

부자를 만드는 산도 따로 있다. 그렇다면 당연하게 가난하게 만드는 산도 따로 있다. 부자를 만드는 산은 하나같이 공통점을 가지고 있다.

우선 주산에서 바라봤을 때 오른쪽 산우백호이 주산을 감싸고 있어야 한다. 다음으로 안산이 막아 주어야 가능하다. 여기에 물이 감아 주고 부봉富峯이 있으면 더욱 확실하게 거부가 된다. 명당이 없는 것은 아니지만 명당에 산소를 쓰기란 쉽지 않다. 하지만 풍수에 관심이 있는 재벌이라면 거액을 들여서라도 명당을 찾아서 쓴다. 돈과 공력이 필요하다. 우선 좋은 산을 만나려면 좋은 자리를 찾아야 한다. 좋은 산을 찾으려면 능력 있는 풍수가를 만나야 가능한데, 그게 쉽지 않다.

그러나 풍수가의 능력을 파악할 수 있는 방법이 있다. 자신만이 아는 산소의 감정을 요청하면 쉽게 확인할 수 있다. 집안 내력을 알고 있는 산에 가서 산소 감정을 요청하면 능력을 한 번에 확인할 수 있다. 좋은 자리인지 나쁜 자리인지 어떤 운명을 살 것인지를 정확하게 짚어내면 틀림없다. 산소 감정을 못 하면서 어떻게 새로운 명당자리를 찾을 수 있겠는가. 산소를 보고 감정할 수 있고, 살아온 운명을 확인하고 산소의 흐름을 그려낼 수 있어야 진정한 풍수가다.

풍수가 과학이라면 과학적 근거가 있어야 한다. 적어도 논리적으로 설명이 가능해야 한다. 산에서 운명이 온다면 어떤 운명이 진행되는가를 산소마다 파악할 수 있어야 능력 있는 풍수가다. 부자 터는 같은 모양을 가지고 있다. 우백호가 없는 집터나 묏자리에서 절대 부자가 나오지 않는다.

끝으로 권력에 집중하는 사람들을 보자. 정치가다. 권력 행사를 하는 사람들이다. 정치가의 관심은 한결같다. 권력을 잡는 것이 목표다. 사업가와 정치가는 근본적으로 다르다. 사업가의 목표는 돈이다. 정치인이 돈을 필요로 하는 것은 권력을 잡기 위한 도구이기 때문이다. 사업가는 개인의 이익을 위해 출발해서 기업이 확장되면서 공익을 위한 길로 방향을 돌리지만, 정치가는 다르다. 공익을 위해 자신의 역할을 찾아 나서다가 권력을 쥐면 사욕에 빠진다. 권력을 잡고 나면 돈을 찾는다. 사업가와 정치가는 근원적으로 기질이 다른 사람들이다.

정치가의 산은 사업가와는 반대로 왼쪽이 발달해 있고 크다. 그리고 안산이 역시 잘 받쳐주어야 한다. 안산이 앞을 막아 기를 가둬 주는 역할을 하는 산을 가지고 있다. 예외가 없다. 군수 이상의 산소는 공통적으로 왼쪽 산, 즉 청룡이 감싸주고 있다. 정치가는 세상을 바꾸겠다는 야망을 가진 사람들이다. 가정이나 기업을 넘어서 국가나 사회적인 변화를 이루어내겠다는 사람들이다. 모두 청룡이 강한 산을 가지고 있다. 이처럼 기업가를 만드는 산과 정치가를 만드는 산이 다르다.

땅의 유혹

5장

산은 보는 방향에 따라
다른 모양을 가지고 있다

양평 추읍산

산은 보는 위치에 따라 달라 보인다. 풍수에서 중요한 점 중 하나는 집터나 묘 터에서 바라본 산의 모습대로 반영된다는 점이다. 양평에 추읍산趣揖山이 있다. 추읍산은 칠읍산七邑山이라고도 한다. 맑은 날 산꼭대기에 서면 일곱 고을이 내려다보인다는 뜻으로 붙인 이름이다. 다시 말하면 양평 일대 일곱 고을에서 볼 수 있는 산이라는 뜻이기도 하다. 마을마다 칠읍산의 모양이 다르다. 산은 바라보는 곳에 따라 변화한다.

개군면 소재지 쪽에서 보이는 모양은 정말로 잘생긴 부봉富峰이다. 마치 둥근 밥공기를 엎어 놓은 듯 둥글게 솟아오른 모양이다. 일부러 만들어 놓은 듯이 둥글게 생겼다. 크고 힘이 넘치는 산 모양이다. 칠읍산을 개구 면에서 보면 큰 부봉이지만, 가까이 가서 볼 때와 다른 쪽에서 볼 때에는 또 다른 모습을 만들어낸다. 내리 쪽으로 들어가 추읍산 아래까지 가서 올려다보면 산 정상 부분이 잘리면서 토체 모양이다. 그리고 양평 방향으로 멀리 나가서 바라보면 전혀 다른

114

모습으로 변한다. 변화하는 모습을 보면 하나하나가 감탄할 만한 모습이다. 산은 내가 서 있는 곳에서 보이는 모습대로 운명을 결정한다.

칠읍산 정상에서 보이는 고을이 양근, 지평, 양주, 여주, 이천, 광주, 장호원이다. 실제로 가까운 양평이나 여주는 물론 멀리 이천이나 광주 쪽에서도 칠읍산의 모습을 볼 수 있다. 크고 웅장하면서도 좋은 영향을 주는 영기靈氣 서린 산이다. 평지에 가까운 곳에 우뚝 솟아 있어 어디에서나 산의 모양이 한눈에 들어온다. 워낙 여느 산들과 달라 모르는 사람이라도 쉽게 구별해 낼 수 있다. 마을 사람들에게 복을 내리는 산이라고 할 수 있다. 부봉은 부를 만들어 주는 산이고, 토체는 권세와 명예를 만들어주는 산이니 더없이 고마운 일이다. 풍수적으로 성공으로 가는 데 중요한 역할을 담당한다. 반드시 인물이 날 곳에서 인물이 나고, 흥할 수 없는 자리에서는 사라져 갈 뿐이다.

명산에 명당 없다

　명산에는 명당이 없다는 말이 있다. 명산에 명당이 많은 것으로 생각한다. 하지만 명산에 명당이 없는데 어찌 큰 절이 들어서고 성당이 들어섰는가. 아니다. 명산의 중심부에는 산이 거칠어 자리 잡을 곳이 없다. 설악산이나 금강산, 한라산, 지리산 같은 큰 산에는 명당이 없다. 명산은 대개 보기 좋게 크고 높다. 그런데 큰 절도 큰 산에 자리 잡지 않고 작은 산자락에 자리를 잡고 있다. 큰 산을 내려와서야 명당이 있다. 좋은 자리는 큰 산과 작은 산이 어우러지고 서로 감싸 안는 곳이어야 한다. 바람을 막아주는 아늑한 곳이어야 한다. 산은 한쪽이 오른쪽으로 가면 다음 쪽 산도 이어서 오른쪽으로 흘러간다. 같은 방향으로 이어서 흘러가는 것을 확인할 수 있다. 한 방향으로만 흘러가기 때문에 양팔로 품어 안아주는 산을 만나기가 쉽지 않다.

　가장 좋은 자리는 한 산이 왼쪽으로 흘러가면 옆 산도 왼쪽으로 흘러간다. 한 산이 오른쪽으로 흘러가면 다른 산도 오른쪽으로 흘러간다. 그러면 양 방향의 산이 만나는 곳이 있다. 그곳에 동그란 공간이 생긴다.

명당이다. 바람은 잔잔하고 양쪽 산, 즉 왼쪽 산과 오른쪽 산이 만나서 원형의 공간을 만든다. 가장 좋은 터다. 자연스럽게 물이 양방향에서 만나 한쪽을 끼고 흘러간다. 물의 흐름도 자연스럽고 부드럽다. 산이 만나고 물이 만나서 닭이 알을 품는 둥지 같은 모습이 된다. 이곳이 명당이다. 금계포란형金鷄抱卵形이다.

큰 절은 반드시 명당에 있다. 예외가 없다. 큰 절은 좋은 터를 잡은 탓에 작게 출발했어도 크게 성공한다. 크게 지었어도 망하는 절이 있고, 작게 출발했어도 큰 절이 있는 것은 풍수의 원리가 오랜 기간 작용해서다. 충청북도에 절을 지을 때다. 충북 진천에 보탑사라는 절을 지을 당시에 방문하게 됐다. 잘 감아 준 원형의 너른 터에 자리를 잘 잡아 절을 짓고 있었다. 우리나라에서 가장 높은 목탑으로 만들어진 절이었다. 현재 우리나라에서는 고대와 같이 높고 큰 절을 짓는 방법과 기술이 사라져 버렸다. 세계에서 가장 높은 절이었던 신라의 분황사탑을 지었던 목조건축기술 보유국이었지만 지금은 대가 끊겼다. 그나마 4층 목탑까지만 지을 수 있다고 한다. 보탑사는 충청북도 진천군 보련산 자락에 있는 사찰이다. 1996년 고려시대 절터로 전해지던 곳에 비구니 스님인 지광·묘순·능현 스님이 창건했다. 한국 최고의 목수인 대목수 신영훈을 비롯한 장인들이 참여해 불사를 시작하여 3층 목탑을 완공했으나 당시에는 썰렁했었다. 목탑만 우두커니 서 있는 형태였다.

보탑사는 전체적으로 잘 감아 준 자리에 세워졌을뿐더러 우백호에는 부봉富峰이 크게 자리 잡고 있었다. 경제적으로 탄탄한 절이 들어설 것이고 이름도 얻게 될 자리였다. 절이 완공되고 5년이면 충청도에서 명찰名刹로 이름을 얻을 것으로 봤다. 다시 가보니 당시와는 비교할 수 없을 정도로 정돈되고, 아름다운 절로 자리를 잡고 있었다. 비구니의 절이라 더 아기자기하고 잘 가꾸어 놓은 것도 있지만 앞으로 경제적인 면이나 지명도로도 큰 절이 될 것이다.

또 다른 예로 천태종의 총본산인 구인사를 들어보겠다. 구인사는 충청북도 단양군 소백산 기슭에 있다. 소백산 수리봉 밑 해발 600여 미터의 고지에 위치해 있는데, 약 50여 동의 건물이 대부분 긴 골짜기를 따라 자리를 잡고 있다. 골짜기는 풍수에서 금기시하는 공간이다. 집을 지으면 망하고, 묘를 쓰면 더 빨리 망한다. 그런데 구인사는 빠른 성장과 발전을 해 왔다. 천태종의 중심으로 자리 잡았다. 이유가 있다. 대웅전 터를 가 보면 입이 다물어지지 않을 정도로 명당에 자리 잡고 있다. 절터의 핵심은 대웅전이다. 대웅전이 안정된 명당에 자리 잡으면 나머지 건물은 적당하게 편리성에 기대어 지어도 전체적으로 절이 큰다. 양택에는 안채가 가장 중요하고 절에서는 대웅전이 중요하다. 모든 건축물이 명당자리에 있기는 쉽지 않다. 어떤 터를 가나 명당자리는 작고 한정적이다. 중심 건축물을 명당자리에 앉혀야 한다. 교회의 경우 본당 자리를 좋은 터에 앉혀야 한다.

서울이 도읍으로 정하기에 최고라고 해도 명당은 그리 많지 많다. 큰 절은 반드시 명당에 있다. 우리나라에는 삼보三寶 사찰이 있다. 불보佛寶 사찰 통도사, 법보法寶 사찰 해인사, 승보僧寶 사찰 송광사다. 5대 총림과 흔히 오대 사찰까지 치면 충남 예산의 수덕사와 전남 장성의 백양사가 추가된다. 이들 모두 명당에 자리 잡고 있다. 대웅전에서 바라보면 아늑하고 포근한 느낌을 갖는다. 새 둥지 같은 느낌을 갖는다. 산이 감싸준 중심에 자리 잡아 장풍藏風이 된 자리다. 장풍은 바람을 가둔다는 뜻이다. 장풍득수가 풍수의 핵심 원리인데 장풍과 득수가 이루어지면 명당으로 본다. 장풍득수를 줄여서 풍수라고 한다.

큰 절터로 번성했지만 절은 사라지고 절터만 남은 곳이 있다. 고려시대 전성기를 누렸던 대형 사찰인 여주의 고달사지다. 고달사지는 큰 면적을 가지고 있다. 절터에는 옛 영화를 증명하듯 고달사지 원종대사 탑비, 고달사지 석불대좌 등 커다란 석조 문화재들이 남아있다.

고달사지는 자세히 보면 골짜기다. 평지인 듯하지만 골짜기임을 알 수 있다. 오래된 사찰 대부분이 풍수를 잘 보고 터를 잡는다. 고달사지는 좌우가 넓기는 하지만 영락없이 골짜기 안쪽에 자리를 잡았다. 이렇게 골이 진 곳에는 양택이든 음택이든 써서 좋을 것이 없다. 주변의 산들도 눈에 들어오는 영상사領相砂나 토체土體 같은 좋은 산이 없다. 게다가 풍수에서 좋지 않게 보는 규봉窺峰이 여럿 보인다. 규봉은 늘 좋지 않게 넘보며 해하려고 하는 세력이 생기는 자리다.

고달사지와 달리 같은 여주의 신륵사는 풍수적으로 명당의 조건들을 잘 갖춘 곳이다. 신륵사는 지금도 우리나라에서 손꼽히는 사찰이다. 조선후기 문인 김병익이 남긴 신륵사 중수기에 이렇게 적혀 있다.

"절을 폐하지 못하는 이유는 그 고적이 명승지로 이름 높은 곳이기 때문이다. 신륵사라는 절은 고려시대의 나옹이 머물러 있었으며 항상 아름다운 경치는 물론이고 또한 높은 탑과 오래된 비가 늘어선 것이 고풍이 있어 목은牧隱을 비롯한 여러 문인들이 시로써 그 아름다움을 칭송하였다."

조선후기 불교를 탄압하던 시기에 유학자들에 의해 많은 사찰이 폐사됐으나, 신륵사는 명승지로 이름이 높아 폐사를 모면했다는 내용이다. 명당의 교본이라고 할 수 있는 여주의 이름난 사찰인 신륵사는 산이 아름답고 물이 좋기로 소문난 여주에서도 고르고 고른 곳에 터를 잡았다. 오랫동안 이름을 떨쳐 왔고 지금도 명성이 자자한 그야말로 천년고찰이다. 신라 진평왕 때 원효대사가 창건한 것으로 알려진 신륵사는 풍요롭게 흐르는 남한강을 바라보며 자리 잡고 있다.

이 절은 특히 청룡과 백호가 아주 좋다. 풍수에서는 백호가 여성과 부를 상징하고, 청룡은 남성과 명예를 상징한다. 신륵사의 경우 백호도 잘 둘러져 있지만, 청룡이 더 잘 감싸고 있어서 큰 명성을 쌓을 수 있었다. 게다가 풍수에서 아주 중요하게 생각하는 게 바로 물이다. 신륵사 앞쪽으로 남한강이 휘둘러 지나가니 금상첨화 격이다. 신륵사의 중심 건물인 대웅전 앞에 서면 전망이 탁 트이고 삼면은 야트막한 산으로 둘러싸여 아늑하다. 멀리 강 건너 앞쪽으로 명예와 권력을 불러들인다는 일자문성이 길게 이어진다. 일자문성이 마치 낮은 성벽을 둘러친 것처럼 길게 이어지는 장면은 좀처럼 보기 어렵다. 신륵사는 그렇게 명당이다. 명당에 지어진 사찰은 오래가고, 번창한다. 반면 고달사는 골짜기에 지어져 몰락을 했다. 풍수는 거짓말을 하지 않는다. 사람이 자연의 원리를 모를 뿐이다.

사찰과 명당

경기도 양주에 회암사지가 있다. 왕궁의 구조를 그대로 적용했다. 권력과 재원이 뒷받침되지 않으면 지어질 수 없는 사찰의 규모다. 옛 영화를 짐작게 한다. 회암사가 사라지고 회암사지만 남아있다. 인근에는 같은 이름인 회암사가 들어서 있다.

회암사의 역사를 잇는 지금의 회암사가 회암사지 뒤쪽, 천보산을 배경으로 서 있다. 그런데 옛 회암사는 여러 면에서 여주 고달사와 닮았다. 두 사찰은 모두 한때 승려와 신도 수천 명이 머물 만큼 번성했다가, 조선후기에 갑자기 몰락해 사라졌다.

풍수로 볼 때 회암사는 천보산을 주산으로 하고 터를 잡았다. 하지만 천보산은 돌이 많고 거친 산이어서 풍수적으로 부족함이 많다. 터를 넓게 잡아 평지처럼 보이지만 토체와 일자문성一字文星도 완전하지 않다. 더욱이 뒤쪽으로 풍수에서는 좋지 않게 보는 규봉이 보여 옛 회암사 역시 늘 넘보며 해하려는 세력이 있었다고 봐야 한다. 그나마 회암사가 고달사보다 나은 것은, 절을 만들고 중창하고 지원하는 데 큰 역할을 했던 승려 지공과 나옹, 그리고 무학대사의 사리를 모신 부도가 천보산의 맥을 타고 좋은 곳에 자리해 있다는 점이다. 회암사지가 늦게나마 발굴이 되고 박물관까지 세워지면서 다시 빛을 보고 있는 것과, 회암사지 뒤쪽에 다시 세워진 지금의 회암사가 점점 번창하고 있는 것도 그로부터 힘을 얻은 것으로 보인다. 학문과 깨달음이 깊은 당대의 고승들은 풍수지리에도 능한 것으로 알려져 있지만, 실제로 찾아가 둘러본 사찰들의 터가 모두 명당에 자리를 잡은 것은 아니었다.

이번에는 안성의 청룡사로 가 본다. 안성시 서운면에 자리한 유서 깊은 사찰 청룡사는 지금도 많은 신도들의 발길이 이어지고 있는 경기 남부지역의 명찰이다. 고려 원종 6년 창건되었고 나옹에 의해 크게 중창될 때 하늘에서 꽃비가 내리고 서기가 가득한 가운데 청룡이 나타나 오르내려 청룡사라 고쳐 부르게 되었다는 이야기가 전한다.

신도들로 북적이는 청룡사를 찾아가 주변을 둘러보니, 웬만한 명당에서는 쉽게 찾을 수 있었던 청룡이나 백호가 거의 없어 의외였다. 청룡과 백호는 터의 좌우를 감싸 돌며 나쁜 기운이 들어오고 좋은 기운이 빠져나가는 것을 막아준다. 때문에 청룡과 백호가 좋은 터는 아늑하고 평온하다. 청룡과 백호까지 잘 감아 돌면 명당 중의 명당이 되었을 터다. 하지만 청룡·백호가 없는 대신 주변에 좋은 산들이 많아 좋은 기운을 끊임없이 전해 주고 있다. 더구나 좋은 산들이 겹쳐지거나 출렁이지 않고 각각의 봉우리들이 하나씩 독립적으로 아름다워 풍수적으로 더 좋다.

청룡사 대웅전 앞에서 둘러보니 왼쪽 뒤와 오른쪽 앞에 토체가 줄지어 서 있다. 멀리 앞쪽에는 뾰족한 모양의 문필봉이 서 있다. 영상사領相砂와 부봉富峰들도 여럿 서 있다. 덕분에 청룡사는 옛날부터 큰 어려움을 겪지 않고 풍족함을 누려 왔다. 천대받던 안성 남사당패를 겨울마다 거둬들여 따뜻하게 돌봤던 것도 풍족함 덕이다. 흉하거나 거칠게 생긴 산이 없이 부드럽고 풍족한 모양의 산들로 둘러싸인 청룡사는 산의 모양을 그대로 닮아 따뜻한 인정을 베풀게 된 절이다.

이번에는 같은 안성에 칠장사를 둘러본다. 칠장사는 신라 때 자장율사가 창건했다고 전해지는 유서 깊은 고찰로, 많은 이야기가 전해지는 안성지역의 명소다. 안성 죽산면에 자리한 칠장사는 경내에 들어서는 순간 묵직하고 안정된 느낌을 준다. 신도들로 북적이는 청룡사와는 사뭇 다른 분위기다. 칠장사와 칠현산의 이름 유래가 담긴 혜소 국사 이야기를 비롯해, 병해 대사가 이곳에서 임꺽정에게 무술과 글을 가르친 이야기, 어사 박문수가 이곳에서 기도를 한 후 장원급제를 했다는 이야기 등 책 한 권을 엮어도 될 만큼 많은 이야기들이 전해 내려오는 사찰이다. 특히 어사 박문수 이야기 때문에 입시 때마다 많은 학부모들이 찾아오는 곳이다.

칠장사는 규모가 그리 크지 않으나 풍수적으로 명당의 요건을 잘 갖추고 있다. 주산인 칠현산 자락이 팔을 뻗어 좌청룡·우백호를 이루고 있는데, 일부러 깎아 놓은 듯 적당한 높이로 사찰을 품어 안으며 곳곳에서 영상사와 토체와 일자문성을 이루고 있다. 특히 멀리 앞쪽으로 그린 듯 삼각형으로 솟아 있는 영상사는 감탄할 만큼 일품이다. 명당에 오밀조밀 들어앉은 대웅전과 법당들은 더할 나위 없이 푸근하고 안정된 느낌을 준다. 전국의 사찰 중에서도 칠장사는 올 때마다 감탄을 하게 한다.

한편 풍수로 볼 때 좌우의 균형이 맞지 않아 아쉬움을 남긴 이천

설봉산 영월암도 있다. 설봉산에는 유서 깊은 사찰인 영월암映月庵이 자리해 있다. 영월암은 신라 문무왕 때 의상이 창건했다는 사찰이다. 대웅전 뒤쪽으로 온화하게 서 있는 영월암 마애여래입상이 오랜 역사를 대변하는 듯하다. 하지만 대웅전은 설봉산의 동편 산비탈에 마애여래입상이 서 있는 작은 언덕을 뒤로하고 남쪽을 바라보며 서 있다. 대부분의 명당이 주산을 뒤로 놓고 탁 트인 앞쪽을 바라보는 것과 달리 주산을 오른쪽으로 두고 돌려 앉은 모양새다. 때문에 오른쪽 위로 솟은 설봉산의 주봉 희망봉이 커다란 백호를 이루고 있고, 왼쪽은 청룡이 제대로 이뤄지지 않은 채 내리막 비탈이 되었다. 풍수적으로 볼 때 균형이 맞지 않는 형국이다. 청룡은 명예를 상징하는데, 그것이 제대로 이뤄지지 못했으니 오랜 역사를 지니고 있다고 해도 이름을 떨치기 어려울 수밖에 없는 절이다. 아쉬움이 남는 암자다.

아쉬움을 하나만 더 풀어내 보자. 하남 동사지 오층석탑과 삼층석탑이 있는 동사지桐寺址다. 하남시에서는 한때 손꼽히던 사찰이었다. 지금은 흔적만 남았다. 고려 초기에 창건된 동사는 넓은 터에 옛 영화를 짐작케 하는 유물들이 일부 남아 있어 지금도 국가사적으로 지정돼 있고 같은 이름을 가진 작은 절도 자리해 있다. 절 마당에 놓여 있는 커다란 초석들로 짐작할 때 옛 동사는 금당의 규모가 경주 황룡사 못지않았을 것으로 보인다. 절터는 북쪽을 바라보고 있지만, 뒤쪽으로 주산이 우뚝 서 지켜 주고 있고 좌우로 청룡과 백호가 잘 감싸고 있다. 주춧돌을 보니 중심 건물이 딱 좋은 자리에 서 있다. 가운데 커다란 제단이나 부처님을 모셨던 대좌로 보이는 8각형 구조물이 있는데 풍수를 잘 따져 자리를 잡았다.

하지만 동사 절터를 둘러보는 동안 아늑함이나 편안함보다는 어수선함이 느껴졌다. 그럴 수밖에 없었다. 사찰의 바로 앞에 고속도로가 지나고 커다란 송전탑까지 서 있는데다가, 한쪽 옆으로는 고철 처리장까지 있어 좋은 기운이 사방으로 흩어질 수밖에 없는 상황이었다. 아무리 풍수적으로 좋은 곳이라도 길을 내면서 산을 허물고 산에 송전탑 같은 커다란 구조물을 세우면 의미가 없어지는 법이다. 자연이 만든 좋은 땅을 사람이 망가뜨린 셈이다.

되는 식당은 모두 백호가 좋다

같은 지역에 비슷한 식당들이 줄줄이 늘어서 있는데, 어느 집은 손님이 줄을 잇고 다른 집들은 장사가 안 돼 허덕이는 모습은 어디서나 쉽게 찾아볼 수 있다. 주차장에 차들이 미어터지게 서 있는 식당들을 눈여겨보면 알게 된다. 무엇이 다를까. 풍수에서는 돈을 벌게 해주는 산으로 부봉富峰을 꼽는다.

밥그릇을 엎어 놓은 것처럼 둥글게 솟은 산이다. 손님들이 끊이지 않는다는 남양주의 순두부집, 여주의 막국수집, 광주의 한식집, 가평의 매운탕집 등은 하나같이 부봉을 끼고 있다. 누구는 곡식을 쌓아 놓은 모양이라고도 하고, 누구는 어머니의 가슴 같다고도 하는 부봉은 보기만 해도 마음이 푸근해지는 산이다.

풍수에서 재물과 연결되는 또 하나로 누차 이야기하는 백호를 꼽는다. 배산임수를 지킨 곳에 백호가 오른쪽으로 감아 돌면 재물이 들어온다. 여주의 유명한 천서리막국수집은 백호가 좋기로 손꼽히는 곳이다. 뒤에서 시작한 나지막한 언덕자락이 식당 오른쪽을 돌아 바로 앞까지 뻗어 나왔다.

남양주의 순두부집은 큰길가에 있는데도 주변의 여느 식당들처럼 도로를 바라보지 않고 출입문을 옆쪽으로 냈다. 길옆으로 불쑥 솟은 언덕이 길과 나란하게 산자락을 펼쳤는데, 그렇게 돌려 앉으면서 배산임수를 지키고 오른쪽으로 백호를 두게 됐다.

한때 잘나가던 식당이 갑자기 어려워진 곳도 있었다. 새로 난 큰길이 식당 뒤를 비스듬히 지나면서 백호를 가르고 주산에서 내려오는 기운을 끊었다. 거짓말처럼 그 많던 손님들이 사라졌다. 잘되는 집, 안되는 집은 이유가 있었다. 풍수는 무섭고도 큰 원리다.

흥망성쇠에는 반드시 이유가 있는 법이다. 자연의 기운과 조화를 이루면 편안하고 복이 들어오는 것을 보았으며, 무지와 욕심으로 자연을 거스르면 어려움이 닥친다. 좋은 집터, 좋은 묏자리에 서면 한겨울에도 푸근하고 마음이 가라앉는다. 반면 자연을 무너뜨리거나 자연의 흐름에 거슬러 개발한 곳은 서둘러 떠나고 싶어진다.

잠시도 머물고 싶지 않은 곳은 나쁜 기운이 흐르거나 기가 빠져나가기 때문이다. 그런 곳에 자리를 잡고 살거나 조상을 모신다면 몸과 마음이 편치 않은 것이 당연하다. 풍수에 전념하면서 전국을 돌아다니며 골짜기에 지어진 건물, 산비탈을 깎아 짓고 있는 전원주택단지들도 수없이 보았다. 그중 적지 않은 곳들은 공사조차 마치지 못한 채 콘크리트 뼈대만 남은 건물로 버려지거나, 축대만 잔뜩 쌓아 놓고 집을 짓지 못해 썰렁한 모습이다. 건물을 지어서는 안 되는 땅에 건물을 지었으니, 결국 욕심이 화를 자초한 셈이다. 풍수를 무시해 안타까운 실패, 안타까운 질병, 안타까운 싸움이 일어난다. 풍수를 국민 모두 배워 어려움을 줄일 수 있었으면 좋겠다.

땅의 유혹

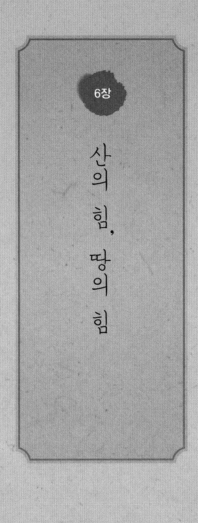

6장

산의 힘, 땅의 힘

풍수로 승진도 가능할까?

은행장을 두 번이나 하고 은퇴한 사람이 있었다. 풍수실험을 제안했다. 두 번이나 행장을 한 것도 성공했다고 할 수 있었다. 이장을 할 경우 다시 행장을 하거나 승진해서 일을 계속할 수 있느냐는 물음이었다. 제안은 받았지만 가능할지는 알 수 없었다. 분명한 것은 선조 묘에 의해서 운명이 결정된다고 하는 것이 풍수의 원리라는 점이다. 부모 묘의 영향을 자손들이 그대로 받고 산다는 것을 보여주는 것이 풍수였다.

성공한 사람들의 선조 묘는 확실히 공통적인 모습을 지니고 있다. 예외가 없다. 반면 실패한 사람들의 선조 묘도 역시 같은 모습을 하고 있었다. 명확한 대비 설명이 가능하다.

먼저 성공한 사람들의 선조 묘에서 공통점을 찾아보자.

우선 산을 보는 방법부터 대략 설명해 두겠다. 시신이 묻히는 장소를 혈장이나 명당이라 한다. 흔히 산소가 있는 장소를 말하는데, 산소가 있는 산을 주산이라고 한다. 주인이 묻힌 산이라는 의미다. 산소를 보는 방법은 우선 산의 이름과 위상을 정하는 데에서 시작된다. 높은 곳에서 아래를 바라보는 방향으로 산의 이름이 정해진다. 산소가 있는 산을 주산이라 하고, 왼쪽에 있는 산을 청룡이라 하며, 오른쪽에 있는 산은 백호라고 한다. 끝으로 앞에 있는 산을 안산이라고 한다. 주산에서 바라봤을 때 청룡과 백호 그리고 안산이 주산을 향하여 안아 주듯이 있는 곳을 최고의 명당이라고 한다. 흔히 길지라고 하는 곳이다. 쉽게 설명하면 바구니나 사발처럼 중심을 향하여 동그랗게 안아 주는 모습이 좋은 터라고 한다.

좋은 터에 조상 묘가 자리 잡고 있으면 후손들에게도 좋은 영향이 간다고 믿는 것이 풍수다. 적어도 군수 이상을 지낸 후손의 경우는 조상의 묘에 왼쪽 산, 즉 청룡이 반드시 있으며, 주산을 향하여 안으로 굽어진 형태이다. 예외가 없다. 그리고 부자라고 하는 재벌의 경우는 오른쪽 산, 즉 백호가 주산을 향하여 감아 주고 있다. 아울러 안산이 안정되게 자리 잡고 있다. 풍수에서 청룡은 남성을 상징하고, 명예와 권력을 주관하는 산으로 본다. 백호는 여성을 상징하고 부, 즉 경제적인 것을 주관하는 산으로 본다. 안산은 대인관계를 말해 주며, 안산이 있어야 안정되고 오래도록 부와 명예가 유지된다고 보는 것이 풍수의 기본이다.

방법을 알면 실행하면 된다. 주산이 안정되고 힘이 있으며, 좌청룡과 우백호는 주산을 향하여 감아 주고 안산이 반듯하게 있는 산을 찾아 이장하면 소망을 이루거나 발복할 수 있다는 결론이 나온다. 실제로 가능할까. 결과는 실행을 해야 알 수 있는 상황이었다.

행장을 역임한 분이 풍수이야기를 듣고는 되물었다.

"이장을 하면 계속 일을 할 수 있습니까?"

조금은 당황했으나 잠시 생각하다 대답했다.

"가능합니다."

나 자신도 실제로 이러한 것을 실험한 경우는 없었다. 하지만 현장에서 많은 풍수 사례를 거치면서 확신이 선 것이 있었다. 운명이 산에서 나오는 것을 확인했고, 한 사람의 살아온 세월을 들으면 그 조상의 산을 그릴 수 있었다. 수십 년의 경험적 통계를 믿어보기로 했다. 하지만 통계는 귀납적 경험의 축적이었고, 실제로 결과를 예측하며 실험을 해 본 적은 없었기 때문에 두려움도 있었다.

이장은 쉬운 일이 아니다. 혼자서 결정할 수 있는 것도 아니다. 더구나 기독교를 믿는 사람이 가족 내에 있는 경우는 반대가 심했다. 그리고 형제간의 의견다툼이 있을 수 있고, 증조부 대의 묘로 올라가면 더 복잡하게 상황이 전개되어 어렵게 된다. 사촌과 육촌 간까지 동의해야 가능한 일이다. 이장은 담대한 배짱이 없는 사람의 경우 실행하기 어렵다.

행장은 계속 일할 수 있다는 답에 이장을 결심했다. 물론 여기에는 자신의 일도 중요했지만 풍수에 대한 신임이 있어 좋은 영향이 자식들에게도 있을 것을 알고 있기에 가능한 일이었다. 주산이 안정되고 좌청룡 우백호가 주산을 향하여 안아 주는 곳을 찾아 나섰다. 명당을 찾는 것은 쉬운 일이 아니었다. 찾기도 어렵지만 그 땅을 사는 것은 더 어려운 일이다. 좋은 땅을 가진 사람은 땅을 팔지 않는다. 경제적으로 문제가 없는 사람이 아닌 다음에야 일면식도 없는 사람이 찾아와서 산을 팔라고 하면 팔 사람이 어디 있겠는가. 쉽지 않은 일이다.

명당을 찾아 나섰고, 명당을 찾았다. 산을 사는 것은 행장의 일이었다. 시세보다 비싸게 사는 것은 기본이고, 팔려 내놓지 않은 땅을 살 수 있는 것이 문제였다. 행장은 결단력이 있는 사람이었다. 강력하게 추진해서 기어이 산을 샀다. 이제는 기존 산소를 이장하는 일만 남았다. 풍수실험이 성공으로 이어질지는 아무도 모르는 상황이었다. 은근히 긴장되었다. 이장을 했다. 이제는 결과만 남았다. 행장을 두 번이나 한 사람이 다시 일을 할 수 있느냐는 문제가 기다리고 있었다.

한 달이 지나고 두 달이 지났다. 소식이 없었다. 사실 행장을 두 번이나 했으면 은퇴를 하고 쉬어도 무방할 나이였다. 어찌 보면 욕심이라고 할 수 있었다. 짧은 시간에 풍수로 인생이 바뀌는 것이 가능한가에 대한 실험으로 행장과 같은 배를 탔으나 결과가 없으면 싱겁게 끝나고 마는 상황이었다. 확신에 찬 목소리로 가능하다고 선언했지만, 그래도 결과를 기다리는 수험생의 마음이었다. 석 달이 되어갔다. 애써 태연한 척했지만 내심 관심이 가 있는 것은 어쩔 수 없었다. 전화가 왔다. 행장이었다.

"다시 일하게 됐어요!"

행장의 목소리는 흥분되어 있었다. 행장보다 한 단계 위인 부회장으로 승진했다는 소식이었다.

산소 옮기면
권력 이동이 가능할까

　형제가 재산싸움을 했다. 복잡한 집안이었다. 막내 동생은 가난하고 힘들게 살고 있었고, 맏형은 골프장 사장이었다. 형제간에 재산문제로 갈등을 빚고 있었다. 형은 동생을 무시하고 동생은 형을 미워했다. 자수성가한 것이 아니라 유산을 물려받은 것인데, 혼자 재산을 독차지한 형에 대해 증오에 가까운 감정을 가지고 있었다. 또한 집안은 복잡한 가계를 가지고 있었고, 상상할 수 없는 일이 벌어지고 있었다.

　골프장을 운영할 정도로 재산을 일군 장본인인 아버지는 부인이 둘이었다. 본처는 한국 여인이었고, 둘째 부인은 일본 여인이었다. 아버지가 사망했다. 한국의 자식들과 일본의 자식들이 서로 시신을 모시겠다고 분쟁이 벌어졌다. 서로 모시겠다는 말은 곧 재산싸움을 암시한다. 결국 다툼은 아버지를 위한다는 것보다 감정싸움으로 번졌다. 가장 무서운 싸움이 감정싸움이다. 감정싸움에는 이성적 타협이 없다. 아버지에 대한 문제로 배다른 자식 간에 미운 감정이 앞섰다. 물론 재산이 이 싸움의 중요한 원인이었다.

한국 여인의 자녀는 3남 1녀였고, 일본 여인의 자녀는 딸이 셋이었다. 자식들 간의 싸움은 아버지의 시신을 서로 모시겠다는 문제로 출발했지만 이면에 있어서는 재산문제가 핵심이었고 문제가 수면 위로 드러나기 시작했다. 재산싸움이 노골적으로 드러나면서 극단의 처방으로 번져갔다. 도저히 문제가 해결되지 않자 그렇다면 시신을 반으로 나누자고 제안했다. 결국은 아버지의 시신을 반으로 나누어 한국의 자식들은 상체를, 일본의 자식들은 하체를 가져가는 상상할 수 없는 일이 벌어졌다. 인륜이 무너져 패륜으로 가고 있었다.

그런데 이번에는 한국 여인이 사망했다. 골프장이 유산으로 남겨졌다. 그러자 이번에는 한국 여인의 자녀들 간에 재산싸움이 벌어졌다. 골프장을 둘째 아들이 독차지했다. 이 또한 결사항쟁을 하듯 싸웠다. 하지만 이미 둘째 아들이 전권을 가진 상황이었다. 결정된 것을 바꾸기는 어려웠다.

내용을 설명하며 도와달라고 했다. 도와 달라고 한 사람은 막내아들이었다. 골프장을 자신에게 옮길 수 있느냐는 제안이었다. 이장을 해서 권력의 이동을 주관할 수 있을까. 그러나 쉬운 이장이 아니었다. 가족 간의 갈등이 있다고 했다. 그래서 몰래 해야 한다고 했다. 이장의 이유는 재산싸움이 근본문제였고, 재산을 독차지한 둘째 아들이 차지한 회장으로서의 권력을 막내에게로 이동시킬 수 있느냐는 어려운 문제였다. 의뢰인은 문제의 핵심을 저자에게 던졌다.

"풍수로 권력 이동이 가능합니까?"

답하기 쉽지 않은 일이었다. 잠시 생각하다 말했다.

"가능하다고 봅니다."

사실 흥미로운 일이었다. 풍수로 권력이동이 가능할까라는 질문에 확정적인 답은 어렵지만 될 수 있다고 생각했다. 세상은 강자가 이기게 되어 있다. 풍수이론대로라면 산의 힘을 강하게 가진 사람이 권력도 가져올 수 있다. 도덕적인 문제보다는 풍수에 대한 실험에 더 솔깃했다.

권력이동 실험의 구체적 내용은 이랬다. 물려준 유산을 일방적으로 둘째가 차지했는데, 다른 사람은 살만하지만 막내가 생활이 어려웠다. 하지만 누구도 막내를 도와주지 않았다. 골프장의 명의가 둘째 앞으로 되어 있었다. 의뢰인은 둘째가 실권을 쥐고 회장으로 있는 것을 막내에게로 옮겨 놓을 수 있느냐는 제안이었다. 지금까지 해 본 적이 없는 실험이었다.

풍수에서 보면 같은 자식이라도 잘되고 못되는 것이 나온다. 묘의 선익 부분을 보면 자식의 상황을 읽을 수 있다. 선익이 깨지면 어렵게 되고, 선익이 두툼하면 두툼한 부분에 해당하는 자식이 잘 된다. 그리고 청룡이나 백호의 상태를 가지고도 형제의 상황을 파악할 수 있다. 같은 묘의 후손이라고 해도 다 다르다. 형제자매 간에도 우열이 있다. 풍수를 모르는 사람의 입장에서는 도저히 이해되지 않는 세계가 있다. 풍수실험을 결정했다. 그런데 문제를 해결해야 했다. 이장을 해야 가능한 일이었다. 현재의 묏자리에 의하여 권력의 서열이 결정된 일이었기 때문에 새로 이장을 해서 막내아들에게 가장 유리하게 만들면 가능할 것이라고 생각했다.

골프장을 운영했던 아버지의 시신은 상반신만 있어서 어찌할 수가 없었다. 대신 어머니의 묘를 이장하기로 했다. 하지만 여기에도 문제가 있었다. 형제들이 동의하지 않을 가능성이 있었다. 집안에 문제가 없는데 왜 이장을 하느냐고 반대할 것이 뻔했다. 하지만 막내아들 입장에서는 자신만이 억울하다는 생각이었다.

막내아들 주관으로 몰래 이장을 하기로 했다. 과연 가능할까. 막내아들에게 유리한 자리를 쓰면 둘째의 권력이 막내에게로 이동할 수 있을까. 이론적으로는 가능해 보였지만 실제로 가능할지는 확신이 서지 않았다. 경험하지 않은 풍수실험이었다.

형제들이 모르게 이장하기 위해서는 밤에 해야 했다. 그리고 아무도 몰래 해야 했다. 이장을 하는 날에 비가 내렸다. 빗속에서 이장 작업이 진행되었다. 괴기한 일이 벌어지고 있었다. 야밤에 산 속에서 무덤을 파는 사람들. 정상적인 모습이 아니었다. 불도 밝히지 못하고 작업이 진행되었다. 작업을 진행하면서도 권력이동이 가능할지에 마음이 가 있었다. 이장할 곳에서는 이미 작업을 마치고 기다리고 있는 상황이어서 시신만 빼내서 바로 안장시키면 되었다. 쏟아지는 빗속에서 묘를 파고 있었다. 연장이 부딪히는 소리나 산 속에서 벌이고 있는 것이 발각되면 수포로 돌아갈 수 있는 상황이었다. 특수훈련을 받은 사람들이 작전을 하듯이 이장 작업이 진행되었다. 드디어 묘를 파고 시신을 빼냈다. 이동도 문제였다. 보이지 않는 곳에서의 작업은 쉽지 않았다. 밤에 불도 켜지 않고 어떻게 작업을 하느냐고 하지만 다 가능했다. 산 속에서 30여 분만 있으면 흐릿하게 보인다. 달빛이 없어도 분간할 수 있을 정도로 시야가 확보된다. 결국 시신을 빼내서 이동하기 시작했다. 묘는 본래와 다름없이 같은 모습으로 복원시켜 놓았다. 알려지면 안 되는 일이었다. 우천 중에 진행된 이장 작업은 무리 없이 완료되었다. 결과를 기다렸다. 해 보지 않은 실험이었기 때문에 자신 있게 권력이동이 가능하다고 말할 수는 없었다. 풍수의 세계가 어디까지 가능한가를 보여주는 실험이었다. 형제들 간에는 재산싸움이고, 감정싸움이었지만 나에게는 풍수실험이었다. 놀라운 세계가 분명히 있는데 어디까지 풍수의 힘이 작용하는가를 확인하고 싶었다.

권력이동이 가능했다. 결과가 나왔다. 복잡한 사연이 있었겠지만 결론부터 말하자면 막냇동생이 회장이 되고, 둘째는 물러났다. 중간 역할을 했던 신문사 국장도 풍수가 이 정도일 줄은 몰랐다며 놀라워했다.

신문사 국장과 친하게 된 이유도 이장 문제 때문이었다. 신문사 국장은 부모로부터 유산을 물려받았다. 정당한 배분으로 나눠 가져 법적으로나 도덕적으로 문제가 없는 상황이었다. 형제간에는 잘된 형제와 잘 못된 형제가 있기 마련이다. 재산분할이 정확하게 이루어졌음에도 동생은 재산을 날려 버렸다. 여자 문제와 주식으로 날리고 와서는 자신에게 재산의 일부를 달라는 것이었다. 도와줬지만 요구가 계속되었다. 요구를 들어주지 않으면 행패를 부렸다. 대문을 걷어차고, 심지어 칼을 들고 오기까지 했다. 심각한 문제였다. 형제간에 칼부림이 날 수도 있는 상황이었다. 그런데 하루는 신문사 국장이 제의했다.

"풍수로 형제간의 우애도 좋게 할 수 있나요?"

"예. 가능합니다."

형제간에 다툼이 있는 집의 경우는 불규칙하게 울퉁불퉁한 산을 가지고 있다. 산이 올라갔다 내려갔다 하면서 굴곡이 있는 선영을 가진 경우였다. 산에 변화가 많다는 것은 산이 하나의 산으로 깔끔하게 정리되지 않고 작은 산들이 흩어져 있거나 서로 다른 크기의 산들이 무질서하게 있음을 말한다.

평탄하게 경사가 이루어진 산으로 옮기면 형제간의 우애가 생긴다. 산이 부드럽고 깔끔하면 질서가 잡힌다. 많은 풍수실험을 해 봐서 깨닫게 된 것은 산은 말이 없이 실천한다는 사실이다. 산은 큰 힘을 가지고 있었다. 침묵하고 있지만 살아있는 생명들에게 지대한 영향을 주고 있었다.

이장을 했다. 결과는 예상한 대로였다. 형제간의 우애는 다시 좋아졌고, 동생도 정상적인 활동을 했다. 풍수는 심적 동요를 하게 만든다. 안 좋은 산을 가진 경우는 안 좋은 기를 받아 나쁜 기운을 전달한다. 사람은 강한 듯 약한 존재다. 외부의 영향을 강하게 받는다. 풍수를 믿고 안 믿고는 간단하다. 아무리 설명을 해 주어도 믿지 않는 사람은 믿지 않는다. 하지만 현장을 다녀보면 안다. 묘를 보고 집안을 설명해 주면 놀라워한다. 자신만이 알고 있는 집안일을 이야기하면 더욱 놀란다. 산에 운명이 있는 것을 확인시켜 주면 믿지 않을 수 없다. 간산看山을 다녀도 안다. 성공한 사람과 실패한 사람은 확연하게 묘가 다르다. 다른 산을 가지고 있다는 말이다. 산이 운명을 이야기하고 있는 실제 현장을 봐야 실감한다.

심지어 이런 경우도 있다. 자신도 몰랐던 집안의 비밀을 알게 되는 경우다. 묘 감정을 해 달라고 해서 가 본 후 감정한 대로 이야기를 했다.

"둘째 부인의 자식이시네요."

"아닙니다. 우리 어머니는 정상적으로 결혼을 하셨습니다."

의뢰인은 펄쩍 뛰었다.

옆에서 지켜보고 있는 의뢰인의 누나 되는 사람이 슬며시 끼어들었다.

"저분 말씀이 맞다."

의뢰인은 놀라면서도 얼굴이 굳었다.

자신이 모르는 집안의 비밀이 있었던 것이다. 두 번 이상 결혼한 것을 확인하는 방법은 간단하다. 정맥을 타지 못하고 정맥에서 약간 벗어나면 이혼을 하고 재혼을 하게 된다. 산은 운명을 기록해 놓고 있다. 그것을 확인하면 집안의 살아온 운명과 살아갈 운명을 확인할 수 있다. 산소 감정을 나가서 산소가 가진 이야기를 하다보면 집안의 안 좋은 일은 일부만 아는 경우가 종종 있었다. 자신도 몰랐던 집안일을 처음으로 확인하는 것이다. 놀라운 눈으로 바라보지만 오랜 경험으로 터득한 자연의 원리였다. 자연은 정해진 원리대로 진행된다. 더하지도 빼지도 않고 자연 상태 그대로 진행된다.

이장으로 부도를 막을 수 있을까?

    살다 보면 바닥이다 싶은데 더 내려간다. 바닥이 아니었다. 다시 더 이상은 내려갈 수 없다고 했는데 더 내려가는 것을 경험하게 된다. 성공도 마찬가지다. 이 정도면 성공이고 충분하다고 했는데 그 이상으로 잘된다. 예상을 깨는 일이 벌어지는 것이 세상이다. 간절하면 이루어진다. 더 정확하게 표현하면 간절하면서도 제대로 대처하면 이루어진다. 간절함과 정확한 처방이 더해지면 원하는 대로 이루어질 수 있다.

    왜 망하는 집안은 정해져 있을까. 왜 성공하는 집안은 정해져 있을까. 어떻게 공식으로 정리할 수 있을까. 세상에는 신비한 일이 많이 있다. 풍수의 세계도 신비하다고 한다. 신비함을 벗는 길은 현대인에게 하나다. 과학으로 증명하는 방법이다. 통계로 보여 줄 수가 있다. 풍수를 하면서 겪은 수많은 경험이 증명해 준다. 풍수의 역사는 길다. 그동안 축적된 풍수 경험과 사례로 만들어진 책에서도 확인할 수 있다. 그럼에도 불구하고 풍수가 미신처럼 된 이유는 정확하게 볼 줄 아는 사람이 적은데 마을마다 지관이 하나둘 있고, 웬만큼 공부해서 풍수를 한다고 하는 데서 오는 잘못된 풍수 때문이다. 풍수는 산의 모양과 흐름 그리고 물의 흐름이 핵심적인데 주역을 배우거나 음양오행으로 풍수를 연결하면서 풍수의 오류가 확연하게 커졌다. 풍수는 산에서 직접 보고 말해야 한다. 음양오행과 주역은 나중의 이론정립에 필요한 것이고, 실제적인 풍수는 산을 직접 보고 감정을 해야 한다.

경험상으로 산에서 보이는 현상은 그대로 후손들에게 영향을 미친다. 신기할 정도로 정확하게 실행되고 있었다. 다만 시간의 차이가 있을 뿐이었다. 건강에 치명적인 경우라도 개인적인 관리에 의해 늦게 오는가, 바로 오는가에 차이가 있을 따름이다. 예를 들면, 술 담배를 하지 않고 맑게 생활하는 사람의 경우에도 폐암이나 간염이 온다. 담배를 피우지 않고 건강에 문제가 될 일을 하지 않고 있는 데에도 폐암이 오는 경우는 산에서 오는 것을 확인할 수 있다. 많은 경우 조상으로부터 오는 유전이라고 한다. 놀라운 것은 유전은 조상이 묻힌 산에서 오는 것을 증명해 줄 수 있다. 증명 방법도 간단하다. 한 사례로 골짜기의 냉혈인 묘를 찾아서 후손들을 확인해 보면 쉽게 알 수 있다. 암이나 불치병의 후손이 반드시 있다. 그렇지 않은 경우는 다른 치명적인 우환이 들이닥친다. 기간의 문제는 있지만 후손 중에 누군가는 반드시 병이나 치명적인 문제로 고생하고 있다.

반대 입장도 마찬가지다. 좋은 산의 정맥 한가운데에 묘를 쓴 사람은 반드시 성공한 후손이 있다. 건강도 양호하다. 시신이 묻힌 흙의 상태가 중요하게 작용한다. 흙이 좋으면 후손들의 건강도 좋다. 운명이 산에서 온다는 말은 여러 번 해도 지나치지 않다. 물론 여기서 산은 조상의 묘라는 점을 다시 확인한다.

김상현이라는 분이 있었다. 풍수에 뛰어나다는 이야기를 듣고 찾아온 분이었다. 골프장을 운영하고 있었다. 회사가 어려운 입장에 있었다. 경영난으로 부도위기까지 있었다. 살아남기 위해 절실했고 절박했다. 처음 만난 곳은 포장마차였다.

심각한 위기 상황으로 헤쳐 나가기 어려운 입장에 있었다. 어려워지면 주위 사람들이 도와주기보다 떠나는 것이 세상인심이다. 능력이 있을 때는 다가오던 사람도 등을 돌린다. 은행도 마찬가지였다. 경영이 좋을 때에는 돈을 빌려가라고 쫓아다니다 경영이 어려워지면 빌려 준 돈도 거둬가려 한다. 어려운데 더 어렵게 만드는 것이 은행이다. 주위에 손을 벌릴 곳도 없었다.

"경영 위기를 풍수로 해결할 수 있는 방법이 있습니까?"

"바꿀 수 있을 수 있습니다."

"바꿀 수 있다고요?"

얼굴에 화색이 돌았다. 어둠 속에서 빛을 발견한 눈빛이었다.

"산에서 운명이 오는데 산에 문제가 있어 경영이 어려워졌다면 산으로 해결하면 가능합니다."

"정말요?"

"일단 산을 봐야 알 수 있습니다."

내 말이 떨어지기 무섭게 이야기를 듣다가 갑자기 무릎을 꿇었다.

"도와주십시오."

난감한 상황이었다. 옆에 술을 먹는 사람들도 있었다. 포장마차 주인도 예상치 못한 상황을 못 본 척 보고 있었다.

"이러지 마세요. 얼른 일어나세요."

"살려주십시오."

얼마나 간절했으면 포장마차에서 도와달라고 매달릴까. 그것도 맨바닥에 무릎을 꿇고 도와달라는 말을 할까.

산소 감정을 갔다. 예상했던 대로였다. 이장을 하기로 했다. 이장이 쉬운 일은 아니었지만 간절한 사람에게는 쉬울 수 있었다. 모든 방법을 동원해서 하려는 의지가 있었기 때문이다. 세상은 상당 부분 의지의 문제다. 하려는 의지가 있으면 할 수 있는 일이 많았다. 이런 경우는 백호가 좋은 산에 묘를 쓰면 가능하다. 시급한 것이 경영난을 해소해야 하는 경우였다. 백호가 강하면서도 주산에 바짝 붙은 산이 필요했다. 경제적인 면을 주관하는 산인 백호가 좋아야 하고, 바짝 붙은 산을 찾아야 하는 이유는 주산에서 백호가 가까울수록 영향이 빨리 오기 때문이다. 멀면 천천히 오래가고 가까우면 빨리 짧게 간다. 다른 것보다도 우선해야 할 것이 백호였다. 그리고 안산이 좋은 산이 필요했다. 안산은 대인관계로 상대하는 사람이 어떤 사람인가를 좌우한다. 안산이 곱고 부드러우면 곱고 부드러운 사람들이 주위에서 도와준다. 안산이 거칠고 험하게 생겼으면 거칠고 험한 사람을 상대하게 된다. 안산이 도망가면 상대하던 사람들도 멀어진다. 산의 힘이 강하고 크다는 것을 산 공부를 해 보면 체험으로 알 수 있다.

백호가 좋고, 바로 붙어 있어 금세 영향이 올 수 있는 자리를 찾아서 이장을 했다. 부도위기를 넘기고 찾아왔다. 사업도 무난하게 하고 있다. 경영난을 넘기고 안정된 사업을 하고 있다.

한여름에 얼어 있는 시신

2000년 여름 파주에서 있었던 일이다. 장소는 장파리였다. 여름 해가 쨍쨍한 날에 의뢰인의 안내로 현장에 갔다. 이미 많은 사람들이 모여 있었다. 막내 동생은 뉴욕에서 가든을 운영하고 있었고, 형은 재산을 탕진해서 어려웠다. 여자 형제들은 비교적 안정적으로 살고 있었다. 국세청 간부로 근무하고 있어 순탄하게 살고 있었다.

산소는 밭에 쓰여 있었다. 수염을 길게 기른 도인 같은 풍모의 사람도 있었고, 마을 지관도 나와 있었다. 풍수사들의 집합 같은 분위기였다. 돌아가고 싶은 마음이 들었다. 사람을 가지고 실험을 하는 모양에 마음이 상했다. 저마다 산소에 대한 평이 달랐다. 공통점이라곤 내 주장과 판이하게 다르다는 정도랄까? 감정해 본 결과 산소자리로 쓸 곳이 아니었다. 산소를 쓸 때 가장 먼저 고려해야 할 것이 산의 정맥을 타야 한다는 점이다. 밭에 기가 흐를 리 없었다. 밭에 묘를 쓴 사람이 성공한 경우는 없다. 가장 기본적인 것도 실행하지 못한 산소를 이렇다 저렇다 이야기하는 것이 불필요한 일이었다. 산소는 산의 맥에 흐름을 맞추어서 자리를 잡아야 하는 것이 무엇보다 기본인데 패철을 가지고 방향이 옳다 그르다 하는 것은 의미가 없는 일이다. 그리고 무엇보다도 감정해 보니 시신이 얼어 있었다.

시신의 상태를 파 보지 않고 알 수 있는 것은 기감훈련으로 가능하다. 예를 들면 아이들에게 눈을 감고 색종이 색깔 맞추기 훈련을 시키면 대다수가 색깔을 맞춘다. 어린 아이들일수록 잘 맞추는 신통한 현상을 볼 수 있다. 가벼운 훈련만 해 보아도 알게 된다. 과일을 갖다 놓고 눈을 감은 후 어떤 과일인지 손으로 감지하는 훈련을 해 보라. 나중에는 만져보지 않고 과일의 종류를 맞출 수 있다. 누구나 훈련을 통해서 도달할 수 있는 기감훈련을 하면 가능하다. 특별한 능력을 가진 것이 아니라 훈련을 통해서 도달할 수 있는 것이다.

"시신이 얼었습니다. 그리고 이곳은 흉당입니다."

단호하면서도 확신에 찬 목소리로 말했다.

"무슨 이야기를 하는 거요? 한여름에 남향인 묘가 어떻게 얼 수 있단 말이요?"

수염이 긴 도인 같은 사람부터 마을 지관까지 합해서 공격해 왔다. 나이도 어리고 풍수를 할 것 같은 외모가 아닌 사람이 괜한 소리를 한다는 반응이었다. 풍수로 한판 경쟁이 된 모양이었다. 마을사람들과 관계자까지 30여 명이 있었다. 재미있는 사건이 생긴 셈이었다. 몇몇 사람들끼리 뭉쳐서 웅성거리며 자신들의 의견을 말했다.

말도 안 된다는 의견이 다수였다. 내 편은 없었다. 나는 사실 애송이였다. 나이로 보나 행색으로 보나 풍수가다운 모습이 아니었다. 하지만 틀림없이 시신은 얼어 있었다. 파 보지 않아도 알 수 있었다. 냉혈이었다. 여름에도 찬 기운이 흐르는 땅을 냉혈이라고 한다. 강력하게 파보자고 했다. 묘주가 허락을 했다. 굴삭기를 불렀다. 한여름날 파주의 장파리에서 풍수를 확인하는 일이 벌어졌다. 풍수경쟁이 벌어졌다. 포클레인이 도착하고 파묘를 시작했다. 사람들의 시선이 모두 묘에 집중되었다. 명당이냐, 흉당이냐는 둘째고 시신이 얼었느냐, 안 얼었느냐가 관심사였다. 한여름에 얼 리가 없다는 지관과 한여름이지만 얼어 있다는 사람. 한여름이지만 얼어 있다고 한 사람은 혼자뿐이었다. 상식적으로 한여름에 양지바른 곳에 묻혔는데 얼어있다는 것은 상식 밖의 일이었다. 하지만 확신했다. 한여름이지만 냉혈에서는 얼 수 있다. 그리고 몇 년이 지속되면 냉혈에는 찬 기운이 남아 다 녹지 않은 상황에서 겨울을 맞아 다시 얼어 계속 얼어 있는 상태를 유지하게 된다.

굴삭기로 묘를 허물고 파들어 가기 시작했다. 흙은 말짱했다. 육안으로 문제가 있는 묘라는 것을 전혀 느낄 수 없었다. 토질도 그리 나쁜 편이 아니었다. 관이 보이기 시작했다. 관의 외형에서도 별 이상을 느낄 수 없었다. 이상한 것이라면 관이 썩지 않고 그대로 유지되고 있다는 점이었지만 대수롭지 않게 넘어갔다.

굴삭기가 관 뚜껑을 여는 순간 모두 놀랐다. 사람이 아니라 거인이 누워있었다. 시신이 물에 불어 있는 상태에서 얼어 보통 사람 몸집의 두 배는 되었다. 한여름인데도 꽁꽁 얼어 있었다. 냉혈에서는 한여름에도 녹지 않고 언 상태가 유지된다. 사계절 내내 얼어 있다. 이러한 경우 후손들이 암이나 백혈병에 걸린 경우를 여러 번 확인했다. 또한 집은 거의 망한 상황이었다.

풍수는 어떻다고 이야기하던 사람들은 슬금슬금 사라지고 없었다. 수염을 기른 도인 같은 사람도 사라졌고, 마을 지관이라는 사람도 소리 없이 사라졌다. 풍수가 자신만이 아는 천기라고 하는 사람의 말은 믿을 게 못 된다. 풍수는 자연원리를 읽어내는 능력을 연마하는 학문이다. 자연 상태의 원리를 파악하면 풍수세계가 보인다. 평지에 해가 드는 양지에 묘를 써도 자리가 냉혈이면 언다. 더욱 나쁜 경우는 골짜기에 산소를 쓰는 경우다. 골짜기는 그늘이 깊고, 골바람까지 불어 더욱 어렵다. 더구나 골짜기에서도 묘를 산에 기대지 않고, 골짜기 한가운데에 쓰면 더욱 치명적이다. 자손이 끊긴다. 자손이 끊긴다는 것은 후손들이 하나 둘 병들고, 사고로 죽어나간다는 것이다.

묘주는 당황했다. 얼어 있는 것을 보고는 당황하지 않을 수 없었다.

"어떻게 하지요?"

"어떻게 하긴요, 묘를 들어냈으니 일단 옮겨야지요."

담담하면서도 차분하게 말해주었다.

이장은 홍천으로 가기로 결정되었다. 시신 상태가 안 좋아 여덟 명이 들어도 무거워 100미터 옮기기가 힘들었다. 어렵게 홍천으로 운구를 해서 이장을 하는데 경찰이 들이닥쳤다. 살인사건 신고를 받고 왔다고 했다. 마을 사람들이 신고를 했다. 마을에서 모르는 일인데 갑자기 산으로 운구를 하고 땅을 파는 작업을 하니 비밀리에 살인을 해서 매장하는 것이 아닌지 의심해서 경찰에 신고를 한 것이었다. 경찰이 출동을 해서 달려왔다. 신고하지도 않은 이장이었다. 사전에 준비된 이장이 아니라 급하게 하는 바람에 일어난 일이었다. 이장을 하고 나서 지금은 사업을 잘 하고 있다. 아들도 공부에 재미를 붙여 서울대학교에 합격했다.

양심을 팔아 부를 얻은 친구

　양심을 팔아서 부를 얻은 사람이 있다. 친구의 이야기이자 나 자신의 이야기이기도 하다. 김달인. 친구는 가난했다. 친구의 아버지는 장님이었고, 어머니는 한글도 모르는 어려운 환경에서 자랐다. 친구의 부모는 집 한 채에 의지한 채 근근이 살아가고 있었다. 부모의 전 재산이 집 한 채가 전부였다. 그리고 친구는 보증금 500만 원에 40만 원 하는 월세를 살고 있었다.

　풍수를 한다는 소식을 듣고 풍수를 배우겠다고 했다. 풍수원리를 알려주는 것은 어려운 일이 아니었다. 일반인들보다 조금만 더 관심을 가지면 금세 원리를 배울 수 있다. 세밀하게 보는 법은 경험과 노력이 필요하지만 큰 흐름의 풍수를 이해하는 건 어렵지 않다. 풍수 공부를 위해서 좋은 자리를 찾아다닐 때였다. 자리를 찾아다닌다는 것은 풍수 공부도 하고 의뢰인이 이장이나 산소 자리를 찾아달라고 부탁할 경우 빨리 응할 수 있기 위해서 필요한 일이었다. 친구는 산 공부를 하러 갈 때면 같이 동행했다.

산을 보는 방법으로 기본적인 것부터 알려 주었다. 주산은 부드럽고 경사가 완만하면서도 힘이 있는 것을 선택해야 하며, 주변의 산은 자로 잰 듯이 일자로 경사가 져 내려와야 가장 좋으며, 올라갔다 내려갔다 굴곡이 있는 산은 운명에도 굴곡이 있는 산이라는 것을 알려 주었다. 안산은 편안하게 주산을 향해 동그랗게 생겨서 하나로 가로 막아서야 좋은 산이라는 것을 알려 주었다. 물은 주산을 향하여 측면에서 감싸 주듯이 들어와야 하고, 주산을 향하여 정면으로 들어오는 물이나, 중앙에서 한가운데로 나가는 물은 좋지 않다는 것도 알려주었다.

산은 산 그대로를 놓고 보는 것이지 산 모양이 금계포란형이니 족제비를 닮고 새가 날아가는 모습을 닮아 길하고 흉한 것을 따지는 것은 과학적인 원리의 풍수가 아니라는 것도 알려 주었다. 산에는 운명이 그대로 적혀져 있다. 산을 보면 한 사람의 운명이 보인다. 의사는 병을 고치지만 지사는 운명을 고친다고 할 수 있다. 더 명확하게 이야기하면 묻힌 사람의 후손 전체를 관장하니 무서운 학문이라고 할 수 있다. 자식의 수만큼 운명을 좌우한다고 할 때 얼마나 중요하고 무서운 결과를 만드는지 생각해야 한다.

친구와 산을 공부하면서 산을 찾아다녔다. 좋은 자리도 찾아서 알려 주었다. 좋은 자리를 찾는 방법을 알려 주었으나 한 번에 익히지는 못하고 산소 자리에 관심이 많아 보였다. 좋은 자리를 찾아서 풍수로 볼 때 좋은 점과 파악하는 방법을 알려 주었다.

"여기가 정말 좋은 자리냐?"

친구가 다짐하듯이 물어왔다.

그렇다고 하자 친구는 그러면 여기가 좋은 자리인지 표식을 해야

지 하면서 지목한 곳을 나뭇가지와 돌로 표시했다. 산 공부에 관심이 많아서 그런다고 생각했다. 대수롭지 않게 생각하고 잊어버렸다.

얼마 후에 풍수를 의뢰한 사람이 자리를 찾아 줄 것을 요청해서 먼저 친구와 함께 산 공부를 시켜주며 자리를 찾아놓았던 곳을 갔다. 멀리서 찾아올라가다가 놀랐다. 바로 그곳에 묘가 들어서 있었다. 좋은 자리를 알아서 찾아내는 사람은 의외로 적어서 찾아 놓은 자리를 다른 사람이 똑같이 지목해 묘로 사용하는 경우는 드물었다. 순간 친구가 떠올랐다. 친구가 표식까지 하면서 여기가 정말 좋은 자리냐며 묻던 것이 생각났다. 친구에게로 달려갔다. 의심할 사람이라고는 친구밖에 없었다.

친구를 찾아가자 친구가 내 얼굴을 보고는 느낌을 받았는지 얼굴이 굳어 있었다.

"바로 너냐?"

"산소자리, 맞아 내가 썼어."

친구의 부모를 이장해서 모셨다고 했다.

더 이상 할 말이 없었다. 그 일을 그렇게 마무리되었다. 이미 쓴 것을 어떻게 할 수도 없었고, 친구의 부모를 모셨다는데 더 이상 따지는 것도 의미가 없었다. 일은 다른 데에서 다시 터졌다.

신문사 국장으로 있던 분의 의뢰로 산일을 한 것이 있었다. 신문사 국장이 산일을 봐준 고마움의 표시로 땅을 일부 제공했다. 나는 당시 해외에 일이 있어서 자리를 비우고 있었다. 문서와 서류를 가지고 나를 찾아왔던 신문사 국장이 친구 김달인을 공교롭게 만났다. 약속이 있었던 것도 아닌데 만나게 되었다. 신문사 국장은 친한 친구라고 하니 땅문서와 서류를 전달해 달라고 부탁하고 갔다. 해외에 있던 나로서는 알 수가 없는 일이었다.

해외에서 돌아와 신문사 국장을 만났다.

"땅 이전은 잘 하셨어요?"

"땅 이전이요. 뭔 말씀이시지요?"

나는 전혀 모르는 내용을 물어서 조금은 당황했다.

감사 표시로 땅을 제공하겠다는 약속은 했었지만 땅 이전에 대한 내용은 전혀 모르고 있던 나로서는 당황했다.

"친구 분에게 땅문서하고 서류를 맡겼는데요. 전해 달라고 했는데 못 받으셨군요. 확인해 보세요."

순간 친구가 떠올랐다. 산소 자리를 허락도 없이 자신의 부모 묘로 이장해서 쓴 친구였다.

친구를 찾아갔다. 이미 어처구니없는 일이 벌어지고 상황은 끝나 있었다. 신문사 국장이 내게 제공한 땅을 자신의 부인 명의로 이전 신고를 마쳐 놓은 상태였다. 할 말이 없었다. 친구를 믿은 것이 낭패를 불러온 것이었다. 산소자리를 일방적으로 빼앗듯이 사용하더니, 이번에는 땅마저도 제 것으로 등기를 해 놓았다. 뿐만 아니라 자신의 부모가 살고 있는 집을 팔아서 자신의 집을 산 인물이기도 했다. 부모를 길거리에 나앉게 한 상식을 뛰어넘는 일을 스스럼없이 했다. 친구 부모가 살아있을 때 있었던 일이다. 여하튼 명당을 차지한 친구는 성공해서 잘 살고 있다. 자연은 실천할 뿐이다. 자연에는 인정도 없고, 감성도 없다. 미움도 없고 자연의 원리대로 이루어 놓을 뿐이다.

유산으로 산을 물려주다

　범일호 시장. 재산을 물려주지 말고 좋은 명당자리를 물려주는 것이 3대를 잘 살게 하는 일이라는 확고한 생각을 가진 분이었다. 또한 인격적으로 완성된 분이었다. 고건 전 국무총리와도 가까운 사이였고, 교류의 폭이 넓고 존경받는 분이었다. 안정되고 넉넉한 인품의 소유자였다. 부인은 작가였다.

　전화가 걸려왔다. 모르는 사람이었다. 풍수에 대한 여러 궁금한 점을 가지고 있었고, 또한 풍수에 대한 지식을 많이 가지고 있었다. 이미 풍수에 관련된 여러 사람들을 만나보았다. 필자는 전혀 일면식도 없었던 사람이었다.

　"어떻게 알고 전화를 하셨어요?"

　"신문을 보고 전화를 했습니다. 동아일보에 난 기사를 보고 전화를 했습니다."

　동아일보에 기고한 글을 보고 전화를 했고 직접 찾아왔다. 만나자 수첩을 하나 내밀었다. 수첩에는 우리나라에서 활동하고 있는 대표적인 풍수사들의 이름이 적혀 있었다. 내 이름도 밑에 적혀 있었다. 순서를 세어봤더니 13번째였다. 놀라운 것은 풍수가들의 이름과 더불어 장단점이 적혀 있는 점이었다. 범일호 시장은 풍수에 대한 식견이 상당했을 뿐더러 확신을 가지고 있었다. 공직에 있으면서 시간이 있을 때마다 풍수사들을 찾아다니며 풍수를 익혔다. 상당한 경지에 있었다. 풍수에 관심을 가지고 공부를 한 지가 30년 정도 되었다. 10년이면 전문가가 될 수 있고, 30년이면 한 분야에서 일가를 이룰 수도 있는 세월이었다. 기간으로는 나보다도 더 오래 풍수 공부를 한 격이었다. 풍수에 대한 지식이 상당히 있어 직접 해도 될 정도였다. 그러면서 확실한 능력을 가진 풍수사를 찾고 있었다. 얼마나 확고했냐면 자식에게 재산을 물려주는 것이 아니라 명당 하나를 물려주는 것이 진정으로 중요한 일이라는 생각의 소유자였을 정도다.

명당을 하나 찾으면 3대가 먹고 사는 데 문제가 없다는 것이 풍수 세계에서 흔히 하는 말이다. 원리는 이렇다. 묏자리 하나가 후손에게 그대로 영향을 준다고 보는 것이 풍수다. 여러 차례 반복해서 말하지만 묘를 보면 후손의 운명을 이야기할 수 있다. 그리고 한 사람의 인생을 확인하면 그 사람 선조 묘를 그릴 수 있다. 확실한 것은 과학적인 원리에 그대로 부합한다는 점이다. 수학 공식처럼 가시적으로 증명한다는 점에서 부인하기 어려운 학문이다. 범일호 시장은 이러한 원리를 꿰뚫고 있었다. 그래서 확실한 자리 하나를 찾기 위해서 많은 풍수사들을 만나고 확인하는 과정에 있었다.

발복하려고 산소자리를 쓰는 것을 문제가 있는 것처럼 이야기하는 사람이 있지만 발복의 의미를 행복하겠다는 것으로 바꾸어 생각하면 풍수의 필요성이 확증된다. 발복發福이란 복이 생기도록 한다는 말이다.

복이 생기도록 하는 것이 부모 입장에서 자식에게 가장 바라는 바다. 부모가 자식이 잘되도록 뒷바라지해 주고, 헌신하고, 기도를 하는 것은 자식 잘되도록 하기 위함인데, 발복하도록 좋은 자리에 모신다는 것이 얼마나 권장할 일인가. 부모는 좋은 자리에 모셔져서 좋고, 자식은 좋은 영향을 받아서 잘되어 행복하게 되는 것처럼 좋은 일이 있겠는가.

좋은 자리에 쓰면 후손에게 질병이나 우환이 적고, 자신이 하고자 하는 일을 밀고 나가는 주체적인 인물이 되니 적극 권할 일이다. 후손이 안정되고 평화로운 인생을 사는 것처럼 좋은 일이 있을까? 종교에 기대서 기도하는 수많은 내용들이 잘되게 해달라는 것이고, 신에 대한 찬양인데 조상이 좋은 곳에 묻히고 그 영향이 후손에게 그대로 전해진다면 이처럼 좋은 일이 있을까. 발복하기 위한 게 아니라 조상을 산 좋고 물 좋은 곳에 잘 모시고, 후손들은 안정된 생활을 할 수 있도록 하는 것이 풍수이다.

범일호 시장은 현장을 중시하는 분이었다. 풍수원리가 정확하게 맞아떨어지는지를 중요하게 여겼다. 묘를 보고 후손들이 어떻게 살고 있는지를 맞추면 풍수세계에 대해 더 이상의 설명이 필요 없다. 과학적인 원리가 현장에서 맞아떨어지기 때문이다.

범일호 시장이 찾고 있는 풍수사들 중에 필자를 대상자로 올린 것은 앞선 12명의 풍수사들을 만나고 새로운 풍수사를 찾고 하는 과정에서였다. 아직까지 만족할 수 없어서 더 찾고 하던 중에 나까지 차례가 온 것이다. 범일호 시장은 예리했다. 풍수를 보는 안목도 있었지만 공직 생활을 오래 해서 사람을 보는 눈도 범상치 않았다. 풍수사로서 중요한 덕목은 양택이나 음택의 영향을 정확하게 파악하고,

정확하게 좋은 자리를 찾아내는 것이다. 집이나 묘를 보고 개인의 운명이나 가족의 운명을 짚어내야 진정한 풍수사라고 할 수 있다.

같이 산을 다니면서 정성도 대단했다. 묘 감정을 가거나 간산看山을 갈 때면 곱게 도시락을 마련해서 가지고 왔다. 물론 범일호 시장의 풍수 식견도 예사롭지 않았다. 하지만 어느 풍수사도 묘를 보고 묻힌 사람의 인생과 후손들이 어떻게 살고 있는 것을 짚어내는 경우는 없었다고 했다. 망하고 흥한 것은 물론이고, 얼마 정도로 성공했는가를 짚어내는 능력이 필요하다. 산의 크기와 모양 그리고 물의 흐름을 보고 파악한다. 물론 공식에 의한 원리다.

서로를 알고 나자 범일호 시장은 자신의 선영 감정을 요청했다. 범일호 시장의 선산에 대하여 이야기해 주었다. 딸에 대한 이야기며 살아온 과정 그리고 집안에 누가 병이 있는가를 짚어서 이야기해 주었다. 자신만이 알고 있는 집안의 일을 이야기하는 것을 보고는 범일호 시장은 놀라워했다.

"지금까지 만나 본 지관 중에서 산소 감정을 하고 집안 이야기를 하는 사람은 없었습니다. 대단하십니다."

12명의 대한민국에서 최고라고 하는 지관들이었지만 어느 누구도 산소를 보고 가족사를 말하는 사람은 없었다고 했다.

그렇게 정확하게 짚어내는 풍수사를 만나지 못했다. 터가 좋다거나 명당이라고 했지 어떻게 되어서 명당이고, 어떻게 작용되어서 흥당인가를 알려주는 풍수사가 없었다고 했다. 형제 중에서도 누가 성공하는가를 말하는 사람은 물론 없었다고 했다. 더구나 가족 중에 병력을 이야기하는 경우는 상상할 수 없었다고 했다. 현장에서 산소 감정을 하자 믿음을 가지는 것을 느낄 수 있었다.

이제는 이장이 필요했다. 산소를 옮기는 것은 배포가 없으면 어려운 일이다. 자신의 부모의 경우도 형제간 의견이 일치하지 않아 어렵다. 더구나 자식들이 생기고, 성장한 후에는 더욱 문제가 된다. 자식들이 성장해서 발언권이 강해졌기 때문이다. 범일호 시장은 우선 선영을 이장하고, 다음으로 자신의 자리를 마련하고 싶어 했다. 집안의 반대가 있었다. 부모와 조부모를 이장하려고 하는데 형은 이미 사망했고, 형의 맏아들, 조카가 반대하고 나섰다. 반대 이유는 지금까지 잘 살고 있고, 자신도 대학교수로 안정된 자리를 유지하고 있는데 굳이 이장을 해서 분란을 일으키려 하느냐는 말이었다. 조카는 장손이었고, 반대가 거셌다. 범일호 시장과 조카 간에 감정싸움으로 번지려 했다. 범일호 시장이 후퇴했다. 부모 묘는 이장하지 않고, 조부모 묘만 이장하자고 해서 결행했다.

남은 것은 자신의 자리를 찾는 일이었다. 범일호 시장 자신도 성공한 경우였고, 아들도 역시 대학 교수로 재직 중이었다. 안정된 경우였음에도 확고한 세계가 있었다. 교수나 직장에 다니는 인물이 아니라 공직에서 일을 해 세상을 바꿀 수 있는 인물이 나오기를 바랐다. 세상을 바꾸려면 공직이나 사회운동을 해야 한다는 생각을 가지고 있었다. 범씨 집안을 일으키고 나라를 일으키는 후손이 나오기를 바라고 있었다. 그러려면 무엇보다도 좌청룡이 좋은 자리를 잡아야 한다.

먼저 자신의 자리와 후손들이 쓸 수 있는 자리까지 만들기를 바랐다. 범일호 사장은 결국 좋은 자리를 찾았다. 그리고 자신이 후손에게 물려줄 유산이라고 생각했다. 재산을 물려주면 형제간에 분쟁이 생기고, 사업으로 잃을 수도 있지만 산소를 물려주면 적어도 3대는 안정적으로 잘 살 것이라는 확신을 가지고 있었다.

자신의 꿈을 이루었다. 세월이 흘러 범일호 시장이 사망했다는 소식을 하노이에서 들었다. 베트남 하노이에서 범일호 시장의 아들에게서 전화가 왔다. 익히 만나서 알고 있는 사이였다. 범일호 시장이 소개를 시켜주었다. 알고 지내야 한다고 생각하고 있었다.

"아버님이 돌아가셨습니다. 시간 좀 내 주셨으면 합니다."

그러면서 조광 선생님이 장례일 중 산일을 직접 해주기를 바랐다는 아버지의 말을 전했다. 산일, 즉 산에 묏자리를 잡고, 안장하는 것을 맡아달라는 유언이었다.

"제가 지금 베트남 하노이에 있습니다."

범일호 시장 아들은 난감해하면서 다음 말을 이었다.

"정 어려우시면 일을 보고 오실 때까지 기다리겠습니다."

아버지의 유언이라고 했다. 산일만큼은 꼭 조광 선생께 부탁하라고 하셨다고 했다. 장례를 미루더라도 기다리겠다는 의지였다.

전혀 뜻밖의 말이었다. 장례는 보통 3일이나 5일장을 치르는데 베트남 하노이에 막 도착했을 때였다. 일을 시작하려고 하는데 상을 당한 날과 일치가 된 것이었다. 난감하기는 마찬가지였다. 혼자 온 것도 아니고 일행과 함께 일을 보러 왔는데 혼자 돌아간다는 것도 힘든 상황이었다. 더구나 일의 주축이 되어 처리해야 하는 입장이었다. 일행과 관계자에게 입장을 설명하고 귀국했다. 장지로 달려가 일을 봐주었다. 지금도 생각하면 잘한 일이었다.

권력의 실세

인천경찰서장에게 연락이 왔다. 알고 지내는 사이였다.

"어쩐 일이세요?"

"중요한 분이 조 선생을 만나고 싶어 하는데 한번 찾아가 보시게."

"중요한 분이 저를 왜 만나자고 하시지요?"

중요한 분이라면서 찾아가 보라는 말에 조금은 못마땅한 마음이 들었다. 필요하면 찾아오면 되지 오라 가라 하는 것이 마음이 좋지 않았다. 권력이 그리 사람을 거만하게 하는가 싶었다.

"미국에서 활동하고 계신 분인데 이번에 귀국해서 할 일이 있다고 합니다. 예의를 갖춰서 찾아가셨으면 합니다."

평소에 필자가 하고 다니는 소탈한 모습을 알고 있어서 가능하면 정장을 차려 입고 찾아갔으면 하는 마음을 전한 것이었다. 일부러 창이 있는 모자를 눌러쓰고 평시 복장보다 편한 옷으로 입고 갔다. 장소는 강남에 있는 인터콘티넨탈 호텔 라운지였다.

리처드 손이라고 했다. 안내에게 리처드 손이라는 손님을 찾아달라고 했으나 자리에 없었다. 자리에 앉아 기다렸더니 잠시 후에 전화가 왔다. 자신이 리처드 손이라고 했다. 룸에 있으니 올라와 달라고 했다. 마음이 편하지 않았다. 중요한 분이라는 말이 자꾸 마음에 걸렸다. 풍수에 대해 알고 싶으면 직접 찾아오든가 하면 될 것을 오라고 해 놓고 다시 방으로 올라와 달라는 것은 예의가 아니었다. 마음을 누르고 방으로 찾아갔다. 방에는 아는 얼굴들이 앉아 있었다. 국무총리를 지낸 임창렬 경기지사, 이낙연 현 국무총리 등이 앉아 있었다. 리처드 손이라면서 자신을 소개했다. 지금 이야기 중이니 죄송하지만 잠시만 기다려 달라고 했다. 멀뚱하게 기다렸다. 정확한 내용은 모르겠지만 정치 이야기였다. 무려 한 시간이나 기다렸다. 다시 리처드 손이 다가왔다.

"기다리게 해서 죄송합니다. 산소 이장 문제로 보자고 했습니다."

자신의 이력에 대해 장황하게 설명했다.

국회의원이며 법무부 장관을 역임한 김정길이 친구며, 클린턴 대통령과 형제처럼 지내는 사이라고 했다. 실제로 클린턴 대통령과 골프를 치고 담화를 나누는 등 막역한 사이인 것을 자랑했고, 사실이었다. 자신의 재력을 자랑했고 미국에서 자신의 영향력과 우리나라에서 정치·경제 쪽 인맥을 자랑했다. 나와 아무 상관도 없는 일이었다. 자신의 영향력이 뛰어난 것하고 나하고 무슨 관계란 말인가. 여러 가지로 심사가 뒤틀렸다. 자신의 부모 묘를 부탁하는 사람으로서 기본적인 겸손함이 없었다. 처음 본 사람에 대한 기본적 예의에 어긋났다. 아랫사람 대하듯이 하는 사람에게 산소 이장을 부탁하는 것도 마음에 걸렸다. 그러면서 말을 은근 놓았다. 그래서 한마디 했다.

"왜 말을 놓으시지요?"

순간 당황하는 기색이 역력했다.

"죄송합니다. 어떻게 불러드리면 되겠습니까?"

라며 정중하게 물었다.

"회장이라고 불러주세요."

단호하게 말했다. 사실 회장이라는 직함과 나는 아무 상관도 없었다. 마음속에 일어나는 못마땅한 점을 생각하다 어떻게 불러야 하느냐는 말에 아무 생각 없이 회장이라고 표현한 것이었다. 그리고 일어났다. 바로 가겠다고 했다. 모든 게 마음에 들지 않았다. 그리고 돌아서서 나왔다. 리처드 손에 대해 잊고 싶었다.

며칠이 지났다. 경찰서장에게서 다시 전화가 왔다. 만나고 싶어 한다고 했다. 지난 일은 미안했다고 전해왔다. 단호하게 말했다.

"죄송합니다. 그분 일 안 합니다."

경찰서장도 더 이상 무어라고 할 수 있는 상황이 아니었다. 중간 역할을 할 뿐이지 당사자가 하지 않겠다는데 더 이상 부탁할 수 있는 일이 아니었다. 일의 성격도 공적인 일이 아니라 경찰서장 입장에서 간곡하게 부탁할 일도 아니었다. 자리를 마련해준 역할이 전부였다. 리처드 손이 직접 찾아왔다. 죄송하다면서 자신의 입장을 이야기했다.

단도직입적으로 말했다.

"간절하십니까?"

"간절합니다."

결국 리처드 손의 부모 묘를 찾아갔다. 마치 묘가 공원처럼 크고 잘 다듬어져 있었다. 신경을 써서 관리하지 않으면 만들어지지 않을 정돈된 모습이었다. 부모 묘에 대해서 관심을 가지고 관리했음을 알 수 있었다. 하지만 묘는 좋지 않았다.

"있는 그대로 말씀드려도 되겠습니까?"

"예. 말씀하십시오."

보이는 것을 숨기지 않고 그대로 이야기했다. 동행한 사람들을 봐서 가족에게 좋지 않은 일은 별도로 이야기해 줄 수도 있었지만 그대로 이야기했다.

"일곱 번 결혼하셨네요."

순간 주위의 시선이 내게로 집중되었다. 리처드 손의 표정에 당황하는 모습이 보였다. 여성 편력이 강하고 여성들의 힘으로 살아가고 있는 산의 모습을 가지고 있었다.

리처드 손의 당황하는 모습에는 마음을 두지 않고 계속해서 말했다.

"선생님의 힘으로 사는 게 아니라 여자 덕으로 먹고 사십니다. 더구나 큰아들은 마약에 손을 대고 있을 겁니다."

표현은 거치나 있는 그대로 말해 주었다. 리처드 손의 얼굴이 질렸다. 자신이 다 말해도 좋다고 해 놓고서는 리처드 손은 그만하라며 말렸다. 리처드 손이 귀국한 것은 자신의 일이 꼬이고, 여자 문제가 특히 뜻대로 이루어지지 않아 여러 번 결혼을 하는 이유가 산에 있지 않나 해서 귀국한 것이었다. 그리고 또 하나는 아들이 마약에 손을 대고 있는 것을 의심하고 찾아온 것이었다. 산소 감정을 하면서 자신만이 알고 있는 상황을 이야기하자 놀라워하면서 황급히 발언 중지를 요청했다. 말을 중지하고 한 마디만 덧붙였다.

"지금 이 자리는 물이 가득 차 있습니다."

파보기도 전에 물이 찬 것을 말해 주었다. 묘에 물이 차 있다는 확신에 찬 말에 리처드 손이 놀라워하면서 그 자리에서 부탁했다.

"이장을 할 수 있는 자리를 마련해주시기 바랍니다."

말도 안 되는 소리였다. 좋은 자리가 준비되어 있는 것도 아니고 좋은 자리를 찾으려면 한참 걸린다. 찾아도 산 주인이 산을 팔아야 구입할 수 있는 것이 현실이다. 상황을 모르니 편하게 부탁한 것이 었지만 좋은 자리로 이장을 할 수 있는 것이 그리 만만한 작업이 아니었다. 말 한 마디로 다 하려는 생각이 잘못된 것이었다. 이장할 수 있는 자리를 마련해 달라는 부탁에 직접 화법으로 대답했다.

"제가 부동산 떡방쟁이인 줄 아십니까."

부동산 중계를 하는 복덕방 주인이 아니라는 것을 거친 말로 답했다. 명당이란 것이 준비되어 있는 것도 아니고, 명당이 그리 흔하면 누구나 명당에 자리를 마련했을 것이다. 명당을 가지고 있는 사람은 대개의 경우 넉넉하고 성공한 사람의 경우가 많다. 그래서 명당을 차지하기가 쉽지 않다. 일을 마치자 리처드 손이 사례금을 건네주었다. 사례금이 든 봉투를 받았다가 다시 리처드 손에게 건네주면서 말했다.

"미국 들어가실 때 비행기 삯 하시기 바랍니다."

그리고 산을 내려와 돌아와 버렸다. 첫 만남부터 무언가 서로의 생각이나 행동이 달랐다. 일방적인 부탁이나 지시하는 것 같은 행동까지 맞지 않았다. 돌려서 말하기보다 직접적으로 말하는 내 성격도 한몫했다.

클린턴 미국대통령과의 친분이나 한국의 대통령과 그리고 각료들과의 친분과 정치적인 관계에 영향력을 발휘할 수 있다는 리처드 손이나 마음에 들지 않는 행동을 받아들이지 못하는 나나 마찬가지로 부딪혔다. 산소 이장을 안 한다고 해서 굶어죽을 것도 아니고, 감정을 상하면서까지 하고 싶지 않았다. 하고 싶은 일을 하고 살기는 어려워도 하지 않아도 될 일을 굳이 할 필요가 없었다.

리처드 손의 입장에서는 난감했다. 안 좋은 자리를 확인해 놓고 이장을 하지 않을 수 없는 입장이었다. 자신이 걸어온 길이나 자식에게 영향을 끼친다는 것을 알고서 넘어가기 어려운 상황이었다. 더구나 물이 차 있다는 이야기를 듣고는 더욱 부담이 되었다. 리처드 손이 다시 찾아왔다. 결국은 이장을 했다. 이장을 하면서 놀라운 사실을 알게 되었다. 대단한 영향력의 소유자였다. 이장할 자리를 찾아주었는데 놀랍게도 일반인으로서는 사용할 수 없는 땅인데도 순식간에 자신의 소유로 등기까지 해 버렸다. 더구나 관청의 기관장까지 나와 도와주었다. 상상할 수 없는 일이 일사천리로 진행되는 것을 보고 놀랄 수밖에 없었다. 법 위에 권력이 있는 것을 확인하는 자리였다.

땅의 유혹

7장

서울 동작동
국립현충원과 대통령 묘

창빈 안 씨의 묘

　동작동 국립묘지, 현충원. 대한민국 최고의 명당이라 공인된 곳에
서도 가장 빛나는 자리가 하나 있다. 바로 창빈 안 씨의 묘다. 출발
은 초라했으나 이후 만개하여 융성한 삶을 살았고, 왕을 낳은 여인
이다. 9세에 초라한 궁녀로 입궁해 침전을 봐 주거나 빨래 같은 허드
렛일이나 하는 무수리 신분이었다. 사대부 집안에서는 보내지 않는
것이 궁인의 신분이었다. 안 씨는 성품이 단아하고 온화하여 대비전
에서 중종의 어머니인 왕대비 정현왕후를 모셨다. 궁녀 중에서도 행
동이 방정하고 착하며 예의바르면서도 총명한 궁녀가 발탁되는 전각
이 바로 대비전이었다. 그곳에서 정현왕후에게 품성을 인정받았다.
더구나 대비전은 왕과 왕비가 아침저녁으로 문안인사를 위해 찾아오
는 공간이었다. 응당 왕의 눈에 띌 수밖에 없었고, 중종의 눈에 들어
승은을 입었다. 20세에 후궁이 되었고, 22세에 상궁이 되었다. 창빈
안 씨는 왕대비·왕비에게도 인정과 신뢰를 받았다. 특히 왕비에게
인정을 받는다는 것은 쉬운 일이 아니었다. 왕을 두고 서로 차지하

려는 연적의 대상이었다. 지위의 차이는 있었지만 사랑을 위해 경쟁해야 하는 사이였다. 창빈 안 씨가 사망한 후에 문정왕후가 창빈 안 씨의 자녀들을 돌보아 주었을 정도로 둘의 사이는 돈독했다. 그리고 문정왕후의 아들 명종이 후사 없이 사망하자 창빈 안 씨의 손자가 왕으로 추대되었다. 그 인물이 바로 선조다. 이후 조선의 왕들은 모두 창빈 안 씨의 자손으로 이루어졌다.

궁인으로 들어가 후궁이 되고, 자신의 혈육이 왕이 되었으니 최고의 인생을 산 여인임에 틀림없다. 하지만 중종의 눈에 띄어 후궁이 되기는 했으나, 애초에 6번째 후궁이었으므로 언감생심 창빈 안 씨의 후손이 왕을 넘볼 처지는 아니었다. 그럼에도 불구하고 손자가 왕이 되었다. 이쯤 되면 당연히 창빈 안 씨의 묏자리가 명당이라는 말이 나올 수밖에 없다. 창빈 안 씨의 묘는 이미 조선시대부터 명당발복明堂發福이라고 소문이 난 곳이었다. 창빈 안 씨가 숨을 거둔 뒤 경기도 양주 장흥에 묻혔다가 그녀의 아들 덕흥군이 이듬해인 1550년에 한양의 동작리로 이장을 했다. 이장을 한 지 2년 후인 1552년에 선조가 태어났고, 후일 명종의 후사로 선조가 왕위에 오르니 현재의 자리에서 발복을 한 셈이다.

창빈 안 씨의 능은 서울 동작동 국립현충원에서 하나뿐인 명당자리다. 창빈 안 씨의 능이 자리하고 있는 주산 외에는 쓸 자리가 없다. 창빈 안 씨의 능이 자리한 주산은 정확하게 현충원을 감싸고 있는 산 중에 가장 높은 산에서 출발해서 매듭을 짓고 있다. 본래 주산을 정할 때에는 봉우리에서 바로 출발한 산을 최고로 친다. 그 첫 번째 중요사항을 지켰다. 둘째는 좌우의 산을 살펴야 한다. 동작동 현충원의 다른 어느 산이 좌우에 날개를 두르고 알을 품어 안은 듯한 산세를 지니고 있는가? 살펴보라! 없다. 창빈 안 씨의 산만이 유일하다.

중심된 주산이 좌청룡과 우백호를 끌어안고 있다. 더구나 멋진 것은 한강이 창빈 안 씨의 묘역에서 보면 묘역을 향하여 감싸면서 들어오고 있다. 정면으로 물이 들어오면 나쁜 일이 생긴다고 하는데, 약간 비껴서 품어 안듯이 들어오고 있다. 크고 장대한 강이 묘역을 감싸고 있다. 더없이 좋은 자리다. 산과 물이 함께 묘역을 안아 주고 있는 모양이다. 가히 풍수의 정석이라 할 수 있다.

그런데 문제는 현재 국립현충원에 있는 대통령들의 묘다. 당연히 좋은 자리는 하나뿐이니 나머지는 좋은 곳이 아니라는 결론이 나온다. 안타까운 것은, 우리나라 현대사를 살아온 대통령들의 묘가 모두 안 좋은 곳에 안치되어 있다는 점이다. 명당은 그리 흔하지 않다. 이승만 대통령부터 박정희·김영삼·김대중 대통령의 묘가 모두 좋은 곳이 아니다. 최근의 김영삼 대통령과 김대중 대통령의 묘를 살펴보자.

김영삼 대통령

안 좋아도 많이 안 좋다. 치명적 문제점들을 안고 있다. 김영삼 대통령은 민주화로 평생을 산 증인이다. 힘들고 벅찬 인생을 살았다. 뛰어난 지관을 만나면 자신의 운명과 상관없이 명당을 찾아가지만, 그렇지 못한 경우는 자신의 운명과 닮은 산을 만나게 된다. 창빈 안 씨도 이장을 해서 현재의 국립현충원 자리에 안착했다. 김영삼 대통령의 경우도 이후에 어떤 변화가 있을지 모르지만 현재의 자리만을 보면 상·중·하 중에 하의 자리에 모셔져 있다.

먼저 현충원에 안장되어 있는 김영삼 대통령의 자리에 대한 언론의 발표를 보자.

"풍수지리학에서 서울 현충원에는 봉황이 품었다는 쌍알의 전설이 전해 내려오는데, 그 전설이 실현됐다. 묫자리를 보는 지관들이 평생에 한 번 볼까말까 한 기적 같은 일이다. 안장을 위해 땅파기를 하면서 발견된 돌알은 지름 20, 30, 50㎝ 크기의 갸름한 달걀형과 동글동글한 공 모양으로, 음양

조화를 뜻하는 암수 쌍알인 것이 특징이다. YS의 관이 들어갈 묘 안에도 2개의 쌍알이 박혀 있다. 보통 명당자리가 아닌 대명당이다."

『문화일보』(2015.11.26.)

문화일보 기사다. 아마도 이곳에 자리를 잡아준 사람의 이야기를 옮겨 적었을 것이다.

"김영삼 전 대통령의 묘역은 평생의 정치적 라이벌이었던 김대중 전 대통령 묘역과 직선거리로 약 300미터 정도 떨어져 있다. 풍수전문가들은 두 전 대통령의 묘역이 '봉황의 두 날개'에 해당하며 봉황이 알을 품고 있는 명당자리라고 했다."

연합뉴스TV 보도 내용이다. 봉황이 알을 품고 있는 자리에서 정말 알을 닮은 '돌'이 나온 것일까? 결코 그렇지 않다. 조선시대에는 비보神補 풍수라 해서 부족한 부분을 보완해 주는 풍수를 사용했다. 창빈 안 씨의 묘에서 보면 좌청룡과 우백호가 국립현충원의 외곽 산으로 펼쳐진다. 백호에 해당하는 오른쪽 산은 길게 이어지지만, 청룡에 해당하는 왼쪽 산은 짧다. 금계포란형金鷄抱卵形이라고 해서 청룡과 백호를 날개로 보고 창빈 안 씨가 안치되어 있는 산을 몸으로 본 것이다. 창빈 안 씨의 묘소를 바로 금란金卵을 품고 있는 자리로 보고 왼쪽 날개가 짧으니 짧은 날개에 힘을 실어 주기 위해서 알처럼 생긴 돌들을 날개의 끝부분에 묻었을 수도 있다. 역사적인 기록에는 없는 것이지만 추측이나마 해 볼 따름이다. 그보다 중요한 것은 과학적인 풍수에서는 금계포란형이니 알이 나왔느니 하는 따위를 염두에 두지 않는다는 점이다. 산의 모양과 산세의 흐름으로 판단한다.

풍수는 실제와 이론이 맞아떨어져야 이론적 가치를 인정받을 수 있다. 풍수가 과학으로 인정받으려면 풍수에 입각한 이론이 실제 상황과 정확하게 일치해야 한다. 그렇지 않으면 풍수로서의 의미가 없다. 분명히 말하지만 현재 묏자리의 상태라면 김영삼 대통령의 후손들은 많은 어려움을 당할 것이다. 명당자리에 묻혔다면 대단한 인물이 나오고 후손들의 상황은 좋아져야 한다. 하지만 단언컨대, 김영삼 대통령의 후손들은 많은 어려움을 당할 것이다.

이와 같은 예견은 앞서도 언급한 치명적인 문제점들 때문이다.

우선 첫 번째 문제는 주산이 깨져 있다는 점이다. 묘를 쓴 자리 일부는 복토를 해서 잘 가꾸어 최고의 명당처럼 꾸며졌지만, 전체 산세의 흐름을 살펴보면 겉꾸밈을 벗겨 낸 진면목을 파악할 수 있다. 우선 주산이 힘이 있는 것도 아니고 약하면서 불안하다. 더욱 심각한 치명적 약점은 주산이 깨졌다는 사실에 있다. 주산이 깨졌다는 의미는 산이 두툼하면서도 매끄러운 모습이 아니라 골이 파인 것처럼 울퉁불퉁하게 생겼다는 말이다. 대표적으로 깨진 산을 가진 경우를 살펴보면, 고려 말에 처형당했던 최영 장군의 선익蟬翼을 들 수 있다. 이는 곧 최영 장군 당사자뿐만 아니라 가족의 죽음을 암시한다.

병자호란과 정묘호란을 겪고 조선의 치욕을 한 몸으로 받은 인조의 묘도 입수부에서 깨져 있다. 끝으로 하나를 더 예를 들면, 고종과 순종의 능이 깨져 있다. 나라를 잃은 두 왕의 실체다. 그런데 김영삼 대통령의 묘도 입수 부분 위가 깨져 있다. 이처럼 주산이 깨진 것은 다른 산이 깨진 것보다도 더 치명적이다.

두 번째 문제는 산을 올려다보고 묘가 자리하고 있다는 점이다. 주산이 출발한 곳을 바라보고 있으니, 이는 곧 낮은 위치인 지맥에 자리 잡고 주산이 출발한 곳을 올려다보는 형국이다. 풍수의 기본인 배산임수背山臨水를 어긴 모습이다.

세 번째 문제는 주위 산이 돌아섰다는 점이다. 좌청룡과 우백호는 물론 안산마저도 돌아섰다. 이외에도 풍수의 기본을 어긴 것이 많지만 이만 줄이겠다.

결론적으로 김영삼 대통령의 후손들은 많은 어려움을 겪을 것이다. 도와주는 사람도 없음이 더욱 안타깝다. 풍수상으로 그렇다는 이야기다. 청룡이 망가지고, 백호는 더 높아가는 배산背山의 역행이고, 안산은 벗겨져 나가니 어디에도 기댈 곳이 없는 형국이다. 명예는 물론 경제적인 면에서도 어려움이 계속될 것이다. 평생을 국가를 위해 헌신한 대통령의 자리로서는 참혹하리만치 나쁘다.

김대중 대통령

김대중 대통령 자신은 특이하게도 자신이 부모 묘로 마련한 용인의 선영에 묻히지 않고 서울 동작동의 국립묘지에 안치되었다. 용인의 김대중 대통령 선영은 우백호의 일부에 부족한 점이 있지만 지금의 국립묘지와는 비교가 안 될 만큼 좋은 자리다. 반면 동작동 현충원의 김대중 대통령 묘는 하격의 자리다. 자손들이 앞으로 많은 어려움을 당하게 될 것이다. 김대중 대통령 정도의 후광이라면 고향에서 쉽사리 국회의원을 지내거나, 혹은 김대중 대통령의 아들이라는 후광만으로도 보직을 받을 만하지만 그것마저 선영에서는 허락하지 않는 형국이다.

좀 더 자세히 살펴보자. 김대중 대통령의 묏자리는 풍수지리상 공작포란孔雀抱卵, 즉 공작이 알을 품은 형상으로 흙색이 붉은 황토색과 자색, 흑색, 백색 등 소위 오색토五色土이므로 명당에 속한 것이라고 언론을 통해 발표됐다. 하지만 전혀 그렇지 않다. 풍수의 기본을 어긴 묘다. 행동하는 양심이라며 고난을 겪고 죽을 고비를 몇 번이나 넘겼던 민주화운동의 선봉장이기도 했던 인물이 영면을 취하기에는 풍수의 기본에도 어긋난 자리다.

동작동 국립현충원에는 쓸 만한 자리가 있는 산으로 창빈 안 씨가 묻혀 있는 산 이외에는 없다. 창빈 안 씨가 묻힌 산만이 양쪽에서 안아 주는 산을 가지고 있다. 다른 줄기에서는 찾아볼 수 없다. 기가 응집한다는 것은 주위 산이 안아 주는 형태를 갖출 때 사용하는 말이다. 김대중 대통령의 묘는 주산을 잡는 것까지는 좋았다. 하지만 주산의 좋은 기운을 전혀 받을 수 없는 말도 안 되는 곳에 자리를 잡았다. 풍수에서 일차적인 원리는 정맥을 타라는 것이다. 정맥을 타지 못하면 만사가 헛것이 된다. 아무리 명당이라고 해도 정맥을 바로 잡아 묏자리를 쓰지 못하면 모든 것이 무용지물이 된다. 정맥을 못 타면 지맥이라도 타야 한다. 지맥도 타지 못하면 헛된 자리 잡기가 될 뿐이다.

김대중 대통령 묘는 조선에서 대표적인 명당이라고 알려진 창빈 안 씨의 옆구리 바로 위에 쓰여 있다. 산이 아닌 산의 옆구리에 묘를 썼다는 점이 바로 문제다. 주위 산이 아무리 감싸 주어도 헛된 일이다. 때문에 김대중 대통령의 자식들이 많은 어려움을 당할 것이다. 아버지가 대통령이라는 후광마저도 무색하게 될 것이다. 아버지의 반이 아니라 사회적인 활동에서도 곤란을 겪을 것이 우려된다.

기본을 지키지 않은 자라에서 후손이 잘되는 경우는 없다. 아울러 건강상으로도 문제가 생긴다. 맥을 타지 못하면 후손들에게 여러 가지 약점이 있지만 일반적으로 흔하게 나타나는 것이 당뇨병이다. 그리고 다른 질병에도 쉽게 노출되는 것을 목격했다. 맥을 못 타면 성격으로는 당차지 못하고 쉽게 포기하며, 일관되게 한 길을 걷기보다는 진로를 자주 바꾼다. 김대중 대통령은 힘들어도 민주화의 외길을 걸어왔다. 하지만 김대중 대통령의 후손들은 강하고 당당한 길을 걷기 어려운 산을 가지고 있다.

다시 이야기하지만 풍수는 실제현상과 풍수 원리가 맞아떨어질 때 과학적인 합리성을 갖춘 이론으로 인정받을 수 있다. 그런데 이와 같은 인식이 없이 기본 원리마저도 어기는 지관에 의해 쓰인 묘의 주인이 하필 최고 권력자를 지낸 전직 대통령이라는 점에서 씁쓸하다. 지관이라면 적어도 풍수의 기본은 지켜야 한다. 기본 원리마저 지킬 줄도 모르는 소위 시사時師:사이비 풍수들이 난무하니 생긴 일이다. 한 사람의 잘못된 지식이 집안의 운명을 망쳐 버리고 있다. 국가와 민족을 위해 살아온 사람들의 후손을 힘들게 만드는 잘못을 범하고 있다.

산은 거짓을 행하지 않는다. 산은 있는 그대로 실천한다. 개인적인 노력으로 풍수의 약점을 극복할 수 있다고 하지만 결국은 그 영향력이 돌고 돌아 찾아온다. 서울 동작동 국립현충원은 국가와 민족 그리고 역사를 위하여 헌신을 한 분들의 공간이다. 잃어버렸던 국가를 위해 몸을 던진 독립유공자와 전쟁에서 죽음을 불사하며 싸운 참전용사들, 그리고 올바른 역사를 만들기 위해 헌신을 한 사람들이 묻혀 있는 곳이다. 그분들을 올바로 묻어 드리는 작업은 영면하신 국가유공자 한 분에 국한된 것이 아니라 후손들의 삶도 결정하는 중요한 일이지만 무시되고 있다. 풍수를 하는 한 사람으로서 안타깝다. 특히 국립 현충원 묘역에 모신 분들의 대표가 바로 전직 대통령들이다. 그러나 김영삼 대통령과 김대중 대통령이 국립현충원에 안장되면서부터 후손들은 더욱 어려움을 겪을 것이다. 아울러 건강도 조심해야 할 것이다.

이처럼 묘의 중요성은 아무리 강조해도 지나치지 않을 정도다. 그러나 우리는 대개 극단적 상황과 궁지에 몰린 후에야 풍수의 힘에 기대는 경우가 다반사다.

이장을 하는 사람들은 대체로 둘 중 하나다. 하나는 정치인들처럼 더 잘되어서 대권이나 국회의원이 되려는 사람들이고, 또 하나는 하는 것마다 안 되어서 마지막으로 기댈 것이 풍수여서 찾아온다. 극한 욕망과 극한 상황에서 헤쳐 나오기 위한 사람들이 대부분이다. 전자가 극도의 권력욕망을 풍수를 통해 실현하고자 하는 경우라면, 후자는 풍수를 통해 극도의 궁지에서 탈출해 보려는 경우다. 그리고 이러한 극한 상황에서 예상치 못한 놀라움을 경험하기도 한다.

한 예를 들어, 어떤 사람은 선산이 좋지 않아 이장을 하는 날 놀라운 일을 경험했다. 이장하는 날 파묘를 하고 시신을 꺼내는 순간 의뢰자가 혈변을 보며 하혈을 했다. 이장 중에 모두 놀랐고 의뢰자는 구급차에 실려 갔다. 그리고 이유 없이 암세포가 사라져 버려 직장암이 나았다. 세포검사 결과 흔적도 없이 사라져 버렸다. 건강하게 잘 살고 있다. 하혈한 것이야 우연이라고 할 수 있지만 직장암이 한 달도 지나지 않아 사라져 버린 것은 우연일까? 풍수의 세계에서는 흔히 보는 일이다.

아무리 옳다 해도 안 되는 것은 안 되는 것을 안다. 대세를 거스를 수는 없다. 시대적인 요구가 있고, 풍습의 변화를 바꿀 수는 없다. 세상이 바뀌는데 매장을 고집할 수는 없지만 결코 바람직하지 않은 결과를 만들 것이다. 그리고 매장과 화장의 비율에서 화장 쪽이 많아지면서 더욱 문제점이 생겨난다. 예컨대, 시대적인 상황도 있지만 화장을 한 경우 가족 간의 연대감이 현저하게 떨어지며 참고 견디는 힘이 약화된다. 그래서 이혼이 늘고, 한 길을 가지 못하며 좌충우돌하는 인생을 살게 된다. 집안 묘를 모두 화장을 한 후에 화목하던 가정도 불화가 생기는 것을 흔히 목격한다. 일가친척과도 멀어진다. 동기감응의 연대감이 사라지기 때문이다.

땅의 유혹

8장

역대 대통령의 선영

대통령을 만드는 산

대통령을 만든 산을 확인해 보면 다음 대통령이 누가 될 것인가를 예측할 수 있다. 원리는 힘의 강약과 산의 모양 그리고 기를 가두어 기가 응집되게 하는 산인가를 확인하면 된다. 누차 이야기하지만 원리는 과학적인 원리다. 산이 같은 모양이라면 큰 산의 소유자가 승리한다. 산의 크기가 같다면 기를 가두어 주는 산이 승리한다. 비슷한 모양의 산이라면 산의 모양이 깨끗한 산이 승리한다. 예를 들면 컴퍼스로 그린 듯하게 산이 동그랗게 생겼거나 자로 잰 듯이 깨끗하게 선을 가진 산이 있다. 토체나 일자문성 그리고 영상사라는 산을 가진 사람이 승리한다.

물론 산의 모양이 모두 다르고, 산의 역학관계가 복잡하게 얽혀서 힘의 강약을 가려내기가 만만치 않다. 사람으로 이야기하면 학력이나 경력은 좋은데 현장경험이 부족하거나, 실력은 있는데 배짱이 없어 도전하지 못하거나, 또는 다 갖춰져 있음에도 조직이 부족한 경우 등 복잡한 상황이 얽혀 있다. 점수로 환산한다고 해도 복잡한 변수에 의해 정확한 판단이 어려워진다. 그럼에도 예측해 보는 것은 의미가 있다. 아무리 과학적 원리와 통계가 있다고 해도 운동경기에서 승자를 맞추는 것이 쉽지는 않다. 마찬가지 원리다. 신통력에 의해서 집어내는 것이 풍수가 아니라는 점을 이해해야 한다.

먼저 살펴볼 것이 먼저 대통령들의 선산이다. 대통령을 만든 것이 산이라면 대통령 부모의 산들을 보면 대통령을 만든 산은 어떤 공통점이 있을까를 확인할 수 있다. 놀랍게도 대통령들의 산들은 한결같은 공통점을 가지고 있다. 예외가 없다.

우선 왼쪽 산이 발달해 있다. 그리고 왼쪽 산이 선영을 향해 안아주는 모양을 하고 있다. 팔이 안으로 굽는다는 말이 있다. 팔이 몸의 중심에서 봤을 때 중심 쪽으로 휘어지듯이 산의 모양도 산의 중심 쪽으로 감겨지듯이 생겼다. 예외가 없다. 왼쪽 산이 바로 좌청룡이라고 하고 권력과 명예 그리고 남성을 주관하는 산으로 풍수에서는 말한다. 아들의 운명을 읽을 수 있는 산이다.

대통령은 최고 권력의 정점이다. 대통령보다 더 큰 권력을 가진 사람은 있을 수 없다. 산의 모양도 청룡이 강한 면을 보여주고 있다. 사람이 인생을 살면서 모두 정치를 하는 것은 아니다. 정치적인 인물형이 따로 있다. 아무리 좌청룡이 좋다고 해도 정치적이지 않은 사람은 다른 분야에서 전문적인 일을 할 수 있다. 하지만 좌청룡이 발달한 사람은 고위직에 올라가 있다. 사회적인 신분이 높아지고, 성공했다는 대열에 들어가 있다. 명예와 권력을 중요시하는 사람들은 좌청룡이 발달한 산을 선택해서 묘를 쓰면 된다. 정치적인 사람이나 학문하는 사람 그리고 공직자들의 경우 모두 좌청룡이 발달한 산을 가지고 있다.

둘째는 대통령이 된 인물의 경우 산에 일자문성이나 토체가 자리 잡고 있다. 박정희 대통령 이전의 경우는 확인할 수 없는 부분이 있어서 제외하고, 박정희 대통령부터 보면 하나같이 토체나 일자문성이 자리하고 있다. 토체는 사다리꼴로 생긴 산을 말한다. 본인이 직접 대통령이 되거나 대통령과 상대하는 사람의 경우 토체가 있다. 풍수에서는 상당히 상서로운 산으로 본다. 최고의 권력에 근접하거나 최고의 권력을 차지한 사람의 경우에 해당되는 산이다. 그리고 일자문성이 있는 사람의 경우 좌청룡의 힘에다 더 큰 증폭된 힘을 제공해주는 산이 일자문성이다. 토체가 없으면 일자문성이 있고, 일자문성이 없으면 토체라도 있는 것이 현재까지의 대통령들의 선산 형세다. 둘 다 있는 선영들도 있다.

셋째는 주산이 힘이 있다. 적어도 주산이 깨지거나 파열되지 않은 산을 가지고 있다. 주산이 힘이 차고, 적당히 경사가 졌으며, 체형이 크게 발달해 있을수록 강한 힘을 보여 준다. 강하고 체형이 클수록 강한 힘을 발휘하는 대통령이 된다. 박정희 대통령의 선영은 힘이 넘치는 강한 산의 모습이다. 주산이 후손의 성격을 그대로 반영한다. 산이 크면 자기주체성이 강하고, 추진력이 있으며, 큰일에 두려움이 없는 경향을 보인다. 또한 주위의 상황이나 외부 변화에도 흔들림 없이 강력하게 밀고 나가는 주도적 인물이 나온다. 반면 주산이 약하고 짧으면서 가늘면 강력한 추진력을 바라보기 어렵다. 산 중에서 가장 중요한 산이 바로 주산이다. 후손의 성격과 힘의 정도를 파악하는 산이다.

넷째는 주산에서 바라봤을 때 오른쪽에 있는 산이다. 우백호라고 한다. 우백호는 경제적인 면을 주관하며 여성으로 본다. 사람으로는 딸이나 며느리를 확인할 수 있는 산이다. 우백호가 발달한 사람의 경우는 공통적으로 경제적인 면의 성공이 두드러진다. 재벌들의 선영은 우백호가 발달해 있다. 우백호가 크고 강하면 큰 부자가 나오고, 작고 가늘면 인색한 부자가 나온다. 대통령들의 경우는 우백호가 없는 경우가 있다. 경제적인 면과 정치적인 권력은 다른 면을 보여준다. 대통령이 되었어도 경제적인 면과도 동떨어진 대통령이 있다. 우백호가 도망갈 경우 가지고 있던 재산도 모두 날려 버리게 된다. 도망간다는 말은 산이 주산을 끌어안아 주는 모습이어야 하는데 반대로 밖으로 벗어나 있는 경우다. 노무현 대통령이 우백호가 없었고, 지금의 후보들 중에는 손학규, 안희정 후보가 그렇다. 경제적 어려움이 있음을 보여 준다.

마지막으로 앞산이다. 안산이라고 한다. 안산은 대인관계를 말하며 대중과의 관계와 깊다. 여론의 도움을 받을 수 있거나 주위에서 도와주는 사람이 있는가, 없는가를 판가름하는 산이 안산이다. 안산이 좋으면 대중적인 인기를 얻을 수 있다. 안산이 좋아 대통령이 된 인물이 노무현 대통령이다. 안산도 대체로 좋지만 노무현 대통령의 경우 안산에 토체가 무려 셋이나 있다. 다른 대통령의 경우와는 다르다. 시대가 변했음을 상징적으로 말해 준다. 좌청룡이 발달한 경우 대통령이 되는 것이 일반적인데 좌청룡보다는 안산이 훨씬 강력한 힘을 가지고 있는 선영으로 대통령이 된 사례다.

박정희 대통령

   한국의 대통령 중 가장 오랜 기간을 재임했다. 18년 동안 재임하고 총으로 부하에게 저격당하는 비극의 현장을 만든 선영이다. 한국호의 기틀을 만드는데 중요한 역할을 했고, 한국호를 독재로 이끌어 비난을 받는 인물이 박정희 대통령이다. 주체적인 추진력과 강인한 행동력으로 무장한 인물이 박정희 대통령이다. 다른 어떤 대통령보다도 찬사와 비난을 동시에 받는 인물이기도 하다.

   강한 추진력과 행동력은 주산에서 나왔다. 주산이 힘이 있고, 몸체가 튼실하다. 넓으면서도 대통령으로서의 꿈은 안산의 강력한 토체가 2단으로 형성된 것에서 찾을 수 있다. 토체가 당당하고 위세가 있다. 역대 대통령 중에서 가장 크고 강한 토체와 일자문성을 가지고 있다. 강력한 힘과 추진력 그리고 이끌어 가는 힘을 산에서 볼 수 있다. 어느 산보다도 힘차고 당당하다. 산의 힘이 한 사람의 힘을 만들어 준 것이다. 나 보란 듯이 굳세게 서 있다. 문제는 안산이 깨끗하게 정리되지 않고 굴곡이 심하다는 점이다. 대중으로부터 찬사와 원망을 듣는 지금의 형국과 그대로 닮아 있다. 인생에 굴곡이 많은 것을 그대로 대변해 준다. 산의 모양이 그대로 인생의 흐름을 보여 주는 것이 풍수의 세계다.

묘의 앞이 들리면 칼이나 교통사고 아니면 총으로 죽을 수 있다. 대통령의 선산은 앞에 바위가 있다. 부드러운 바위가 있으면 좋은 바위라고 해서 길석이라 하고, 흉측한 모양의 돌이 있으면 나쁜 기를 전달한다고 해서 흉석이라고 한다. 박정희대통령의 묘 앞에 있는 바위는 세워져 있다. 그리고 날카롭다. 이런 경우 흉석으로 본다. 흉석인데다 세워져 있는 모양이라 앞이 들린 것으로 본다. 앞이 들렸다는 것은 묘에서 바라보았을 때 앞으로 진행되는 산이 낮아지다 다시 높아지는 경우를 말한다. 이런 경우 주작이 들었다고 한다. 주작이 들면 총이나 칼 같은 것에 또는 교통사고로 죽을 수 있는 자손이 나온다. 다시 말하면 맞아 죽은 사람이 나온다는 말이다. 노무현 대통령의 경우도 마찬가지로 주작이 들었다. 추락으로 생을 마감했다. 단종의 묘가 산이 들렸다. 같은 운명을 가진 사람들의 묘는 같은 모양이다.

김대중 대통령 선산

    김대중 대통령의 출신지를 풍수에서는 전라도라고 이야기하지 않는다. 정치인 김대중이 대통령이 되게 한 것은 풍수적으로 경기도 땅이다. 경기도의 용인으로 이장해서 대통령이 되었다. 정치인으로서 김대중은 대통령을 무려 4번 도전한 끝에 당선되었다. 4수만에 대통령에 되었는데 4수에 도전할 때 부모 묘를 전라도 하의도에서 경기도 용인으로 옮겼다. 그리고 대통령에 도전해 비로소 당선했다.

    전설 같은 이야기지만 풍수에서는 가능하다고 본다. 준비가 다 된 사람의 경우도 산의 힘이 약하면 뜻을 이루지 못한다고 보는 것이 풍수의 세계다. 간단한 원리다. 팔씨름을 해서 힘이 강한 사람이 이기듯 정치판의 선거에서도 산의 힘에 좌우된다고 본다. 그것을 확인하면 누가 대통령이 될 것인가를 알 수 있다. 정확하게 읽어 내는 것이 여러 변수의 조합이기에 쉽지는 않다.

    예를 들면 산 중에서 가장 중요하다고 하는 주산이 강하고 주변 산이 약한 경우도 있고, 주산이 약하지만 주변 산이 강해서 도와주는 힘으로 되는 경우도 있다. 박정희 대통령의 경우는 주산이 강하고 주변 산도 좋지만, 노무현 대통령의 경우는 주변 산 중에서도 안산이 절대적으로 좋다. 길하다고 하는 토체가 다 안산에 있다. 그것도 커다란 토체가 안산에 깔끔하게 자리 잡고 있다. 대중들의 힘에 의해 승리를 할 산을 가지고 있다. 반면 노무현 후보에게 진 이회창 후보의 경우는 전체적으로 고르게 좋지만 문제는 주변에 아파트가 들어오면서 산이 훼손되었다. 산이 훼손을 당하면 본연의 힘을 발휘하지 못한다. 팔씨름을 하는데 팔에 골절이나 문제가 생기면 시합에 나가 이길 수 없는 원리와 같다. 결국 이회창 후보는 참패를 하고 만다.

정치인 김대중은 대통령 선거에서 박정희 대통령과 한판 승부를 벌이고 졌다. 그리고 내리 대통령 선거에서 진다. 정적이며 동지였던 김영삼 대통령에게도 지고, 노태우 대통령에게도 졌다. 그리고 절치부심했는지 이장을 결심한다. 하의도에서 용인으로 비밀리에 이장을 했다. 하지만 비밀은 없다. 하의도의 선영과 용인의 선영은 반대 형상이다. 하의도에서는 성공적인 정치인으로서보다는 선동가 쪽에 가깝게 살 수밖에 없는 산을 가지고 있었다. 권력을 잡아서 제대로 된 자신의 주장과 철학을 실천할 수 있는 것이 아니라 주장으로 그치는 형세다. 하의도의 선영은 권력 대신 장사를 하면 성공할 수 있는 사업가의 기질을 타고 났다. 돈을 모을 수 있는 산이었다. 하지만 용인의 산은 정반대였다. 권력은 있고, 오히려 사업가적인 기질을 발휘할 수 없는 산이다. 권력을 가지려면 왼쪽 산, 즉 좌청룡이 발달한 산을 가져야 한다. 좌청룡이 아주 가깝고 붙어서 감아 주고 있다. 가까울수록 빨리 산의 힘이 발휘되고, 가깝게 감아 주는 각도가 클수록 크게 온다. 좌청룡이 그리 크지는 않다. 가깝고 휘감은 정도가 커서 짧고 강하게 온다.

반면 경제를 주관하는 우백호는 오른쪽으로 도망가는 형상이다. 경제적인 면에서 상당히 고심을 할 수밖에 없는 형국이다. 대통령으로 당선되고 나서 오히려 경제적인 압박을 받았을 것으로 보인다. 예를 들면, 가진 재산도 잃는 형국이다. 권력을 가지되 경제적인 손해는 감수해야 하는 자리가 김대중 대통령의 선영이다.

김대중 대통령은 이미 고인이 되었다. 민주화의 길에서 평생을 산 민주화의 증인이다. 권력을 잡지 못하고 대통령이 되지 못했다면 눈을 감지 못했을지도 모른다. 4수만에 권력의 정점인 대통령이 되었다. 풍수 세계에서는 이장으로 경기도가 낳은 대통령으로 기록한다. 경기도는 좋은 산이 드문 곳인데도 각광을 받는 것은 입지 조건 때문이다. 서울과 수도권에서 한국의 정치인과 경제인이 모여 살고 있다. 문화 예술분야의 거장들이 대부분 서울 경기에 산다. 이들이 이장을 하거나 선영을 마련할 경우 경기도에 대부분 마련한다. 특히 영향력이 있는 사람의 경우는 경기도에 선영을 마련하는 경우가 많다. 당연히 좋은 산을 가질 확률이 높아진다. 그럼에도 워낙 큰 산과 강한 산을 가지고 있는 경상도에는 미치지 못한다. 그나마 선전하는 것이 경기도라고 할 수 있다.

C 노무현 대통령 선산

파란의 인생을 산 대통령이다. 강렬하게 타올랐다 꺼진 인생이다. 지지자들의 열렬함만큼 뜨거운 대통령이었다. 산에서 보여 주는 것 역시 그대로 담겨 있다. 산이 운명을 만들고 산이 인물을 만든다. 산을 보면 운명을 볼 수 있다. 운명을 알면 산을 그릴 수 있는 것이 풍수의 세계다. 놀라운 일치를 보인다. 살아온 인생을 듣고 나면 산을 그릴 수 있다. 산을 보면 살아온 인생과 앞으로 어떤 인생을 살 것인가가 보인다. 무서운 학문이다.

노무현 대통령의 인생은 대중과 함께하고, 대중과 함께 마감을 하는 산의 모습을 보여 주고 있다. 노무현 대통령의 압권은 안산에 있다. 앞서 설명했지만 안산에 상서로운 기운을 발휘하는 토체가 세 개 있다. 토체는 산 중에서도 가장 강하고 상서로운 기운을 가진 산으로 친다. 사다리꼴의 산으로 우리의 한옥의 기와지붕과 닮았다. 기와지붕의 사다리꼴 모양의 산이 앞산에 크게 자리 잡고 있다. 토체가 계단 형식으로 자리 잡고 있는 경우 최고의 길상으로 보는데 노무현 대통령의 앞산이 그렇다.

또한 권력을 주관하는 좌청룡과 경제를 주관하는 우백호는 안산에 비해 부실하다. 대중정치를 해야 하는 모양의 산을 가지고 있다. 주산과 더불어 비슷한 크기로 주변 산이 비슷해야 바람직한데 하나만 강할 경우 균형을 잃게 된다. 노무현 대통령의 선영의 경우는 주산과 안산에 비해 좌청룡과 우백호가 약하다. 이러한 경우 자기주장이 강한 인물이 나온다. 주위를 돌아보기보다 독단으로 흐를 수가 있다. 타협과 협력보다는 자신의 주장을 대중에게 호소하는 모양을 가진다. 권력과 경제력이 뒷받침되어 주지 못하기 때문에 주산이 강하고 안산이 좋은 상황에서는 대중에게 호소할 수밖에 없다.

누구나 생존은 중요한 문제다. 살아남기 위한 전략이 필요하다. 자신에게 유리한 전략을 마련하고 자신의 주장이 통할 수 있는 길을 찾는 것이 누구나의 인생전략이다. 노무현 대통령의 경우는 좌우측 산인 좌청룡과 우백호가 도와주지 않으니 마주 보고 있는 안산이 호응을 해 주어야 성공할 수 있다. 안산은 대중과의 연결이 잘 되는 산이다. 아쉬운 것은 실질적으로 운영할 수 있는 권력과 경제력이 뒷받침되어 주지 않아 실행력에서 떨어지는 결점이 있다. 산이 보여 주는 노무현 대통령의 운세다. 그리고 경제력이 도와주지 않아 넉넉한 살림을 꾸리기에는 아쉬움이 남는 산의 모습이다.

노무현 대통령의 경우 자살로 마감했다. 풍수에서는 '산이 들렸다'고 한다. 묏자리에서 산이 그대로 더 내려가 매듭을 지어 주는 부분을 선익이라고 한다. 매미의 날개 모습을 하고 있다 해 선익이라고 한다. 선익은 기가 흘러가다 멈추게 해서 창고역할을 하는 것으로 본다.

선익이 토성을 이루거나 부봉 형태면 거부가 나며, 선익이 없으면 자식이 대를 잇지 못한다. 선익에 바람이 세차게 들어오면 정신질환자가 생기기도 하는데 노무현 대통령의 선영은 앞이 들렸다. 주작이 들었다고도 한다. 들렸다는 것은 산이 경사지게 내려가다가 고개를 들고 다시 솟아 있는 모양을 말한다. 주작이 들면 맞아 죽는 자손이 나온다고 한다. 단종의 묘가 앞이 들렸고, 박정희 대통령의 경우도 그렇다. 노무현 대통령의 경우도 마찬가지다. 총이나 교통사고 또는 자살이라는 극단적인 일이 생길 수 있는 산을 가지고 있다.

또한 노무현 대통령의 경우 치명적인 약점은 대통령 은퇴 후 봉하마을을 조성하는 과정에서 풍수를 무시하고 집을 지었기 때문이다. 원래 노무현 대통령 생가에서 좌측에 있는 산은 양택에서 좌청룡에 해당한다. 생가의 왼쪽에 있는 산을 말한다. 왼쪽 산, 즉 좌청룡은 남성과 권력을 상징한다. 그런데 사저를 지으면서 남성을 상징하는 산을 깎아냈다. 대통령의 부모 묘는 앞이 들렸고, 살던 집터에는 좌청룡을 밀어내고 새로 집을 앉히니 남성이 어려운 상황에 놓이게 된다. 풍수적으로는 그 두 가지 요인 때문에 자살을 하게 된 것으로 본다.

비슷한 경우가 있었다. 조금은 다르지만 좌청룡을 부수고 그 위에 집을 앉힌 경우다. 지인의 소개로 친구가 멋진 곳에 집을 지었으니 한번 같이 가자고 했다. 사실 지어진 집을 보는 것은 무의미한 일이다. 집주인이 정성을 들여서 터를 사고 집을 지었는데 터가 좋으면 풍수에 대해 이야기해 주는 것에 문제가 없지만 안 좋은 경우 말을 해 줄 수가 없다. 안 좋은 경우는 대충 얼버무릴 수밖에 없다. 사는 동안 마음이라도 편안하라는 마음에서다. 풍수를 한순간에 믿어서 이사를 갈 것도 아니고, 다 된 밥에 재 뿌리는 격이다. 안 좋은 미래를 굳이 알게 해서 기분만 나쁘게 하게 된다.

　지인의 소개로 새집에 도착했는데 영 잘못 지어진 집이었다. 우선 산을 잘라서 집을 짓는 것은 금기 중에 금기다. 산을 잘라 내거나 헐어 내고 지은 집이나 건물의 경우 제대로 되는 경우를 못 봤다. 사업은 망하고, 집을 지어 살면 죽어 나가거나 단기간에 가세가 기운다.
　찾아간 집의 주인은 손님에 대한 기본 예의도 지키지 않는 사람이었다. 풍수를 하는 사람이라고 소개를 하자 당신이 무엇을 알겠느냐는 식의 태도가 보였다. 풍수에 대해서 무언가 무시하는 듯했다. 돌아가고 싶었지만 소개한 사람이 있어 참았는데 심기를 결국 건드렸다. 지인이 여기까지 왔으니 한마디 해 달라고 했다. 풍수를 믿지 않는다면서 평을 해 달라는 말은 무엇인지 화가 났다. 보이는 대로 숨기지 않고 그대로 말했다.
　"복상사 할 집입니다."
　나를 데리고 간 지인과 집주인의 표정이 놀라는 표정이었다.
　집주인은 무슨 망발이냐는 얼굴이었다. 그리고 돌아왔다. 산의 한 부분을 허물고 집을 지었다. 남자에 해당되는 좌청룡 부분을 허물었다. 그리고 그곳에 집을 얹었으니 허물어진 터에 무거운 것을 얹은 모양이었다. 남자 자리를 허물고 집을 얹으니 복상사의 모양이었다. 복상사는 남자가 여자의 배 위에서 사망하는 것을 말한다.
　시간이 흘렀다. 잊고 지냈다. 어느 날 전화가 왔다. 산을 허물고 지은 집을 구경시켜 준 지인이었다. 흥분된 목소리였다.
　"조 선생, 그 사람이 죽었어요."

"그 사람이 누군데요?"

"저번에 나하고 같이 갔다가 싸우고 왔잖아요. 복상사 한다고 했잖아요."

그제야 생각이 났다. 하지만 잊고 있었다. 집 감정해 달라고 하면 종종 있는 일이었고 그중에 하나일 뿐이었다. 풍수를 무시하는 사람과 만나면 무시하는 발언을 듣곤 한다.

"한데 조 선생 말대로 복상사했어요."

나도 놀라웠다. 풍수상 안 좋아도 안 좋은 일은 다양하게 온다. 교통사고일 수도 있고, 사고사로 죽을 수는 있지만 정확하게 복상사한다는 것은 생각하지 못했다. 말한 대로 정확하게 일치한 것에 사실나 자신도 놀랐다. 산을 허문 것과 집이 지어진 모습을 보고 복상사를 연상한 것이었다. 산 공부를 하고, 산을 감정하면서 깨닫게 된다. 산에는 인정이 개입되지 않는다. 냉정하게 실현될 뿐이다.

이명박 대통령 선산

대통령은 하늘이 낸다는 말을 한다. 풍수가의 입장에서는 다시 말하지만 인물은 산이 만든다. 현재까지의 대통령 중에서 백호가 가장 좋은 사례는 이명박 대통령이다. 정치가로도 대통령의 자리에까지 올랐지만, 경제인으로서 그대로 갔어도 더욱 성공했을 산을 가지고 있다.

이명박 후보의 선대 묘소는 포항 신광면에 있다. 풍수에서 말하는 생가란 태어난 순간의 장소이기도 하지만 자라던 터와 어린 시절을 보낸 터다. 자라는 곳의 산과 물의 영향을 받는다. 풍수로 보면 자는 곳이 중요하고, 다음으로 일을 하는 곳이 중요하다. 바람이 들이치는 곳과 바람을 막아 주는 곳의 삶의 환경이 다르듯이 살고 있는 곳의 영향을 받는다.

풍수에서 가장 중시하는 것은 선대의 묘다. 가장 가까운 순으로 영향을 준다. 부모와 조부모 그리고 증조부모 순으로 영향을 받는다. 3대를 지난 조상 묘는 영향을 주지 못한다. 가까운 순서만큼 절대적으로 영향을 준다. 다음은 자신이 살고 있는 집터의 영향이다. 묘에 비하면 영향력이 적다. 포항 신광면 만석리에 조부모 묘가, 경기도 이천시 호법면 송갈리에 부모 묘가 있다.

이천에 있는 부모 묘는 청룡은 의외로 약해서 정치적인 권력운이 강하지 않은데 안산이 좋다. 일자문성이 길고 강하게 안산을 만들어 주고 있다. 노무현 대통령의 안산과는 다른 모습이다. 노무현 대통령의 경우는 토체가 안산에 성을 쌓아 올린 것처럼 당당하게 자리하고 있어 강력하고 힘이 있지만 이명박 대통령의 경우는 길고 안정되게 일자문성이 자리 잡고 있다. 낮게 그것도 멀리서 드러나지 않게 자리 잡고 있어서 도와주는 사람들이 은근히 포진해 있는 형상이다. 도와줘도 소리 없이 도와주는 형국이다. 이명박 대통령의 경우는 권력지향적인 좌청룡보다는 경제적인 우백호가 훨씬 발달해 있다. 대통령이 된 것은 안산의 역할이 중요했다. 좌청룡이 상당히 작은 편이다.

하지만 포항에 있는 이명박 대통령의 조부모와 증조부모의 묘는 이천과는 비교되지 않을 만큼 강하고 힘차다. 우선 산이 부드러우면서도 강하다. 주산과 좌청룡과 우백호가 튼실하며 안산도 안팎으로 잘 감아 주고 있다. 안정되고 당당한 모습을 보여 주고 있다. 전체적으로 당당하리만큼 좋은 산을 가지고 있었다.

한마디로 말하면 경기도의 부모 묘는 경기도의 전형적인 산처럼 작고 힘이 없어 보이지만 선영에서 보면 우백호가 활달하게 안아 주고 있고, 좌청룡은 의외로 작았다. 하지만 안산이 멀리 길고 꾸준하게 막아주는 형상을 하고 있었다. 권력은 향한 욕망은 안산의 일자문성에서 확인할 수 있었고, 좌청룡은 작아 큰 힘을 발휘하지 못했다. 반면 우백호는 경제적인 면을 보여 주는 산으로 강하고 주산 가까이 감아 주며 힘을 주었다. 경제적인 면이 명예나 권력적인 면보다 유달리 발달해 있었다. 이명박 대통령의 성격을 그대로 보여 주고 있었다. 그리고 실제로도 알려진 것보다 훨씬 큰 경제력의 소유자일 것으로 산은 말하고 있었다. 아울러 포항의 조부모와 증조부모의 묘는 몸체가 크면서도 부드럽고 강한 면을 보여 주고 있었다. 전체적으로 안정되면서도 힘을 발휘하는 산이었다. 포항의 선대 묘는 고르게 발달해 있어 부모 묘와 다른 면을 보여 주고 있었다. 하지만 경기도의 부모 묘와 포항의 선영이 상승작용을 해서 대통령이 되었다. 욕망이 상당히 강한 모습을 보여 준다. 특히 경제적인 욕심이 강한 산을 가지고 있다.

선대 대통령들의 묘를 전부 이야기하는 것은 지루할 것 같아 일부만 기술했다. 대통령의 선영들의 공통점은 청룡이 강하고 안산이 받쳐 주며 다른 공통점으로는 일자문성과 토체가 반드시 있었다. 청룡만으로 대통령이 된 경우는 없었다. 토체와 일자문성이 중요한 역할을 하고 있었다.

땅의 유혹

9장

대통령 풍수

대통령도 산에서 난다

　대통령은 하늘이 내리는 인물이라야 가능하다. 하지만 하늘이 낸 인물이라도 땅의 지기를 받아야 최고 권좌에 오를 수 있다. 30여 년을 산과 관계된 일을 하면서 터득한 바다. 대통령만이 가진 산이 있다. 공통적이다. 지금까지의 대통령을 보면 확연하게 드러난다. 여론과 권력의 판도가 괜히 움직이는 것이 아니다. 개인의 힘으로 좌우할 수 없는 산의 힘이 있다.

　대통령이 되고, 안 되고의 차이는 우선 풍수에서 말하는 산세로 파악할 수 있다. 지금까지 역대 대통령 중 선영에 일자문성이나 토체土體가 없으면서 권좌에까지 오른 인물은 없다. 일자문성은 산의 모양이 자로 재서 가위로 잘라낸 듯이 一자 모양으로 생긴 산을 말한다. 토체는 산의 모양이 기와지붕(⌂) 모양으로 생긴 것을 말한다. 다시 말하면 사다리꼴의 모양의 산을 말한다. 일자문성과 토체를 지닌 산은 상서로운 기운을 발하여 큰 인물이 나오게 한다.

　반면 선영이 없는 인물이 크게 성공한 경우도 없다. 가령 오세훈

전 시장의 경우는 선영을 화장했기 때문에 풍수로 볼 때 서울시장에 다시 나온다 해도 될 수가 없다. 그리고 김무성 의원의 경우는 이장한 산이 이전보다 못하기 때문에 정치 인생이 더욱 험난해질 것으로 보인다. 산은 명확하게 인생을 예고한다.

예를 들어, 한 후보를 옹립해서 다른 경쟁자들이 뜻을 모아 그 인물을 대통령으로 만들겠다고 하면 당연히 선정된 후보가 대통령이 되겠지만, 세상은 그렇게 순탄치 않다. 모두 대통령이라는 한자리를 차지하기 위한 야망을 가진 상황에서 양보란 있기 어렵다. 개인별로 힘의 경쟁이 시작되면 당연히 가장 강한 힘을 가진 산의 소유자가 대통령이 되게 마련이다. 지금까지 그래 왔고 이번에도 예외 없이 적용될 것이다. 산을 보고 인간사를 예측한다는 게 어렵기도 하지만, 지금까지의 경험으로 축적된 통계적 추정치와 산의 원리를 공부해 온 이론적 배경으로 간단히 언급해 보겠다.

대선 당시에 현現 문재인 대통령과 안철수 전 대표는 상당히 유사한 산을 가지고 있었는데, 두 사람 모두 사업가로서 성공하면서도 대중적인 인기를 누릴 수 있는 산의 형국이었다. 하지만 아쉽게도 대통령까지 될 인물이 아니었다. 둘 다 차라리 사업가의 길로 갔다면 경제적인 부와 명성을 얻을 수 있는 산의 소유자들이었다. 일자문성과 토체土體가 권좌와 성공에 필수 조건이라면, 이를 모두 지니고 있는 인물은 당시에 문재인, 안철수, 반기문, 박원순, 안희정, 손학규 후보 등이었다.

역대 대통령들 역시 하나같이 선영에 일자문성과 토체가 있었다. 반면 다른 점이라면 주산과 안산의 모양새가 지닌 차이일 것이다. 주산은 선영이 모셔져 있는 산을 말한다. 후보자의 정체성과 성격

그리고 추진력과 운명을 주관하는 산이다. 산에서 인물이 나온다는 말이 있듯이 산은 개인의 정체성과 성격 그리고 담대함 같은 특성도 좌우한다. 풍수에서 가장 중요한 것이 주산이다. 인물의 인품과 운명을 주도적으로 헤쳐 나가는 성격을 확인할 수 있는 산이기 때문이다.

바로 이 주산을 통해 보는 관점에서 당시에 이들 후보들은 상당히 달랐다. 문재인·안철수 후보는 주산이 약하고 청룡도 강하지 못했다. 반면 반기문 후보는 주산이 크고 힘차며 무난했다. 주산이 강하면 자기 정체성이 강하고 추진력이 강한 인물이다. 겉으로는 유약해 보이기도 하지만 마음먹은 일을 관철하려는 의욕이 강한 성격이다. 내유외강의 인물형이다.

박원순 후보의 주산은 더욱 약하고 짧았다. 산이 평지처럼 이어질 경우 평맥이라고 하는데 박원순 후보의 산은 평맥이며 주산도 아주 약했다. 자기주도적 성격이 약한 모습을 보여 주고 있었다.

손학규 후보의 문제는 한마디로 하면 산 넘어 산이다.

주산은 강하지도 약하지도 않은 보통의 산이었다. 하지만 요즘의 대세는 안산이다. 안산은 주산 앞에 마주 보는 산으로 대인관계를 주관한다. 대중적인 인기나 주변으로부터 도움을 받을 수 있는 운명을 읽어 내는 산이다. 앞서 반기문 후보의 경우는 앞에 있던 안산이 허물어지고 공장이 들어서는 바람에 아쉽게도 깨져 버렸다. 이것 때문인지 상당한 어려움에 직면했다. 안산이 깨질 경우 대중적인 인기가 떨어지며 구설수에 휘말리게 된다. 반기문 후보는 안산이 파괴되자 결국 대통령 후보를 사퇴했다. 청룡은 강했으나 안산에 공장이 들어서며 산이 깨진 안희정 후보도 2선으로 후퇴하고, 현재에는 구설수와 분쟁에까지 휘말려 있는 사례들을 보면 알 것이다.

손학규 후보 역시 안산이 문제였다. 안산 너머로 산이 겹쳐서 보였다. 산은 하나의 산으로 막아 주어야 좋다. 하지만 손학규 후보의 경우 산에서 산으로 들어가는 모습이다. 하나의 산으로 막아서서 주산을 보호해 주어야 하는데 아쉽게도 산이 더 멀어져 간다. 안산으로서 막아주는 역할이 미흡하다. 안산에 일자문성이 있어 좋은 영향을 주기도 하지만, 뒤로 빠져나가는 형상이라 강력한 힘을 발휘하지 못하는 안타까움이 있다.

이하로 지난 대선의 대통령 입후보자들 선영에 대한 설명을 개인별로 이어 가겠다.

◯ 문재인
─ 벗어난 좌청룡,
임기 끝을 각별히 관리해야

　문재인 대통령의 피상적인 이미지는 '유약함'이었고, 대선 과정에서도 카리스마가 없었다. 군사정권 시절이나 민주투사 출신 대통령들을 오랫동안 경험하면서 제왕적 카리스마를 가진 대통령에 익숙해진 탓인지 합리적이고, 치우치지 않으며, 부드러운 어조로 말하는 정치인을 낯설어하거나 문재인 대통령의 면면을 제대로 꿰뚫어 보지 않은 사람들의 평인 것 같다. 그러나 그는 결코 유약한 정치인이 아니다.

　문재인 대통령의 20대는 유신독재, 군부독재에 맞서 민주화를 쟁취하기 위한 삶이었다. 반평생을 인권변호사로 약자를 보호하며 살았다. 그럼에도 권력욕이 없었다. 노무현 전 대통령은 문재인 대통령을 가리켜 이렇게 말했다.

　"나보다 나이는 적지만 언제나 냉정하고 신중한 사람이고 권세나 명예로부터 초연한 사람이었다."

　1988년 김영삼은 부산의 잘나가는 인권변호사 문재인, 노무현, 김광일에게 국회의원 영입 제안을 했다. 그중 문재인 대통령은 유일하게 정치 입문을 거절하고 자신만의 길을 걸어갔다. 정치권으로부터 숱하게 러브콜을 받았지만 뜻을 꺾지 않았다. 그럼에도 꾸준히 그를 정치로 불러들였던 사람이 노무현 대통령이었다.

당선 이후 노무현 대통령은 다시 변호사로 돌아가겠다는 문재인 대통령에게, "나를 대통령으로 당선시켰으면 끝까지 책임지라."며 설득했다. 결국 노무현 대통령의 참여정부로 들어가 민정수석과 비서실장을 지냈다.

문재인 대통령은 결벽증이 있어 보일 만큼 자기검열이 심한 사람이다. 청와대 재직 시절 부정청탁을 받지 않기 위해 동창들을 멀리했고, 아내의 백화점 출입도 허용하지 않았다. 청와대 출입기자들과 단 한 차례의 식사나 환담 자리도 갖지 않은 것으로도 유명하다. 민정수석으로 내정된 이후에는 휴일도 없이 막중한 업무를 처리하느라 과로가 누적돼서 잇몸병이 생겼고 치아를 10개를 뽑아야 했다. 남들은 잔뜩 긴장하며 받는 치과 치료를 잠에 곯아떨어져서 받을 정도였다. 사표를 내고 잠시 휴식을 가지기도 했지만 노무현 대통령에겐 문재인이라는 인재가 필요했다.

참여정부가 막을 내리자 첩첩산중 시골마을로 내려갔다. 함께 낙향한 대통령과 참여정부 참모진들은 농사나 지으면서 소박하게 촌부가 되는 꿈에 부풀어 있었다. 그러나 2009년 5월 23일. 1년 만에 꿈은 산산조각이 났다. 노무현 대통령의 서거 전, 검찰의 짜맞추기식 수사에 분노한 문재인 대통령은 "검찰의 들러리로 죄 없는 실무자들을 괴롭히지 말고 차라리 나를 소환하라."며 울분을 토했다. 그리고 버틸 거라 믿었던 오랜 인생의 동반자가 눈앞에서 허무하게 쓰러져 갔다.

사람들은 상주로서 묵묵히 장례를 치르고 의연했던 문재인의 모습만 기억한다. 하지만 자신이 여러 가지 결정을 해야 했던 첫날을 제외하고는 장례기간 내내 눈물을 쏟아 내며 오열했다. 시도 때도 없이 눈물이 흘러 노제路祭 때는 시청 앞 무대가 보이지 않아 소리만 들을 정도였다고 한다. 노무현 대통령 서거 2년 뒤 문재인 대통령이 출간한 『운명』이라는 책의 마지막 페이지에서 이렇게 소회를 밝히고 있다.

"굴곡이 많고 평탄치 않은 삶이었다. 돌아보면 신의 섭리 혹은 운명 같은 것이 나를 지금 자리로 이끌어 왔다는 생각을 하게 된다. 그 한가운데에 노무현 변호사와의 만남이 있었다. 그는 나보다 더 어렵게 자랐고 대학도 갈 수 없었다. 어려운 사람을 대하는 마음이 나보다 훨씬 뜨거웠고, 돕는 것도 훨씬 치열했다. 그를 만나지 않았으면 적당히 안락하게, 그리고 적당히 도우면서 살았을지도 모른다. 그의 치열함이 나를 늘 각성시켰다. 그의 서거조차 그러했다. 나를 다시 그의 길로 끌어냈다. 노무현 대통령은 유서에서 '운명이다'라고 했다. 속으로 생각했다. 나야말로 운명이다. 당신은 이제 운명에서 해방됐지만, 나는 당신이 남긴 숙제에서 꼼짝하지 못하게 됐다."

문재인 대통령은 야권의 구원투수로 떠오르며 2012년 4.11 총선에서 국회의원에 당선되었고 그해 9월 민주통합당 대선 후보가 되었다. 짧은 정치 이력으로 번갯불에 콩 구워 먹듯 치러야 했던 선거였다. 48% 득표로 야권 역대 최다 득표율이었지만 뼈아픈 패배를 맛봤다. 밑바닥부터 다시 시작해야 했다. 총선에 실패하고 당이 위기에 봉착

하는 등 고배를 마시기도 했다. 문재인 대통령은 알려진 대로 원리원칙에 충실한 사람이었고 당을 투명하게 이끌어 가기 위해 일부 의원들의 옹졸한 공격에도 타협하지 않았다.

"기득권을 지키고 공천 지분권을 챙기기 위해 지도부를 흔들거나 당을 흔드는 사람들과 타협할 생각이 없습니다. 정치를 안 하면 안 했지. 당대표직을 온존溫存하기 위해 그런 부조리나 불합리와 타협하고 싶지 않습니다."

한일위안부합의, 국정교과서, 노동개악법 등 민의에 귀 기울이고 그 뜻을 거스르는 일에도 앞장서서 거리로 나갔다. "세월호 얘기 지겹다. 그만해라." 하며 다들 욕할 때 문재인 대통령은 외면하지 않았다. 지난 대선 문재인 대통령의 선언처럼 사람이 먼저였다. 김정숙 여사는 남편을 설득하러 갔다.

"건강이 걱정된다. 내가 단식할 테니 이제 그만두시라."

김정숙 여사는 남편의 뜻을 꺾지 못하자 같은 자리에서 열흘간 동조 단식에 들어가기도 했다.

지난 총선에서는 내홍을 겪는 당을 수습하고, 쇄신하고, 새로운 인물을 들여오면서 당의 체질까지 변화시켰다. 당 대표에서 물러나고도 이양한 당 지도부에 의해 부당한 이유로 공천을 못 받은 의원을 다독이고, 야권후보의 단일화를 이뤄 내고, 비례대표 파동으로 어수선한 당을 정리했다. 살인적인 일정으로 전국 유세를 다니며, 더불어민주당에 불리하게 흘러가는 여론 속에서도 끝까지 희망을 놓지 않았다. 결국 새누리당에 대한 국민적 심판과 더불어 원내 제1당이 되었고, 유력 대선 후보로서 입지를 굳힐 수 있었다.

간혹 문재인 대통령을 두고 노무현의 후광으로 정치한다는 사람들이 있는데, 그는 스스로의 가치를 증명한 사람이다. 문재인 대통령이 살아온 삶이 증거다. 그저 노무현 대통령의 친구라는 이유만으로는 그 자리까지 오르지 못했을 것이다.

"정치적 해법을 논의하는 것이 정치인들의 책무이다. 이마저도 무색해질 때 거리로 나설 명분을 얻게 된다."

문재인 대통령은 비교적 숨김없는 솔직한 성격인데, 어느 기자의 질문에 이렇게 답했다.

"저는 야권을 대표하는 대선 후보가 되어서 정권을 교체하려는 꿈을 가지고 있습니다."

후보 시절 문재인 대통령은 부쩍 세상을 바꾸고 싶다는 말을 자주 했다. 노무현 대통령이 남긴 숙제가 분명해진 탓이었을까?

"낡은 체제, 낡은 가치, 낡은 질서, 낡은 세력, 수십 년의 적폐, 반칙, 특권, 부패, 대개조, 대청소, 새시대."

이 나라를 대청소해야 한다고 말했다. 문재인, 강한 자에겐 강하고 약한 자에게 약한 따뜻한 품격을 갖춘 이 사람을 통해 새 시대의 희망을 보고 싶다. 부디 문재인 대통령이 후보 시절부터 야심차게 준비해 온 꿈들이 세상에 빛을 보기를 바란다. 기회는 평등하고, 과정은 공정하고 결과는 정의로운, 상식이 통하는 세상, 사람 사는 세상, 반칙과 특권을 뿌리 뽑아 새 시대로 나아가는 징검다리가 되어주길 바란다는 것이 문재인 대통령의 정책 기조이다.

이제부터는 풍수학적 측면에서 후보 시절의 문재인, 그리고 지금의 대통령 문재인을 이야기해 보겠다. 문재인 대통령의 선조 묘를 보고 풍수적 입장으로 접근해 내린 판단이다.

문재인 대통령의 산은 전체적 형국으로는 좋지만 무엇보다 두드러진 것은 사업가적인 측면이 강하다. 산을 살피다 보면 기업을 경영할 인물이 정치를 하고 있다는 생각까지 들기도 한다. 사업가 기질을 보여 주는 우백호가 유독 강하다. 우백호에 부봉富峯까지 있다. 부봉은 부자가 나오는 곳에 하나같이 있는 산이다. 부봉이란 가마솥을 엎어 놓았을 때 둥그런 솥바닥처럼 생긴 산을 말한다. 정치적인 면보다 경제적인 면의 성향이 강한 인물이 나오는 산에서 찾을 수 있는 게 부봉이다. 음택뿐만이 아니라 경남 양산에 있는 집터 역시 백호에 부봉이 있다. 그러니 산의 모양으로 판단할 때, 문재인 대통령은 실제로 알려진 것보다 경제적인 성공이 클 가능성이 많다. 워낙 사업적인 힘을 보여주는 우백호가 힘이 있고, 강하다. 다시 말하지만 부봉까지 있는 경우는 아주 드물다. 우리가 알고 있는 문재인은 인권변호사지만, 산의 모양으로 보았을 때는 의지만 있었다면 변호사로서의 경제적 성공을 더 누릴 수도 있었을 형국이다. 더구나 경제적인 면을 주관하는 우백호가 안산 역할까지 담당해 더욱 사업적 성공을 할 수 있는 산이다. 우리의 대통령에게는 국민에게 알려져 있는 민주화 운동 이력과 인권변호사의 인생 역정도 있지만, 산을 통해서는 숨겨져 있는 사업가적인 능력이 강하게 보인다는 점이 뜻밖이다.

　반면 정치인으로서는 다소 약한 선영이다. 멀리 떨어져 있는 주산에 정치적인 면에서 큰 성공을 할 수 있는 토체가 강하게 자리 잡고는 있다. 그 힘 덕분에 지금까지는 성공한 것으로 판단된다. 안산에도 작은 토체가 보인다. 그런데 권력과 명예를 관장하는 청룡은 강하지 못하고 끝자락이 살짝 벗어났다. 벗어났다는 것은 안으로 휘감아 주지 못하고 바깥쪽으로 산이 돌아섰다는 것을 말한다. 산이 배반했다고도 하는데, 이러한 형국은 최종에 목적하는 바를 이루지 못하는 경우가 생긴다. 좌청룡이 강하지 못하고 마지막 부분이 벗어나니 이는 결승지점에서 성공하지 못할 확률이 높다는 의미이다. 그리고 주산의 뒤와 안산이 출렁거리니 구설수나 어려움이 인생에 다가와 힘들게 하는 형국이다. 더구나 묏자리가 공원묘지로 평평하게 다듬어져 힘을 발휘하기가 어렵다. 깎은 산은 지기가 흩어져 힘이 없다.

여기까지만 산을 본다면 문재인 대통령이 경선에서 끝까지 승리하고 결국 대권까지 쟁취한 데에 의문이 든다. 다만 생각해 볼 수 있는 것은 문재인 대통령의 조부모 산이다. 북한에 있어 파악할 수 없으니 아쉽다. 지금 한국에 있는 선영 자체는 풍수로 볼 때 후손이 대통령까지 되기에는 약하다는 것을 분명히 말한다. 하지만 조부모 묘가 강한 산에 있다면 부모 묘의 힘과 합쳐서 가능할 수도 있었을 것이다.

아울러 부디 현재의 청와대 터에 머물지 말고 새로운 대통령 집무실을 구할 것을 당부한다. 현실적으로 청와대 이전이 어렵다면, 대통령만이라도 청와대 밖으로 나와 임시로 집무를 볼 것을 간절히 바라는 바이다.

안철수
─풍요로운 경제력에만 만족해야…

정치쇄신을 강조하며 대선 출마를 선언한 안철수 전 바른미래당 대표(이하 안 대표)는 1962년 2월 26일 부산에서 태어났다. 그는 『안철수의 생각』에서 "초등학교 시절 공부를 못했다."고 밝혔다. 부산고등학교 3학년 때 처음으로 반에서 1등, 이과에서 1등을 했다는 게 본인의 설명이다. "초등학교 때 글자를 깨친 후, 중학교 때까지 많은 책을 읽었다."며 "학교 도서관의 모든 책을 읽었다."고 밝히기도 했다.

안 전 대표는 1980년 서울대 의대에 진학했다. 예과 시절인 1981년부터 3년 동안 서울 구로동과 두메산골 무의촌에서 진료봉사 활동을 했다. '함께 살아가는 사회에서 각자 해야 하는 역할이 무엇인가?'라는 고민과 사회복지제도에 관한 생각을 하던 시기였다. 그때 지금의 아내인 김미경 서울대 의대 교수와 만났다. 안 대표는 1년 후배인 김미경 교수와 진료봉사를 하면서 가까워졌다.

1986년 같은 대학의 대학원에 진학했다. 안 전 대표는 이때 처음으로 컴퓨터 바이러스를 만났고, 1988년부터 컴퓨터 바이러스 백신을 만들기 시작했다. 1991년 2월 6일 군대 가는 날 아침, V3 최초 버전을 만들었다는 사실은 잘 알려진 이야기다. 이후 해군 군의관으로 복무 후 전역했다. 그 후 안 전 대표는 1990년 단국대 의과대학 학과장을 지내는 등 1995년까지 안정적인 의사생활을 했다. 그러다가 1995년 3월 안철수컴퓨터바이러스연구소를 설립하면서 의사에서 벤처사업가로 변신했고, 2005년까지 10년 동안 안철수연구소 대표이사직을 수행해 성공적인 벤처기업 운영으로 사회적인 명성을 얻었다. 2001년에는 대통령자문정책기획위원회 제5분과 교육정보위원직을 맡았고, 2005년에는 포스코 사외이사를 맡았다.

그 후 미국으로 건너가 펜실베이니아 대학교 와튼 스쿨에서 경영학을 공부했다. 석사 학위를 딴 후 국내로 들어와 2008년 5월 카이스트 석좌교수로 새 삶을 살았다. 또한 대통령 직속 미래기획위원회 위원직도 수행했다.

안 전 대표는 2009년 예능프로그램 〈무릎팍도사〉에 출연해 전 국민적 인지도를 얻었다. 각 정당으로부터 영입 제안을 받기도 했다. 본격적으로 정치에 발을 들인 것은 서울시장 보궐선거 때다. 그는 "나는 역사의식이 있는 사람이라 역사의 물결을 거스르면 안 된다는 확신을 갖고 있다."라며 출마 의사를 내비쳤다. 이후 50%대의 지지율을 얻은 안 전 대표는 5%대 지지율의 박원순 당시 희망제작소 상임이사에게 서울시장 선거 출마를 양보하며 큰 사회적 호응을 얻었다.

안 전 대표에 대한 기대와 새로운 정치를 원하는 시민들의 열망은 '안철수 신드롬'을 낳았다. 대선 출마를 고민하던 안 전 대표는 "제가 생각을 밝혔는데 기대와는 다르다고 생각하는 분들이 많아진다면 저는 자격이 없는 것이고, 제 생각에 동의하는 분들이 많아진다면 앞으로 나아갈 수밖에 없다."고 밝혔다. 세상과의 통로를 만들어 세상이 원하는 곳으로 나가겠다는 선언이었다. 대중들을 만나는 '경청투어'를 시작했고, 정치 쇄신을 강조하며 대선 출마 입장을 밝혔다. 대통령에 대한 꿈을 현실화하는 계기를 만들었다.

안 전 대표의 산을 보면 인생이 보인다. 풍수는 무당의 점사가 아니다. 누차 말하지만 신기神氣로 보는 것이 아니라 과학이다. 더욱이 수학처럼 공식에 대입하면 답이 나오는 것이 풍수원리다. 안 전 대표는 사업가로 성공한 사람인만큼 사업가적인 기질을 만드는 우백호가 깔끔하고 부드럽다. 때문에 사업적인 면에서는 어려움이 없고 사회적인 평가가 좋게 나올 수밖에 없다. 드물 정도로 우백호가 매끈하다. 그렇다고 엄청난 규모의 제조업체를 경영할 강한 산은 아니지만 사업만 하면 나름 어려움을 모르고 살 것이다.

반면 우백호가 매끈하기는 하나 가늘게 이어져 있어 인색하다는 말을 들을 수 있다. 우백호가 가는 경우 인색한 부자가 나온다. 경제적인 부를 이루었으나 베푸는 것에는 후하지 않은 형국이다.

또한 정치적인 면을 지향하고 있지만 경제적인 면보다는 많이 약해 아쉽다. 명예와 권력을 담당하는 좌청룡이 약하다. 정치적인 성공을 강하게 예고하지 못하고 있다. 그리고 무엇보다 선영이 자리 잡고 있는 산인 주산이 약하다. 주산은 자신의 집념을 가지고 도전을 할 수 있는 힘이 직접적으로 나오는 곳으로 강한 추진력이나 의지를 보여 준다. 안 전 대표의 주산은 약하고 강한 힘을 발휘하지 못하는 형국이다. 추진하다 어려움이 있으면 쉽게 포기하고 마는 약점이 보인다. 지금도 그랬지만 앞으로도 강하게 도전하는 것보다는 망설이고 관망하는 것이 더 많은 산세다. 반면 경제적인 성공이 돋보이는 산이다. 삼성이나 LG처럼 제조업으로 성공하는 큰 사업가는 못 되어도 지금의 IT 프로그램처럼 소규모 사업 쪽으로만 집중한다면 문제가 없다. 아울러 안철수 대표는 이미 정치적 자산을 모두 소진했다. 정치판에 나오면 나올수록 추락된 이미지가 회복되기보다는 점점 더 악화될 것이다.

○반기문
─안산이 깨져 어려움에 처했다

　반기문 전前 UN 사무총장(이하 반 전 총장으로 생략)은 그의 일대기를 담은 『바보처럼 공부하고 천재처럼 꿈꿔라』라는 책 제목처럼 한길을 가면서 우직하게 꿈을 이룬 사람이다. 반 전 총장이 걸어온 길, 걸어갈 길을 큰 틀에서 정리한 내용을 소개한다.

　참 많이 걸었고, 참 많이 만났다. 10년 동안 34,564회, 하루 최다 31개 일정 소화, 국가원수, 학계, 재계 공식 면담과 회의 17,066회, 480만 킬로미터, 지구 120바퀴를 돌 수 있는 거리다. 10년 중 3년 반을 해외출장 다녔다. 북극 3회, 남극 1회로 구석구석 오지들과 크고 작은 나라들을 찾으며 심각해진 기후변화에 대한 전 지구적 해결을 이끌었다. 거의 모든 난민수용소를 방문하며 전쟁과 기아의 참혹함을 국제사회에 호소했다.

　반 전 총장의 UN 10년, 부지런한 그의 발길이 닿지 않은 곳은 없었다. 쉬지 않고 달려온 반 전 총장이 가지 못한 단 한 곳은 꿈에도 잊지 않은 고국의 북녘, 바로 북한뿐이다. 김정은의 북핵 위협, 시진

핑의 동북공정, 사드 갈등, 트럼프의 미국우선주의, 아베의 일본 군사대국화, 반 전 총장의 발 앞에 놓인 길은 두렵고 험했다. 그러나 언제나 그래왔듯 반 전 총장은 걷고 또 걸었다. 미국·러시아·중국·일본 등 열강의 틈바구니를 헤치고 민족화합과 통일한국을 이루고자 하는 꿈을 향한 걸음을 보여 주었다. 여기까지만 해도 반 전 총장의 프로필은 대통령 후보로서 넘치고도 화려하다. 사실 국제대통령이라고 할 수 있는 유엔사무총장이라면 한국의 대통령보다 오히려 영향력이 크고 명예도 더 높을 수 있다. 그런 반 전 총장이 험한 국내 정치의 세계로 들어오려 했고, 좌절했다. 그 이유와 맥락을 풍수로써 풀어보자.

반 전 총장의 산을 살펴보면, 유엔사무총장이 될 때만 해도 주변 산이 온전했지만 지금은 달라졌다. 대중의 인기를 말해 주는 안산이 사라져 버렸다. 풍수에서는 안산이 대중의 인기와 도와주는 주변 사람을 관장한다고 했다. 반 전 총장이 유엔사무총장이 되었을 때는 안산이 좋았다. 풍수에서는 타원형의 산을 영상사라고 하는데 안산에 영상사가 곱게 있었다. 주변에서 도와주는 사람이 많고, 그것도 선의적인 입장에서 도와주는 사람이 있다는 것을 말한다. 하지만 지금은 안산에서 영상사 부분을 파서 없앴다. 산을 깨고 바로 그곳에 바로 공장을 앉혔다. 안타까운 일이다. 반 전 총장은 앞으로 대중의 호응과 주변의 도움이라는 면에 있어서 유엔사무총장 시절과는 확연하게 다른 처지에 직면할 것이다.

반 전 총장의 선대 산은 주산이 확연하게 강하고 몸체도 크다. 힘도 강하다. 겉으로는 유약해 보이지만 개인적인 성향은 아주 강하고 추진력이 강한 사람의 산이다. 주산이 넓으면서도 강하다. 주산과 안산에 토체가 뚜렷하게 있어 어려서부터 큰 꿈을 꾸며 성장하는 형국이다.

반 전 총장은 경제적인 면도 좋고, 권력에 대한 욕망도 강한 모습을 보여준다. 경제적인 면을 보여주는 우백호가 정치적인 면을 보여주는 좌청룡보다 우세하다. 경제적인 어려움이 없이 살아왔을 운세다. 좌청룡과 우백호가 같이 발달한 경우는 흔하지 않은데, 반 전 총장의 경우 두 산이 모두 발달해 있어 큰 어려움이 없는 인생을 살아왔을 것이다. 공직에 있으면서도 가난하지 않은 삶을 보여준다.

그러나 세상에 다 좋은 풍수를 가지고 있는 경우는 없다고 보아야한다. 결함은 어디에선가 보인다. 묘와 생가 앞에 있던 안산의 일자문성과 영상사가 공장이 들어서면서 깨졌다. 크게 아쉬운 점이다. 여러 가지로 불리한 상황에 놓이게 되며 어려움을 당할 풍수다. 결국은 대통령 선거를 제대로 치러 보지도 못하고 후보에서 사퇴했다. 산이 깨지면 어려움을 당한다는 것을 보여주는 전형적인 사례이다.

박원순
– 주변의 도움을 얻어 대권 도전!

　서울시장으로 국정을 수행하는 행정가이기 이전에, 여러 시민단체를 통해 시민운동의 중심에 서 왔던 소셜 디자이너Social Designer이며, 소문난 다독가로서 독서를 장려하는 일에 앞장서 온 박원순 시장이하 직함 생략이 직접 읽고 추천한 책들을 살펴보면 그가 그리는 미래를 내다볼 수 있다.

　'박원순의 서재'를 통해 인권변호사, 참여연대, 아름다운 가게, 희망제작소 등으로 이어지는 시민운동가로서의 길을 걸어온 그의 발자취를 확인할 수 있다. 박원순 시장은 고비의 순간마다 용기와 아이디어를 책 속에서 찾았다. 따라서 앞으로의 행보 역시 책을 통해 예측할 수 있다고 믿었다. 또한 사람만이 희망이라고 박원순 시장은 강하게 외친다. 사회운동가로서 사회설계사를 자처하는 박원순 시장의 인생을 되짚어 보면 넓은 의미에서 '사회를 위한 사회적 운동'이었다. 자신의 안위보다 사회의 이익을 중요시했으며 사회 속에서 고립된 개인을 위로하는 일에도 앞장서 왔다. 박원순 시장이 최고로 치는 경영 덕목이 소통이라는 것도 맥락을 같이한다. 또한 박원순 시장은 일의 성공 여부보다 의도가 중요하다고 믿는 사람처럼 보인다. 지금 이 순간, 자신이 하는 일이 옳다면 그것이 곧 모두를 위한 길이라고 믿는다.

또한 보안법 철폐운동 시위주도, 광우병촛불시위 주도, 북한에 의한 천안함 폭침설 반대 서한 UN 발송을 주도하기도 했다. 정치적인 사건이나 사회적인 문제에 적극 개입하고 참여해 왔다. 박원순 시장은 사회와 국민이 함께하는 일에 주도적이었다. 근거리에서 바라보는 정치가 아니라 사회운동의 중심에서 활동해 왔다.

지방 등기소장에서 인권변호사, 정치개혁을 주도한 시민단체 간부, '나눔 전도사'를 거쳐 사회 설계사로의 변신을 거듭하여 지금은 서울시장으로 있다. 끝없는 변신은 사회개혁을 위해 끊임없이 새로운 시민운동 영역을 발굴해 내는 개척자의 길이었다.

그의 첫 번째 전환기는 대학 신입생 때 찾아왔다. 경남 창녕 출신으로 서울에 유학, 경기고를 졸업했다. 그리고 서울대 법대에 입학했다. 같은 해에 '인민혁명당 재건위' 사건 관련자 사형집행에 항거하며 농대생 김상진 씨가 할복자살하는 사건이 벌어졌다. 서울대에서 김상진 열사 추도식 집회가 열렸고, 단순 참가자였던 박원순 시장도 긴급조치 9호 위반으로 투옥돼 서울대에서 제적당했다. 하지만 4개월간의 투옥 생활을 하는 동안 정치학과 69학번 이호웅 등을 만나면서 오히려 적극적인 운동권으로 바뀌었다.

다시 단국대 사학과에 입학해 법원사무관시험에 합격, 정선 등기소장으로 부임했다. 이어 80년 사법시험에 합격, 82년 대구지검에

발령받지만 1년 만에 옷을 벗고 인권변호사가 됐다. 박종철 고문치사 사건, 부천경찰서 성고문 사건 등 이후 한국사회 민주화에 영향을 끼친 중대 사건을 많이 다뤘다. 86년에는 이호웅 의원, 남로당 당수였던 박헌영의 아들 원경 스님 등과 함께 현대사를 연구하는 역사문제 연구소를 만들기도 했다. 그러나 87년 국민적 차원의 민주화운동으로 6·29선언을 이끌어 냈음에도 세상이 곧바로 변하지 않는 것을 목격했다. 영국과 미국에서 유학생활을 하게 됐고, "점진적이지만 끝없는 노력만이 민주주의를 이뤄낸다."라는 교훈을 얻고 귀국길에 올랐다. 귀국 후 시민운동에 뛰어들었다.

참여연대 사무처장을 맡으면서 박원순 시장은 시민운동계의 대표주자로 떠올랐다. 15대 국회 때는 78개의 법안을 청원해 절반가량이 발의되는 성과를 냈다. 감사원 부정방지대책위원, '여성의 전화' 이사, 한국외대 감사, 인권재단 이사 등을 역임했고, 2000년에는 총선시민연대 상임공동집행위원장을 맡아 낙선 운동을 이끌며 시민운동을 한 단계 도약시켜 '비즈니스위크'의 '아시아의 스타 50인'에 선정되기도 했다.

제도개혁에 앞장서던 박원순 시장은 나눔의 중요성을 설파하는 의식개혁론자로 변신했다. 외국에서 보았던 기부문화를 국내에도 소개하고 싶었다. 그로 인해 아름다운 재단이 탄생했다. 누구나 쉽게 참가할 수 있는 기부 방법을 고민하다 보니 '1% 나눔' 운동이 탄생했고, 쓰던 물건을 기증받아 판매하는 '아름다운 가게'가 생겨났다. 시민들의 반짝이는 생각을 모아 정리하고 실제 지방행정에 적용할 수 있는 정책으로 만들어 내는 '희망제작소'를 만들었다. 사회구조 설계의 전문가들을 양성하겠다는 구상이다. 그리고 돌연 서울시장이 되었다.

박원순 시장의 인생에는 굴곡보다는 순탄하고 안정된 길이 준비되어 있다. 자신의 노력보다 훨씬 많은 것을 얻게 되는 산을 가지고 있다. 아울러 주변의 도움으로 더 많은 것을 얻게 될 것이다. 뜻밖이라는 말이 어울릴 듯하다. 돌연 서울시장이 되더니 대통령 후보까지 바라보는 박원순 시장은 타고난 정치인이라고 할 수 있다.

풍수로서도 여러 가지로 좋다. 우선 정치적인 야망을 펼칠 수 있는 힘은 강한 좌청룡에서 나온다. 좌청룡은 명예와 권력에 대한 지향을 예측할 수 있는 산이다. 좌청룡이 크게 강하다. 작은 산임에도 강하고 두텁게 안으로 감아 주는 힘이 강력하다. 그것도 몇 번씩이나 거듭 감아 주고 있다. 예사롭지 않은 강한 힘을 발휘하는 산이다. 무엇보다 대통령이 된 사람에게서 하나같이 발견되는 토체와 일자문성이 여러 곳에 그것도 크게 자리 잡고 있다. 정말 좋은 산을 가지고 있다. 외모에서 보면 약하고 옆집 아저씨 같은 평범함이 보이지만 귀족의 산을 가지고 있다.

아쉬운 점은 주산이 평맥으로 내려오는 탓에 본인의 추진력이나 도전력은 부족하다. 겉으로 강하게 보이지만 안으로는 추진력이 약하고 망설이는 편이다. 반기문 전 총장이 부드러우며 강한 면을 가지고 있다면, 박원순 시장은 그와 반대다. 그의 선영 산세는 겉으로는 강한 발언을 쏟아 내지만 안으로는 조심스러워하는 모습을 보여 주는 것이 박원순 시장의 성격을 대변한다. 특히 주산이 약하다는 것은 주체적인 추진력이 약하다는 것을 말한다. 좋게 표현하면 자신의 주장보다 남의 주장을 경청하는 것으로 받아들일 수 있다. 밀어

붙이는 면이 강하지 않지만 도와주는 사람이 많고 영향력도 강한 것을 확인할 수 있다. 그리고 우백호가 벗어나서 경제적인 면이 약하다. 아마도 경제적으로는 여타 대권 후보자들과 다른 세계를 걸어왔을 것이다. 그러나 전체적으로는 지난 대권 도전자 중 가장 강력한 산을 가지고 있었다. 산으로 본다면 비록 지난 대권 도전에서는 물러났으나 다음이라도 도전할 것이다. 본인의 의사보다 주위에서 나가도록 밀어주는 힘이 강한 산을 가지고 있다.

이재명
– 끊임없는 구설수로 어려운 산!

　여러 사람의 말은 쇠도 녹인다 했다. 이재명 현 경기도지사이하 이 지사로 생략의 산에는 주변과의 치열한 다툼, 그리고 변화가 있다. 항상 구설수를 안고 다니는 산이며, 개인적인 능력으로 학문을 이루는 산이다. 시험을 보거나 경쟁을 통해서 이루어 내는 일에 뛰어난 능력을 가지고 있다. 그러나 모두를 품어 안고 가야 할 정치적 권력의 정점에는 오르지 못할 산이다. 너무도 시끄러울 산이다.

　먼저 이 지사의 입장에서 표현한 인생을 들어 본다.

　이 지사는 인권변호사 출신의 더불어민주당 소속 제5·6기 경기도 성남시장이다. 경상북도 안동에서 태어나 초등학교 졸업 후 집안 형편이 어려워서 중·고등학교는 다니지 못했다. 경기도 성남시로 이주하여 1981년까지 5년 동안 상대원공단에서 노동자로 일했다. 산업재해로 장애인 6급 판정을 받아서 병역이 면제되었다. 그리고 검정고시를 준비해 고입검정고시와 대입검정고시에 합격하여 중앙대학교 법학과에 입학하고 대학졸업과 동시에 사법시험에 합격해 시국·노동사건을 변호하는 인권변호사가 되었다.

이 지사가 만들고 싶은 나라는 바로 아무도 억울한 사람이 없는 공정한 나라다. 그가 한 말을 보면 정치적 지향점을 알 수 있다.

"내가 노무현 대통령을 보면서 타산지석으로 배운 게 있다. 노무현 대통령은 너무나 착해서 상대방도 나처럼 인간이겠거니 하며 믿고 말았다. 하지만 저것들은 인간이 아니다."

이 지사는 족벌·재벌체제 해체에 자신의 정치생명을 걸겠다 했다. 노무현 대통령이 지역주의와의 투쟁에 목숨을 걸었듯, 공정국가를 위한 재벌체제 해체에 자신의 목숨을 걸겠다고 선언했다. 이 지사는 정치에서 검찰 개혁, 경제는 재벌 개혁, 복지는 기본 소득, 평화는 국방개혁으로 내세우고 있다. 성남시장 시절 '청년배당, 무상 산후조리, 무상 교복지원'의 3대 무상복지 사업을 진행했다. 2016년 113억 원의 예산을 확보해 성남시에 3년 이상 거주한 만 24세의 청년 약 11,300여 명에게 분기별로 50만 원씩을 지급했다. 그 밖에 중학교 신입생 약 8,900명에게 교복비를 지급했고, 성남시 신생아 약 9천여 명을 대상으로 무상 산후조리 지원사업도 실시했다. 보통 이 지사를 언론에선 한국판 트럼프 또는 '노무현 반 트럼프 반'이라고 말하는 경우가 있다.

이 지사는 법은 공정해야 하고 재벌총수들도 불법을 저지르면 처벌받아야 하고, 국가는 국민에게 위임받은 권력을 소수 기득권자가 아니라, 다수 국민의 행복을 위해 행사해야 한다고 강조한다. 대선 후보 출마선언문을 보면 그의 지향점을 확인할 수 있다.

지방자치단체의 장으로서 지금까지 약 6년 정도 지방자치단체를 잘 이끌면서 행정능력을 입증했다. 빠른 판단력과 소셜네트워크를 통한 국민들과의 활발한 소통 능력이 큰 장점이다. 야권 대선주자들 중 '최순실 국정농단 사태'의 첫 번째 촛불집회부터 참석한 유일한 후보이며 세월호, 메르스, 국정농단과 같은 다양한 문제들에 대한 자신의 생각을 솔직하게 말하면서 속 시원하게 시민들의 마음을 대변한다는 뜻의 '사이다'라는 별명을 얻었다. 어려운 정치적 내용들을 대중이 이해하기 쉽게 '대중의 언어'로 풀어내는 능력이 뛰어나며 웅변력도 뛰어나 자신의 생각을 논리적으로 말할 수 있다. 그래서 연설과 토론에 가장 특화된 후보 중 한명이다. 특히 이 지사는 성남시장으로서 각종 장안의 화제가 되는 복지정책들을 내놓고 96%의 공약 이행률로 자신만의 정치적 입지를 확보하는 데 성공했다.

그러면서 그는 '역사상 가장 청렴·강직한 대통령'이 될 것이라고 선언했다. 공정한 사회를 만드는 것이 필생의 꿈이고 강자든 약자든 법 앞에 평등한 나라를 만들겠다. 또한 과거청산을 하겠다고 선언했다. 친일매국세력으로서 쿠데타, 광주학살, 6·29선언으로 얼굴만 바꿔 계속 나라를 지배해 온 친일·부패·독재를 반드시 청산해 내겠다 했다. 또한 재벌 기득권과 아무 연고도 이해관계도 없는 자신이야말로 재벌체제 해체로 공정경제를 만들 유일한 사람이라 했다. 문제가 생기면 거대한 기득권 삼성 재벌과도 싸워 이길 수 있다고 단언한다. 공약 이행률은 96%로 대한민국 최초이자 전국 최고 이행률로 때와 장소와 필요에 따라서 말을 바꾼 적이 없는 후보라고 출마의 변을 선언했다.

공약과 논리는 굉장히 간단명료했지만, 이 지사는 복잡한 인생을 살게 되는 산을 가지고 있다. 앞으로도 깔끔하게 정리되거나 마무리

되지 않고 복잡하게 일이 얽힐 것이다. 변화와 곡절이 많고 구설수가 끊이지 않는 산이다. 무엇 하나 순탄한 게 없다. 하나가 해결되자마자 또 일이 터질 것이다.

반면 시험을 치거나 머리를 써서 하는 일을 하면 성공할 수 있는 산의 소유자다. 풍수에서는 삼각형 모양의 산을 문필봉이라고 해서 학자가 나온다고 한다. 안산에 문필봉이 여러 개 있다. 그것도 크게 자리 잡고 있다. 공부를 해서 성공할 산이다. 본인은 변호사가, 셋째 형은 회계사가 된 것이 문필봉의 영향을 그대로 보여 준다. 머리가 좋고 순발력이 있어서 공부로 승부하는 일을 하면 성공할 수 있다.

그러나 이 지사의 선영은 전체적으로 불안정한 산세를 가지고 있다. 주변이 안정적이지 않고 기복이 심하다. 산은 하나의 산으로 막아 주어야 하며, 큰 산이 둘러막아 뒷산이 보이지 않아야 한다. 뒷산이 보이면 구설수와 굴곡이 심한 인생을 살게 된다. 이 지사의 선영은 모든 방향에서 뒷산이 보인다. 구설수와 어려움에 그대로 다 노출된 산이다. 하나를 해결하면 또 하나의 어려움이 준비되어 있는 산이다. 결단코 대권과는 거리가 먼 산이다. 주산에 토체가 자리하고 있지만 뒷산이 너무 훤하게 보여 힘이 상쇄되었다. 잘 되는 듯하다가 불현듯 엉뚱한 일이 생겨 어려움을 당하는 모양의 산이다. 대인관계를 말해주는 안산도 마찬가지다. 안정적으로 받쳐 주지도 못하고 더 깊은 산으로 멀어져 가는 산을 보여준다. 반짝 힘을 발휘할 수는 있지만 지속적이지 않다. 현재의 상태로 볼 때 앞으로 대권을 거머쥘 수 있는 산과는 한참 거리가 멀었다.

C안희정
—안산이 깨져 스캔들에 휘말릴 산

안희정 전 충남도지사이하 안 전 지사로 생략가 처음 스스로를 정치인이라고 칭한 것은 1994년 노무현과 일하면서부터다. 특별한 것은 박정희 대통령을 존경한 아버지가 이름을 박정희 대통령과 똑같은 두 글자로 '희정'으로 짓고 육사 진학을 권했다는 점이다. 하지만 인생은 순탄하지 않았다. 중3 때 박정희 대통령의 죽음으로 환상에서 깨어났다. 어려서부터 전위적인 면이 있었다. 고1 때 혁명가를 꿈꾸다 제적당했다. 검정고시를 거쳐 운동권이 되려고 고려대학교에 입학했다. 전투는 시작되었다. 전대협의 중심인물이 되었다. 건국대 사태와 1988년 반미청년회 사건으로 두 차례 수감되었다. 고려대학교에서 제적당했다. 안기부 지하실에서 수사관들에게 고문 받으며 자신이 허물어져 내리는 것을 경험했다.

1989년 김덕룡 의원 보좌관으로 정계에 입문했지만 3당 합당에 실망해 정계를 떠나 출판사 영업부장으로 변신했다. 하지만 본인에게 어울리는 일이 아니라는 생각을 떨치지 못했다. 꼬마민주당 당직자 월급보다 다섯 배나 되는 액수를 집에 부치고 전화를 하니 아내는 전화통을 붙들고 울기만 했다. 희망을 걸 수 없는 정치판에 다시는 돌아가지 않겠다고 맹세하며 아내에게로 갔다. 그리고 정치고 뭐고 다 잊고 돈이나 벌어 보자고 나섰다. 선배가 시작한 출판사의 영업부장이 된 것이다.

명색이 출판사 영업부장이라는 사람이 서점 직원의 눈도 못 마주친 것은 물론이고 어느 출판사에서 왔다고 통상적인 인사를 나누는 데에만 무려 석 달이 걸렸다. 일주일 동안 전국 수금 일주를 할 때면 밤마다 낯선 도시의 허름한 여관방에 누웠다. 여관방에 누워 담배 한 대를 물고 있으면 만감이 교차했다. 출판사 영업부장의 월수입은 꼬마민주당 당직자 월급보다 다섯 배는 많았다. 물질적으로 풍족해졌지만 마음은 점점 강퍅해지고 있었다. 신영복 선생의 발언이 안 전 지사를 깨웠다.

"가치관이 확립되지 않으면 감기도 걸리고 얼굴빛이 벌써 다르다."

딱 자신의 꼴이 그렇다 싶었다. 지방출장에 다녀오면 꼭 몸살로 앓아 누웠다. 사회주의권이 붕괴되고 진보의 가치가 함몰되는 것을 바라만 보고 있는 스스로의 모습이 참담했다. 1994년 당시 노무현 의원의 제안으로 정계에 복귀했다. 그래서 안 전 지사는 김대중·노무현 대통령의 뒤를 잇는 장자라고 외친다.

그러면 안 전 지사는 어떤 산을 가지고 있을까. 그의 인생을 담당하는 주산은 그리 좋지 않다. 평범하고 작으며 아담하다. 가정적으로도 문제가 있는 산이다. 안 전 지사의 조부모 묘를 보면 그의 조부모와 부모의 가계가 간단치 않은 것을 확인할 수 있었다. 그러나 청룡은 좋았다. 청룡이 강하고 몇 겹으로 선영을 감싸고 있으며 외청룡은 선영을 거의 한 바퀴 감아 돌고 있다. 청룡이 반 바퀴 이상을 감고 돌면 군왕이 나온다고 풍수에서는 이야기한다. 거의 3/4정도를 감고 선영을 품어 안은 듯한 산의 힘은 강하다. 선영이 있는 청주시 현도면 우록리 전체는 사발모양으로 좋은 마을이었지만 아쉽게도 남향을 고집한 집들로 인해 좋은 터를 살리지 못한 아쉬움이 있었다. 하지만 안 전 지사의 조부모 묘는 잘 감아 안은 한가운데에 자리 잡고 있었다. 청룡이 선영을 한 바퀴 감고 도는 경우는 극히 드물다. 크고 힘이 있으며 잘 감싸 주고 있어 더없이 좋은 자리를 가지고 있었다.

다만 안타까운 점이 있었다. 안산이 깨져서 상당히 어려운 고비를 맞게 될 것으로 보였다. 안산을 깨부수고 공장이 들어서 있었다. 안산은 대인관계로 대중의 여론이 긍정적으로 작용하게 하는 힘이 강한 산인데 깨졌다는 것은 반대로 여론에 의하여 곤경에 빠질 수도 있는 점이다. 반기문 전 총장 선영도 안산에 일자문성과 영상사가 있어 좋은 산이었으나 안 전 지사와 비슷하게 공장이 들어서면서 안산을 허물어 버렸다. 결국 사퇴했다.

안 전 지사의 선산에 안산이 깨졌다는 것은 구설수에 시달릴 수 있고 잘못하면 망신을 당할 수 있다는 것을 보여 준다. 조심해야 할 부분이다. 그리고 잘 감아 준 청룡에 비해 백호가 부실하다. 청룡은 대권을 잡는 데 핵심적인 역할을 하지만, 백호는 경제적인 면을 보여 준다. 대권에 직접적인 영향력은 보여 주지 못하지만 백호가 약하다는 것은 경제적으로 넉넉하지 못하다는 것이다. 문재인 대통령과 안철수 전 대표의 탄탄한 백호와는 대조되는 면이다. 하지만 분명한 것은 두 사람의 청룡보다 우위에 있었다는 점이다. 대권에 가까이 가는 데에는 안 전 지사의 산이 유리했다. 또한 외청룡은 크고 힘차면서도 선영을 감싸주는 모습으로 좋았으며 일자문성이 기울어진 모습으로 자리 잡고 있다. 일자문성은 더 좋은 영향을 주는 산인데 기울어져 있다는 점이 마음이 걸렸다. 전체적인 평으로는 돈과의 인연은 없고, 정치인으로서는 뛰어난 산을 가지고 있었다. 하지만 안산이 크게 깨져 대중과 소통하는 여론정치 시대인 현재에 있어서는 큰 약점이었다. 때문에 문재인 대통령이나 안철수 전 대표보다 강한 산을 가졌음에도 공장이 들어서면서 깨진 안산으로 인해 패배를 맛보았다. 안산이 깨진 반기문 총장과 마찬가지로 안 전 지사 역시 앞으로 대중적인 인기를 회복해 정치적으로 재기하기는 쉽지 않아 보인다.

홍준표
— 덕을 쌓으면 대권이 보일 산

홍준표 전 새누리당 대표이하 홍 전 대표로 생략는 대선 후보로 그다지 주목을 받지 못했던 인물이다. 갑자기 나타났다. 대통령 후보로서의 상황을 말하는 것이다. 당시 여권의 대통령 후보로 별로 거론되지 않았다가 갑자기 선출되었다. 홍 전 대표는 '모래시계' 검사로도 알려져 있다. 검사 시절 당시 대통령의 황태자라고 했던 인물을 수사하면서 얻은 별명이다. 강하고 원칙적인 면을 보여 주어 국민들로부터 호응을 얻었다. 하지만 세월이 많이 지나 잊혀 가고 있었다. 지난 대선에서 예상치 못하게 떠오른 인물로 대표적이다. 홍 전 대표는 "대한민국의 젊은이나 서민이 돈이 없어 불행한 게 아니다."라면서 "꿈이 없기에 불행해졌다. 그들이 꿈을 꿀 수 있는 그런 세상을 만드는 대통령이 되겠다."고 선언했었다. 그러나 갑자기 대선 후보로 선출되어 선거기간도 짧았고, 홍보할 시간도 없는 상황에서 당의 내분과 이탈 그리고 대통령의 구속 등 어수선한 상황으로 준비가 안 된 선거를 치렀다. 그리고 결국 패배했다. 현재는 미국에 체류하며 페이스북 정치를 계속하는 등 권토중래捲土重來를 모색하고 있는 것으로 보인다.

원래 홍 전 대표는 김영삼 전 대통령의 권유로 정계에 입문해 1996년 신한국당 소속으로 15대 총선에 당선됐다. 이후 18대까지 4선을 한 중견 정치인이다. 지난 2015년 4월 자원개발 비리 혐의로 검찰 수사를 받게 된 성완종 전 경남기업 회장이 남긴 이른바 '성완종 리스트'에 이름이 오르면서 위기가 찾아왔다. 그러나 2심에서 무죄를 선고 받은 홍 전 대표는 대란대치大亂大治의 지혜로 돌파해야 한다면서 대권 도전을 선언했다. 큰 어려움은 큰 정치로 돌파한다는 선언이다. 두둑한 배짱과 도전의식을 보여 주는 대목이다. 위기를 기회로 삼겠다는 큰 정치를 선언했다. 그리고 후보로 선출되어 한 계단 올라섰다.

하지만 문제가 너무 많았다. 대통령 후보로 거론된 적이 드물고, 기성세대 정치인의 모습으로 인식되어 있었다. 나이에 비해 젊은 느낌보다는 안타깝게 꼰대 같은 느낌을 주는 점이다. 청바지를 입고 말투를 바꾸어 젊은 배우처럼 될 수도 없는 일이다. 그렇다면 오히려 바꿀 수 없는 꼰대의 이미지를 그대로 밀어붙이면 강점이 될 수도 있을 것이다. 강하고, 뚝심 있고 추진력 있는 모습을 보여 주면서 대중이 예상하지 못한 시원한 탄산음료의 맛을 보여 주는 강한 직관을 동반한 발언과 핵심을 짚는 통찰력으로 접근한다면 신선한 느낌으로 성공할 수 있다. 사이다가 무색무취라면 콜라의 갈색에서 예상치 못한 톡 쏘는 맛도 일품일 수 있다. 반전 외모를 통해서도 대중이 매력을 느낄 수만 있다면 강한 리더십을 요구하는 이 시대에 성공할 수 있는 장점이 될 것이다.

　홍 전 대표는 경남 창녕 남지에서 태어났다. 지독하게 가난한 집에서 태어나, 창녕, 합천, 대구를 돌며 초등학교만 다섯 군데를 다녔다. 대권 출정식 때, "제가 일곱 살 때 집안이 망했습니다. 그래서 리어카를 끌고 이틀을 걸어서 대구로 갔습니다."라고 눈물을 글썽이며 발언한 홍 전 대표 후보는 가난과 싸웠고, 혼자의 힘으로 길을 개척했다. 하지만 어머니는 학교 한 번 못 다니고 한글도 못 깨친 까막눈이었다. 하지만 세종대왕, 이순신, 김구보다 위대한 인생의 멘토였다고 한다. 어느 누구보다도 어머니가 진정한 스승이었다는 말이다. 빌린 돈 못 갚아 머리채 잡히고, 셋방살이 쫓겨나 서럽게 울면서도 어린 자식들 배곯을까 공부 못 시킬까 마음 졸이며 평생 고생만 하다 돌아가신 어머니를 떠올린다. 동네 시장 지나다 봄나물 파시는 할머니를 만날 때면 서문 시장 좌판에서 쑥, 미나리, 나물 팔고 도시로 시골로 달비머리카락 장사, 양은그릇 장사하러 다니시던 어머니가 생각난다고 했다. 홍 전 대표 후보가 줄곧 서민 정책을 강조하는 배경이기도 하다.

　가난이 가난으로 끝나지 않고 가난 때문에 아버지가 누명을 쓴 일을 계기로, 홍 후보는 검사가 되기로 마음먹었다. 이른바 슬롯머신 사건 수사를 통해 노태우 정부 실세였던 박철언 의원을 구속 기소하는 과정에서 보인 소신 있는 행동은, 이후 드라마 〈모래시계〉를 통해 알려져 모래시계 검사로 명성을 날리게 되었다. 여야의 러브콜을 동시에 받았지만 고민 끝에 여당을 택한 홍 전 대표는 2004년 탄핵 역풍 속에 치러진 17대 총선에서 강북 여권 후보 가운데 유일하게 살아남으며 전국적인 정치인으로 부각되었다.

2012년 총선에서는 낙선했지만 몇 개월 뒤 경남도지사 보궐선거에 출마해 당선되면서 화려하게 복귀했다. 경남도지사 재임기간 동안 채무를 완전히 청산해 흑자 도정으로 변모시키고 3개의 국가산업단지를 유치했으며, 청렴도를 전국 1위로 만드는 성과를 올렸다. 소신과 강단의 정치인이라는 평가를 받았다.

그렇다면 그의 풍수는 어떨까? 그의 인생역정에서 예상할 수 있듯, 홍 전 대표의 선영은 자기 땅 가질 형편이 못 되는 서민들의 자리에 있었다. 공동묘지는 산이나 땅이 없는 가난한 사람들이 군유지 또는 국유지에 매장한 묘지군이다. 가난했던 상황을 공동묘지에서 확인할 수 있었다. 하지만 뜻밖의 행운이 찾아온 모양이다. 훌륭한 산에 묻혔기 때문이다. 산 하나에서 하나의 명당이 나오기 어렵고, 수십만 평에서도 명당 하나 찾기가 어려운데 공동묘지에 놀라운 길지가 숨어있었다. 명당 중의 명당이었다. 가난하고 어두웠던 어린 시절을 딛고 올라설 수 있었던 것은 산의 힘이었다.

우선 주산이 강하고 혈지에 자리 잡고 있다. 자기주도적인 인생을 살아가는 산을 가지고 있었다. 문재인 대통령과 안철수 전 대표의 주산이 약한 것과는 대비가 되는 산이었다. 주위에서 도와주는 힘보다 주체적인 돌파력을 보여 주는 산이다. 홍 전 대표의 선영은 한마디로 최고의 자리에 자리 잡고 있다. 다선의 국회 진출과 두 번의 도

지사를 내고도 남는 힘을 가지고 있다. 주위 산들이 우선 곱고 부드럽다. 강한 성격에 자기주장이 강한 성품과 달리 부드러운 산을 가지고 있다. 그러면서도 주산에서 강한 힘이 주산에서 나오니 정치적인 꿈이 강함을 보여 준다.

토체는 대통령과 독대할 수 있는 사람이나 대통령이 될 수 있는 강한 힘을 가진 산인데, 아주 큰 토체의 산을 지니고 있었다. 박정희 대통령의 토체만큼 크고 힘이 있다. 특히 선산 너머에서 토체가 있는 산을 보면 크고 당당하게 자리 잡고 있다. 또한 검·판사나 장군을 배출한다는 영상사가 찐빵을 엎어 놓은 듯 반원을 그리며 자리 잡고 있다. 아주 좋은 기운을 주는 산이다.

그러나 모두가 좋은 산은 없다. 전체적으로 안산이 약하다. 우백호와 더불어 안산 역할을 하는 산이 품어 안고 있기는 하지만 정면에 보이는 안산은 멀고 약하다. 정치인의 실체와 상관없이 만들어진 이미지가 크게 인기에 크게 작용하는 현대의 선거판에서는 대인관계를 보여 주는 안산이 대중적 인기에 결정적이라 중요하다. 그런데 홍 전 대표의 안산은 그리 좋은 편이 아니다. 이 때문인지 대인관계에 미흡하고 더러는 독선적으로까지 비춰지는 측면이 있다. 하지만 자기 주도적이고, 뚝심이 있는 인생을 살아가는 형세의 산이다. 스스로 개척해 가는 자수성가형의 산이다. 힘과 부드러움이 함께하는 산으로 좋은 자리에 있다. 남이 도와주는 힘도 있지만 삶을 이끌어가는 강한 힘을 가진 산으로 어느 누구보다도 힘차다. 용장勇將은 덕장德將을 못 이기는 법이다. 구심점 없이 표류하는 보수 세력을 결집해 품을 수 있는 큰 덕德을 쌓아야 포용해야 한다.

경남도지사직을 사퇴하면서 본격적으로 대선 후보에 나섰던 홍 전 대표는 앞서 말한 여러 여건들 탓에 사전여론조사 결과 지지율이 10% 남짓했다. 그러나 풍수상 커다란 힘을 가지고 있는데다가, 다른 후보들에 비해 상대적으로 정치 내공이 있어서인지, 막상 선거 개표 후 득표율을 보니 24%였다. 당이 거의 난파선처럼 표류하던 시기임을 감안한다면 24%의 득표율은 홍 전 대표 개인에게 그리 오점으로 남지 않을 성과라고 할 수 있다. 풍수의 기운이 비록 지난 19대 대선에 미치지 못했지만, 한번 각인시킨 대권주자로서의 이미지를 다음 대선에서 십분 활용한다면 국가의 명운을 좌우하는 최고지도자까지도 바라볼 수 있는 좋은 풍수로 평가된다.

C현 정국을 풍수로 진단한다

작년 한국 사회는 현직 대통령 탄핵이라는 사상 초유의 사건을 겪은 후 황교안 권한 대행 체제 아래에서 19대 대선을 치러 냈다. 한편으로는 한국의 근·현대사에서 황망하기 그지없는 정치적 사건일 수 있지만, 다행스러운 건 대통령이 부재하는 상황에서도 행정 시스템이 정상적으로 잘 유지되는 선진적인 국가의 모습을 보여 준 점이랄까? 그리고 이 와중에 문재인 대통령이 당선되었다.

언론에서는 작년 대선 선거운동 과정에서 이른바 "어대문어차피 대통령은 문재인"이라는 단어를 써가며 당선을 기정사실화했지만, 풍수적으로 보았을 때 대선 과정에서 문재인 대통령의 높은 인기나 실제 대선 후 당선 결과에는 다소 의외의 측면이 있었다. 우백호가 강하게 발달된 문재인 대통령의 선영은 정치보다는 뛰어난 사업가나 재벌의 산에 가까웠다. 좌청룡이 부족하여 최고 정치 지도자를 낳기에는 아쉬웠다. 산은 거짓을 말하지 않는다. 그렇다면 풍수가의 입장으로 볼 때는 우리가 알지 못하는 또 다른 산이 문재인 대통령에게 힘을 주었을 거라는 추측을 해 볼 수밖에 없다.

유일한 가능성은 북한 어딘가에 있을 문재인 대통령 조부모의 선영이었다. 선친의 선영에 다소 부족함이 있어도 조부모의 선영에서 강한 힘을 받는다면 대권을 잡는 것이 전혀 불가능하지는 않은 법이다. 개인적으로는 아마도 선친의 선영에 부족한 기운을 조부모의 협력으로 보완해 당선된 것이 아닌가 싶지만, 이마저 북한의 선영을 들여다볼 수 없으니 아쉬운 추측이나 할 따름이다. 언젠가는 남북통일이 되어 남한의 정치·경제인들이 북한에 모셔 두고 온 선영들까지 방문해 보기를 원한다.

한편 최근의 정치·외교에서 가장 큰 화두는 북핵과 김정은의 행보다. 한·미·중·일·러 등 각국 지도자들이 관심을 기울이고 있으나, 결국 액션을 취해야 할 당사자는 김정은이다. 올해 8월로 김정은이 집권한 지 7년 되었다. 풍수에서 금기시하는 사항 중 하나인 시신 보관을 대대로 하고 있는 북한의 행태를 보면 집권 후 7년이나 버틴 것도 기적이다. 보관된 시신의 나쁜 기운이 후손에게 영향을 미쳐 정신이 이상해지거나 파국에 치달아 비정상적 모습을 보일 수밖에 없다. 아니, 고모부를 죽이고 큰형을 죽인 패륜적 행태를 보면 이미 파국의 변곡점을 넘어섰는지도 모른다. 북한의 대중들 앞에 모습을 드러낼 때도 술에 취한 듯 보이거나, 종종 눈썹을 험하게 밀었다가 길렀다가 하는 종잡을 수 없는 행위를 보면 그 심리상태가 이미 극한의 스트레스에 짓눌려 분출할 곳 없이 터지기 일보 직전인 것이다. 30대의 젊은 나이지만 아마 건강도 좋지 않을 것이다. 이제 김정은은 궁지에 몰릴 대로 몰려 있다. 북한은 올해 안에 어떤 방식으로든 극적인 행보를 취해 사태 변화를 꾀하지 않으면 더 이상 버티지 못할 것이다. 한국을 지렛대로 삼은 적극적 개방만이 살 길이다.

국가로서의 북한 정권도 그렇지만 김정은 개인으로서도 마찬가지이다. 돌파구가 필요하다. 글자 '화합할 화和'는 '벼 화禾'와 '입 구口'로 만들어진다. 화합과 평화는 국민을 먹여 살리는 데에서 나오는데, 핵무기를 끌어안고 있다고 밥이 생길 리 없다. 북한 인민들의 불평이 터져 나오면 김정은도 위태롭다. 외교적 고립의 와중에 누군가가 구원의 손길을 뻗어 주기를 간절히 기다렸을 것이다.

그 실례가 바로 남북회담이었다. 남북의 지도자가 만나서 판문점 경계를 오가고 냉면을 먹으며 사진을 찍었다. 도보다리를 정답게 거닐고, 마주 보며 통역도 필요 없는 대화를 했다. 이에 부응해 시진핑 주석도 문재인 대통령을 따라하듯 김정은 위원장과 바닷가를 걸었다. 트럼프 대통령과 김정은 위원장 역시 싱가포르의 센토사 섬에서 만나 여러 이벤트를 벌이고 회담을 했다. 정확히 무엇을 터뜨렸는지 어느 전문가도 확인한 적은 없지만 북한은 해외 기자들을 불러다가 핵실험 장소 갱도 입구라며 떠들썩하게 터뜨렸다. 당장이라도 통일이 될 듯, 아니 적어도 남북 간에 실질적인 교류가 금방이라도 이루어질 분위기였다. 그러나 시간은 또다시 한 달 두 달 흐르고 있다. 북핵 문제도, 북한의 실질적인 변화도 다시금 미궁 속으로 빠지고 있는 느낌이다.

우리 국민들은 이미 지난 김대중, 노무현 정부의 이벤트를 통해 학습효과를 경험했다. 당시에도 남북 정상이 포옹을 했고 악수를 했다. 통일에 가까워질 것 같은, 아니 적어도 전쟁 걱정은 안 하고 살게 되지 않을까 하는 착각을 이미 경험했다. 이번이 세 번째 학습이다. 학습의 특징은 반복하면 각인되고 같은 상황을 대면할 때 더욱 빨리 깨

닿는다는 점이다. 상황을 파악하는 국민들의 대응속도도 더 빨라진다. 문재인 정부가 북한에 내민 손으로 인해 지지율은 반짝 반등했지만, 오히려 대통령에게는 이제 시간이 없어졌다. 국민들에게 이번 세 번째 남북 정상의 만남이 반짝 이벤트가 아니라는 점을 설득시키려면 보다 빠른 실질적인 성과가 나와야 한다. 9월 정기 국회가 끝나기 전까지 남·북 양국의 협력에 관한 정책과 법안이 무엇 하나라도 명시되어야 국민들이 믿어줄 테니 정기국회가 끝나는 10월을 넘겨서는 안 된다. 아무리 백 번 양보를 하더라도 올해 안으로 북한에서는 핵무기 관련 시설 해체가 제대로 검증 절차에 들어가야 하고, 남한에서는 남북 경제협력과 관련된 정책이나 예산이 검토되어야 한다.

누구의 눈치를 볼 여유가 없다. 민족 간의 일이니 민족이 앞서 해결해야 한다.

아울러 또 하나의 문제는 내부 단속이다.

민주주의는 비효율적이다. 민의를 총합하고 반영하는 데 시간과 비용이 엄청나게 소모된다. 그럼에도 불구하고 민주주의는 가장 이상적인 국가 이념이다. 이 비효율성을 극복하고 외교적 상황에 효과적으로 대응하기 위해 국가 원수는 먼저 내부적 의견의 일치와 구성원의 단결부터 이루어야 한다. 일단 작년 대선 결과로 보면 우리사회의 지역 갈등은 상당히 완화되었다고 볼 수 있다.

근대 국가 체제를 먼저 수립한 서구의 경우에 비추어 볼 때, 국가 성립 초기의 단계에는 민족주의가 강세를 보여 민족 간 갈등이 문제를 낳는다. 그리고 국가가 성립된 이후에는 국가 경제 발전을 놓고 지역 간 경제발전 이익의 배분 문제가 갈등 요인이 되어 지역갈등이 심화된다. 또 경제 발전이 어느 정도 이루어지면 사회 내부에서 보수와 진보 간의 이념 갈등이 문제가 되어 대립하고, 경제 구조가 고도화되어 선진국의 문턱에 진입하면 인구 고령화까지 맞으면서 노소老少 갈등이 함께 나타난다. 한국은 지금 이념 갈등과 노소 갈등의 중첩 상황에 직면해 있다. 이념 갈등은 서로 간의 소통을 통해 해결되며, 이것은 국가적 토론의 장 속에서 논의되어야 할 문제이지 한쪽이 다른 쪽을 궤멸시키거나 해야 할 문제가 아니다.

아리스토텔레스는 『니코마코스 윤리학』에서 정치란 인간을 위한 선善을 연구하는 학문이라 규정했다. 선善은 모두의 공존 속에서 이루어지는 것이며 한쪽이 궤멸되는 것은 정치적 실패다. 국가의 이념이란 다양하게 나타나며 한쪽의 궤멸이란 가능하지도 않거니와 그것을 의도하는 순간 사회적 분열을 초래한다. 민주주의 국가에서 국가원수의 외교적 결단력은 국민들의 통합된 지지로부터 나온다. 현재와 같은 상황에서 문재인 정부가 대북 관계에 못지않게 신경을 써야할 부분이 바로 내부의 이념적 갈등을 완화하고 상호 소통하는 작업이라 판단된다.

앞서 말했지만, 풍수적으로 문재인 대통령의 산은 좌청룡이 약하다. 우백호가 유난히 발달했고 주산과 안산의 도움도 있는데다가 윗대 조상 선영의 다른 도움도 있었기에 대권까지 차지하지 않았을까 추측은 되지만, 정권을 끝까지 안정적으로 유지하기에는 다소 약한 산이다. 게다가 또 하나의 문제는 청와대 자리다. 단 한 명도 명예퇴임을 한 적이 없는 풍수적으로 미흡한 자리에 있는 청와대에 들어가서 집무를 보고 있는 탓에 또다시 임기 말의 권력 누수가 반복될까 걱정이 된다.

문재인 대통령은 선거 운동 당시 유홍준 성균관대 교수를 서울역

사문화벨트조성 공약기획위의 총괄위원장으로 삼고 세부 내용으로 청와대를 광화문 종합청사로 옮기는 방안을 구상한 바 있다. 최근 들리는 소식으로는 인왕산 탐방로 완전 개방 등의 뉴스가 전해지지만 일반 국민들이 등산길 탐방한다고 청와대의 운명이 달라지지는 않을 테니 안타까울 뿐이다. 서둘러 공약을 실천해 청와대를 이전하는 작업을 진행해야 한다.

그런데 정부종합청사로 옮기는 것도 문제가 있기는 마찬가지다. 정부종합청사 자리는 조선시대의 육조거리다. 애초에 신하들의 공간이다. 왕이 신하들의 공간으로 옮기는 모양새이니 이 또한 적절해 보이지 않는다. 풍수적 관점에서 볼 때 용산의 미군부대 자리를 새로운 청와대 터로 삼아 위용을 갖춰 온전하게 이전할 것을 강력히 추천한다.

한편 대선 이후 대권에 도전했던 후보들 중 몇몇의 행보에도 많은 변화가 있었다.

우선 가장 시끄러운 것은 안희정 전 지사다. 본래 산으로만 보았을 때는 청룡의 힘에서 안희정이 단연 선두였다. 물론 풍수로 평가한 결과다. 저마다 다른 특성을 가지고 있지만 당시 야당이던 더불어민주당 후보자들 중 청룡이 가장 강하고 힘차며 크게 감아 주고 있다. 아쉬운 것은 안산이 깨져서 그것을 결국 극복하지 못했다는 것이다. 그런데 최근의 상황을 보면 안산이 깨진 후유증을 더욱 심하게 앓고 있는 듯하다. 구설수에 오르다 못해 재판에 휘말려 결국 도지사직까지 내놓고 말았으니, 풍수에서 대인관계를 나타내는 안산이 깨지면 대중적 인기를 먹고 사는 현대 정치판에서 얼마나 큰 영향을 받는지 알 수 있다. 설상가상으로 안희정 전 지사의 경우 우백호도 약해 경제적인 면에서 어려움에 처할 것이다. 경제적 뒷받침이 없는 상황에서 정치를 하기 어려운 게 한국의 정치판이다. 깨진 안산 때문에 앞으로도 안희정 전 지사는 더욱 곤경에 처할 것으로 보인다.

안희정 전 지사에 못지 않게 시끄러운 사람이 있으니 바로 이재명 경기도지사다. 선영에 두드러진 여러 개의 문필봉 말고는 볼 만한 것이 없으니 이 지사는 앞으로도 공직에 남아 있고 싶다면 머리를 쓰는 행정력으로 인정받을 부분 이외에는 자리가 없다. 정치적인 입지를 강화해 대권으로 가려고 하면 절대 실패할 수밖에 없는 산을 지녔다. 집안 문제로 시끄럽다가 좀 조용해지는 듯하더니, 현재는 모 영화배우와의 스캔들에 휘말려 시끄럽다. 스캔들 자체의 진위나 법률적인 다툼의 승패 여부는 중요한 문제가 아니다. 산이 문제다. 선영의 산세 자체가 굉장히 복잡한 데다가 모든 방향에서 뒷산이 보인다. 때문에 이재명 후보는 대권에 접근하기도 전에 갖가지 스캔들에 휘말려 지지도를 잃게 될 것이다.

다음으로 박원순 시장이다. 외모적으로 문재인 대통령이나 안 전 지사와 같이 빼어나게 준수한 것도 아니고, 닳아빠진 구두 굽을 드러내며 삼양동 옥탑방 체험을 하는 등 친서민적 행보를 꾸준히 이어가는 것이 박 시장이지만, 산으로 보았을 때는 뜻밖에도 가장 귀족적인 인물이다. 다만 그의 산은 주산이 평맥이라 추진력이 약하고 망설임이 많다. 소위 말해 정치인으로서 대찬 모습과 강력한 리더십을 기대하기 어렵다. 흔히들 박 시장을 두고 "무슨 치적이 있어서 서울시장을 3선이나 했나?" 하고 폄하하는 사람도 있다. 하지만 박 시장의 산은 좌청룡이 몇 번이나 감아 주는 강한 힘을 지녔다. 풍수가라면 특별히 무슨 치적을 보이지 않아도 그가 서울시장을 3번이나 하는 것을 납득할 수 있다.

다만, 대선에 나가고자 한다면 이야기가 달라진다. 이명박 전 대통령은 서울시장 시절 청계천 복원을 통해 보여 준 추진력으로 대권가도까지 수월하게 진입했다. 그러나 박 시장에게는 그럴 만하게 보여 준 추진력의 사례가 없다. 산으로 볼 때에도 쉽지 않을 것이다. 삼양동 옥탑방 체험 이후 경전철·모노레일 등을 소위 비강남권에 집중 투자하겠다고 선언했으나, 말하기가 무섭게 김현미 국토부 장관의 견제를 받았다. 경전철 건설은 국토부 관할 승인사업이지 서울시 주관 사업이 아니기 때문이다. 정치판의 속사정은 알 수도 없고 굳이 알고 싶지도 않지만, 산으로 보았을 때 박 시장의 특성상 망설이다가 후퇴할 것이고, 또다시 대차게 추진하는 능력이 없다는 것을 증명하는 나쁜 선례만 만들지 않을까 우려된다.

마지막으로 홍준표 전 대표다. 침몰 직전인 새누리 호를 가지고 선거를 치러 냈으면서도 24%의 득표율로 체면치레를 한 점이 오히려 기이할 정도다. 미국으로 외유를 나가있기는 하지만 정치적 자산을 잃은 것은 아니니 그나마 다행이랄까? 오히려 지난 대선을 통해 정치적 자산을 잃어버린 쪽은 안철수 전 대표였다는 게 맞을 것이다. 그나마 산의 힘 덕분인 듯하다. 홍 전 대표의 산은 한 마디로 힘이 있으면서도 부드럽다. 문재인 대통령, 안철수 전 대표와 이재명 지사의 산이 주위의 힘과 여론의 힘으로 이끌어 가는 정치를 하는 산이라면 안 전 지사와 홍 전 대표의 산은 자기주도적으로 만들어 가는 정치를 하는 산이다. 어느 것이 옳은 것이냐를 이야기하는 것이 아니다. 산이 그렇다는 것이다. 여론도 중요하고 이끌어 가는 힘, 모두 중요하지만 애초에 유형적으로 다른 산이라는 이야기다. 현재 밑도 끝도 없이 추락한 보수의 위상으로 인해 새누리당을 물려받은 자유한국당의 지지율은 그야말로 바닥을 쳤다. 최근의 여론조사 결과로는 지지율에서 정의당에 밀려 제1야당의 지위도 위태롭다는 말까지 나온다. 국민 중 상당수는 여전히 보수나 중도적 이념을 지닌 국민이 있을 텐데 그들의 의사를 규합해 반영할 제대로 된 당도, 구심점이 될 인물도 없다는 게 더욱 안타깝다.

하지만 풍수적 입장에서 볼 때, 홍준표 전 대표를 주목하게 된다. 산 때문이다. 지난 대선 중에도 당시 문재인, 안철수 그리고 홍준표 후보 중 가장 강한 산을 가진 인물은 홍준표 후보였다. 아쉽게도 현 문재인 대통령의 경우 조부모 산을 볼 수 없어 확언할 수는 없지만, 남한에 있는 세 후보의 산만으로 판정할 때 홍 전 대표의 산이 가장 강하다는 것은 예상치 못한 결과였다. 일단 그냥 공동묘지였다. 말로만 들어도 공동묘지에 무슨 명당이 있겠는가?

그런데 홍 전 대표의 선영을 보면 뒷모습에서 놀라게 된다. 토체가 웅장하면서 또렷한 모습으로 크게 자리 잡고 있다. 토체는 어떤 산보다도 상서로운 힘을 발휘한다. 역대 대통령들의 선산에 예외 없이 있는 산이다. 박정희 대통령의 산에 특히 힘이 있고, 토체가 확연한데, 홍준표 후보의 산도 만만치 않았다. 산은 홍준표 후보를 밀고 있었다. 다른 유력 정치인의 산에도 토체가 있는 경우는 종종 보았다. 하지만 홍준표 후보의 토체가 더 크고 뚜렷했다. 그런데도 왜 패장이 되었을까?

홍준표 후보의 선영은 안산이 멀리 떠나는 형세다. 안산이 먼데 주산은 매우 강하니 독선적인 경향이 생길 수밖에 없다. 이런 상황과 더불어 지난 대선에서는 불과 한 달 남짓의 준비기간과 난파선 같은 당의 상황으로 인해 그 역량을 발휘하기 어려웠을 것이다. 하지만 다음 기회가 와 준비한다면 가능할 수 있는 산을 가지고 있다. 조용히 미국에서 키보드나 두드리며 이따금 한국 국민들에게 소식을 전해오는 난파선의 패장敗將에게 다시금 주목하게 되는 것도 바로 그의 산 때문이다.

마지막으로 총평을 하자면, 현재 정치권의 수면에 떠올라 언급될 만한 인물들 중에는 풍수로 보았을 때 차기 대권 주자로 볼 만한 인물이 없다는 점이다. 물론 아직 선영을 보지 못한 몇몇 인물들에 대한 논의는 뒤로 미뤄야 할 것이다. 다만 전직 총리인 이낙연과 같은 인물, 혹은 조국 민정수석 등이 대권가도의 사야에 들어오기는 한다. 가능성을 엿볼 수는 있겠다. 아니 오히려 몇 번의 총선과 대선을 거치며 민낯을 있는 대로 드러낸 기존의 인물들보다 이들이 더 유리할른지도 모르겠다. 하지만 아직까지 이들의 선영을 정확하게 간산看山해 본 적이 없는 관계로 추후에 언급하도록 하겠다.

땅의 유혹

10장

청와대와 국회 풍수

청와대는 권력을 잃는 자리

　청와대는 한 나라의 국운을 좌우할 주인공이 사는 집이다. 대통령은 국권을 쥐고, 국정을 운영하는 중요한 자리다. 당연히 한국에서 가장 뛰어난 곳에 자리 잡아야 나라의 운영도 잘될 수 있다. 대통령 개인의 문제가 아니라 국가적인 차원에서 안정과 번영이 이루어져야 하는 점에서 대통령 집무실인 청와대는 명당 중에 명당에 자리 잡아야 한다.

　그러나 한마디로 정의하면 청와대는 권력을 빼앗길 장소에 자리 잡고 있다. 권력을 발휘할 수 있어야 국정 운영이 쉽고 국가가 안정적으로 운영될 수 있는데 권력을 잃어버릴 장소에 자리 잡고 있으니 늘 시끄럽고 불안하게 퇴임한다. 풍수를 조금만 공부한 사람이라도 청와대가 좋은 자리인지 나쁜 자리인지를 한눈에 확인할 수 있다. 북악산에서 청와대를 내려다보면 산줄기가 왼쪽으로 돌아나가는 게 보인다. 북악산 줄기가 돌아나가는 산이 청와대에서 보면 좌청룡이다. 좌청룡은 권력과 명예를 주관하는 산이다. 풍수에서는 집을 중심으로 팔이 감싸 안은 것처럼 산이 안으로 감아주어야 기가 모인다고 했다. 그런데 좌청룡이 밖으로 도망가고 있다. 청와대에서 봤을 때 권력과 명예가 도망가는 모습이다. 권력을 잡고서 안정되게 정치에 임해야 국가운영이 될 수 있는데 빼앗기는 모양을 하고 있으니 대통령으로서 국정을 바로 보기 어려울 수밖에 없다.

지금까지 대통령들을 살펴보자. 이승만 대통령은 부정선거를 치르고 국가 운영을 파탄 내어 4.19혁명으로 쫓겨나 미국에서 생을 마감했다. 윤보선 대통령은 군사 쿠데타로 물러났다. 박정희 대통령은 부인인 육영수 여사가 총탄에 맞아 돌아가셨고, 대통령 자신도 부하인 김재규로부터 총에 맞아 권좌에서 내려왔다. 다음 대통령들도 예외 없이 권력을 빼앗기고 치욕적인 아픔을 겪었다. 전두환 대통령은 친구면서 후임자인 노태우 대통령에 의해 백담사로 유배되고, 김영삼 대통령 때에 사법처리되는 아픔을 겪었다. 노태우 대통령도 마찬가지였다. 김영삼 대통령에 의해 사법처리되었다. 군사적인 힘을 빌어서 국정을 운영했던 박정희 대통령, 전두환 대통령, 노태우 대통령이 안타깝게도 명예퇴진하지 못했다. 하지만 민정에 의해 선출된 대통령들도 마찬가지였다. 청와대에 들어가서 명예롭게 퇴임한 대통령은 아직까지 없다.

김영삼 대통령은 재임 중 아들인 김현철이 소위 '황태자' 소리를 들으며 공무원 직무와 관련된 알선수재를 한 혐의로 형사 처리되었고, 대통령 본인은 나라 경제를 파탄으로 몰아넣은 IMF의 당사자가 되었다. 평생 민주화 운동을 했고, 당선 후 서민과 함께하겠다던 김대중 대통령도 예외가 아니었다. 아들인 김홍일·홍업·홍걸 등 소위 '홍삼 트리오'가 이권 개입으로 재임 중 구속되는 불행을 맞았다. 청와대 대통령의 말로는 예외 없이 불행했다. 노무현 대통령도 마찬가지였다. 선거중립의무 위반과 형 노건평 씨 비리문제로 탄핵소추안이 국회에서 통과되었다. 권력을 잃어버린 전임 대통령들과 운명을 같이했다. 심지어 노무현 대통령 자신뿐만 아니라 가족들까지 연루되어 검찰 조사를 받는 과정에서 자살로 생을 마감했다. 다음 대통령도 말할 것도 없다. 이명박 대통령은 형 문제로 골치가 아팠다. 형인 이상득 씨가 이권에 개입해 실형을 살고, 추징금까지 징수당하는 불명예를 겪었다. 또 최근에 와서는 박근혜 대통령이 어려움을 당했다. 국정농단이라는 불명예를 안고 대통령직이 정지되더니 급기야 초유의 대통령 탄핵이라는 수모를 겪었다. 예외 없이 각종 사건을 겪고 명예롭지 못하게 권좌에서 내려왔다. 이처럼 청와대에 얽힌 비운이 계속되고 있으니 안타까운 일이다. 그러면 대한민국 이전에는 어땠을까? 청와대 터에 얽힌 역사적 맥락을 짚어보자.

조선의 개국과 동시에 이성계의 한양천도 과정에서 무학 대사와 정도전의 한양 주산 논쟁이 있었다. 무학은 인왕산을 진산으로 하고 북악과 남산을 좌우의 용호로 삼자고 하였고, 정도전은 제왕은 남쪽을 향하는 게 원칙이라며 북악산 아래를 궁궐터로 강력히 추천하였다. 결국 정도전의 주장이 채택되어 경복궁이 건설되었다. 그러면 경복궁 터부터 살펴보자.

경복궁은 뒷산인 북악에서 좌우로 뻗어 낙산을 청룡으로 하고, 인왕산에서 사직단에 이르는 산줄기를 내백호로 삼고 있다. 앞에 남산이 있고, 복판에 청계천이 흐르고 있어 풍수의 기본인 장풍득수藏風得水를 지키고는 있다. 그러나 역사적으로 경복궁과 청와대 터가 흉지라는 증거가 여러 가지 사례로 나타난다. 우선 경복궁으로 조선 왕조가 천도한 직후 왕자의 난이라는 형제간의 골육상잔이 일어났고, 임진왜란 때 화재로 폐허가 된 뒤 270년 동안 방치됐으며, 고종 때 중건된 이후 곧장 조선이 쇄국의 길을 걸었다는 점이 꼽힌다.

사실 경복궁에 대한 풍수 논란은 여러 번 있었다. 태종 이방원이 등극하자 조정 대신들과 풍수사들을 모아 놓고 토론을 거쳐 한양풍수논쟁에 종지부를 찍는다. 토론이라기보다는 결정이었다. 명당이라 정하고 일체의 논의를 못 하게 했다. 하지만 태종의 풍수논쟁 종결을 선언한 후 40년이 지나 세종대에 이르러 전혀 새로운 국면의 풍수논쟁이 일어난다. 이른바 경복궁 풍수 논쟁이다. 최양선이 세종에게 올린 상소가 발단이었다.

"경복궁의 북쪽 산이 주산이 아니라, 목멱산에 올라서서 바라보면 향교동의 연한 줄기, 지금 승문원의 자리가 실로 주산이 되는데, 도읍을 정할 때에 어째서 거기다가 궁궐을 짓지 아니하고 북악산 아래에다 하였을까요. 지리서에 이르기를, '개인의 집이 주산의 혈穴 자리에 있으면 자손이 쇠잔해진다.' 하였사오니, 창덕궁을 승문원 자리로 옮기면 만대의 이익이 될 것입니다."

세종은 토론을 좋아한 성군이었다. 신하들에게 경복궁 터에 대한 풍수 의견을 내놓으라고 명한다. 영의정 황희·예조 판서 신상·지신

사 안숭선 등은 목멱산에 올라서 산수의 내맥을 탐지해 보고 풍수학자들을 시켜 최양선의 주장에 대해 의견을 말하게 하였다. 이양달·고중안·정앙은 "백악산이 현무라 경복궁의 터가 명당이 된다." 하고, 이진·신효창은 최양선의 의견에 동의하였다.

세종도 백악에 올라 궁궐의 터를 직접 살펴보았다.

"오늘 백악산에 올라서 오랫동안 살펴보고, 또 이양달, 최양선의 두 가지 말을 들으면서 여러 번 되살펴보니, 보현봉의 산맥이 곧게 백악으로 들어와서 지금의 경복궁이 바로 명당이 되기는 하나, 승문원의 내맥도 역시 보통의 땅은 아니다. 이제 이양달·고중안·정앙 등이 승문원을 명당이 아니라고 함은 승문원의 터가 낮고 미약하다는 것이 첫째이고, 산수가 좀 곧다는 것이 둘째이고, 정면으로 마주 보는 남산이 높다는 것이 셋째여서, 이런 것으로 흠을 잡으니, 풍수학하는 자를 시켜 지리서를 강구하여 이해되는 것을 논술하여 아뢰게하라."

세종은 도승지 안숭선에게 이렇게 명했다. 조정이 경복궁 풍수논쟁으로 떠들썩하자 관료들은 풍수학의 허무맹랑함을 들어서 풍수술사들에게 죄를 주라고 상소를 올렸다. 그러자 세종은 대사헌 신개를 불러 풍수학을 고려하지 않을 수 없다는 뜻을 천명했다.

"우리 태조께서 개국하셔서 한양에 도읍을 정하시고 궁궐을 영건하시며 종묘를 세우심에 모두 지리를 쓰셨다. 건원릉에 이르러서도 지리를 썼다. 우리나라는 지리의 학설을 외면할 수가 없다. 가령 집현전에서 풍수학을 강습하는 것은 그르다 할지라도 풍수학을 강명하는 것이 어찌 유자儒者의 분수 밖 일이라 할 것인가."

이후 황희와 정인지는 경복궁이 명당자리에 앉아 있다는 보고서를 올린다.

"현무의 형세는 풍성한 형상이 특별히 빼어나 있고, 백호의 형세는 쭈그리고 앉는 것이 실로 형세에 부합합니다. 다만 청룡이 낮고 약하고 한성부와 전의감 등 여러 언덕이 약간 등져 있으며, 안산이 낮으면서 약해 사면에 둘린 난간이 이미 이루어져 있습니다. 그런즉 경복궁이 그대로 명당자리를 얻어 임방을 등지고 병방을 향해 앉아 삼각산의 중심에 응하였습니다."

사실 정도전이 한양 도성을 조성할 때의 기획 의도는 뚜렷했다. 북악산을 주산으로 삼아 전조후시前朝後市로 앞은 조정, 뒤는 시장을 조성하고, 좌묘우사左廟右社로 왼쪽은 종묘, 오른쪽은 사직단이라는 중국의 『주례』에 따른 유교적 이상도시를 만들려 했다. 먼저 경복궁 근정전을 중심으로 남쪽인 주작대로, 지금의 세종대로를 따라 육조거리 등 중요 행정기관을 배치했다. 그런데 평지 위에 만든 중국의 도성 체제를 따르려다 보니 궁궐 뒤가 북악산이어서 시장을 만들 수 없었다. 대안으로 종로와 청계천 일대에 시전과 육의전 등을 만들었다. 그러자 궁궐 좌우의 산들에 조화가 무너져 좌묘우사 원칙이 민망해졌다. 종묘가 있는 동쪽의 낙산 줄기는 약하고 짧은 반면, 사직단이 있는 서쪽의 인왕산 줄기는 웅장하면서 굴곡이 심했다.

무학과 정도전의 다툼을 기록한 『오산설림초고五山說林草藁』의 저자 차천로는 임진왜란을 몸소 겪은 인물이다. 때문에 무학의 예언대로 200년 뒤 임진왜란으로 궁궐이 불탄 일 등을 거론하며 정도전을 비난했다.

"정도전은 무학의 말이 옳음을 알지 못한 게 아니었다. 그는 다른 마음이 있어서 듣지 않은 것이다."

왕권을 약화시키고 신권臣權을 강화하려는 정도전의 욕심 탓에 지금처럼 궁궐 자리를 잡은 것이라는 말이다. 야사野史에는 정도전이 일찍이 궁궐터에 대해 다음과 같이 말했다고 한다.

"하륜과 무학 대사가 꼽은 곳이 길지라는 것은 인정한다. 그러나 무악 아래는 후학들을 위해 숨겨두어야 했고, 종로는 백성들의 생계를 위해 써야 했다. 그러자니 임금은 백악산 아래밖에 없었다. 용상의 자리는 백성을 생각하느라 잠을 못 자고, 백성을 바라보느라 자손과 형제도 버려야 한다. 그러니 비수가 날아다니는 터에 들어간들 어떻겠는가."

정사正史가 아니라 설득력이 떨어지지만 정도전의 발언으로 전해 내려오는 이야기다. 조선의 개국정신이면서도 600년 동안 역적으로 올라있었던 인물이 바로 정도전이다. 조선 말기 고종이 정도전의 죄를 면해주고 복권시켰을 때 경상도와 강원도의 촌로들 사이에 전해진 이야기다. 사실이라면 정도전은 선지자였다. 오늘날 무악산 아래는 연세대, 이화여대, 홍익대, 서강대 등 명문 사학이 자리 잡고 있고, 종로와 중구 일대는 지금도 왕성한 상업지구로 자리 잡았다.

역사적인 관점으로 봐도 경복궁은 그리 좋은 터는 아니다. 경복궁 풍수는 광화문 광장에서 바라보면 읽을 수 있다. 많은 이야기들이 오고 갔지만 풍수의 기본부터 살펴보면 답이 나온다. 거창하게 천기누설이니 음양오행이니 입에 올릴 필요가 없다. 산은 산으로 보면 된다. 단순하면서도 명쾌한 학문이 풍수지리학이다. 과학이며 수학 공식처럼 대입하면 답이 나오는 학문이다. 절대로 동양의 주역이나 음양오행을 들이댈 필요가 없다.

첫째, 광화문에서 바라보면 경복궁의 주산인 북악산이 동쪽으로 벗어나있다. 풍수에서는 도망간다고 한다. 산은 안아주어야 하는데 바깥쪽으로 도망가는 모습을 하고 있다. 팔이 안으로 굽는다고 한다. 마찬가지로 집을 중심으로 산도 안으로 굽어야 하는데 반대 현상을 보이고 있다. 경복궁 입장에서 보면 좌청룡이 도망가는 형세다. 좌청룡은 권력과 명예를 주관하는 산이다. 권력과 명예가 도망가면 권좌의 상징에게 남는 게 없으니 당연히 길지가 아니다.

둘째, 북악산은 주산이다. 그런데 경복궁의 주산이 독봉獨峰처럼 서 있다. 독봉은 외로운 봉우리라는 뜻이다. 말 그대로 외롭고 독선적이며 타협을 모르는 산이다. 사람이 인물을 만든다는 말을 한다. 인물이 산의 영향을 받는다는 것이 풍수다. 그러니 경복궁에 들어앉은 사람은 독봉을 주산으로 하여 외롭고 독선적이며 타협을 모르게 된다. 이념적으로 좌左든 우右든 결국은 독선적으로 가게 될 것이다.

셋째, 경복궁과 청와대는 인왕산과 낙산으로 막아주어야 한다. 뒷산이 보이면 안 된다. 하지만 인왕산의 낮은 부분 너머로 뒷산이 보인다. 마찬가지로 낙산의 어깨 너머로 뒷산이 보인다. 풍수에서는 뒷산이 보이는 것을 나쁘게 본다. 더구나 안타까운 것은 북악산 어깨 부분으로 뾰족 튀어나온 규봉窺峰이다. 풍수학에서 규봉이란 숨어서 엿보는 산을 말한다. 규봉이 있으면 흉한 일이 생긴다. 경복궁에서 바라보면 규봉이 눈에 거슬리게 보인다. 이처럼 전체적으로는 주변 산이 안아주고 청계천까지 휘돌아 기본은 갖춘 것 같아도 세밀하게 바라보면 약점이 많은 곳이 바로 경복궁 터다.

경복궁 터와 청와대의 터는 크게 다르지 않다. 북악산 아래에 자리 잡고 있는 청와대도 권력과 명예를 상징하는 좌청룡이 도망가고, 주산인 북악산은 독봉이며, 뒷산이 보이고, 풍수에서 대표적 나쁜 산으로 보는 규봉이 어깨 너머에 보이는 약점을 가지고 있다. 상당히 문제점이 많은 터다.

그렇다면 대안으로 무엇이 있을까. 대안이 없다면 나쁘다는 것을 이야기해서 무슨 의미가 있겠는가. 대안 없는 비판이 가장 나쁜 상황을 만들어낸다. 분위기만 망쳐놓고 나 몰라라 하는 모양새다. 청와대를 서울 이외로 옮긴다는 것은 어려움이 많다. 정치·경제적 고려도 필요하고 통일 이후의 한국도 감안해야 하는 문제가 걸려있다. 분명 쉽지 않은데 현재 서울에 남아있는 곳 중에서 적지가 있다. 바로 용산 미군기지 터다. 용산 미군기지 터는 양택지로서는 명당이다.

C 청와대를 옮길 수 있는 서울의 터

국운을 좌우할 수 있는 청와대 터가 좋은 자리를 차지해야 한다는 것은 너무나 당연한 일이다. 국가의 운명을 결정하는 곳이 청와대다. 최고의 결정권을 가지고 있는 청와대의 자리를 안정되고 잘 풀리는 곳에 잡아야 한다. 청와대가 이전해야 할 곳으로 용산 미군 기지를 들 수 있다. 용산 미군 기지는 명당이다. 밖에서 보면 잘 보이지 않지만 들어가서 보면 안정되고, 편안한 모습을 가지고 있다. 양택지로서 최고의 자리다. 남산방향을 주산으로 하고 자리를 앉히면 더없이 포근하고 아늑한 곳이다.

사발 모양의 터를 가장 길지로 꼽는다. 그런데 사방을 경계해야 하고, 산으로 둘러싼 곳을 선호하는 것이 군사기지다. 그래서 군사 지역은 풍수로도 좋은 터가 많다. 바로 용산이 그러한 모양을 가지고 있다.

과거 용산은 어떠한 용도로 사용되었을까. 용산은 일본군이 오기 이전부터 청나라의 주둔기지였다. 한양에서 안정적이며, 터가 좋아 누구나 선호하는 땅이었다. 고려시대에는 몽골군의 병참기지로 활용되기도 했다. 타국인들도 먼저 탐내는 곳이 용산 미군기지 땅이었다. 일본군이 주둔하던 땅을 미군이 들어오면서 미군기지로 사용했다. 외국이 서로 탐내던 땅이었다. 들어가 보면 이유를 확인할 수 있다. 주변 산이 삼태기모양으로 아늑하게 주산을 감싸주고 있다. 풍수에서 명당도를 그리면 여성의 자궁 모양으로 그린다. 용산 미군기지 터가 바로 그렇다. 청룡백호가 기가 막히다.

용산이 일본군의 병영기지가 된 것은 1904년부터다. 러·일 전쟁에서 승리한 일본은 현재의 용산 미군기지 일대를 위수지역으로 선포했다. 300만 평을 군용지로 수용했다. 여의도 면적이 윤중로 제방 안쪽으로부터 따져서 2.9㎢인데 평수로 환산하면 대략 90만 평이니 용산은 이의 3배가 넘는 큰 땅이다.

사격장을 시작으로 병원, 창고, 형무소 등이 들어서기 시작했다. 용산 일본군 기지는 조선군사령부로 이름을 변경했고, 20사단 외에 추가로 1개 사단이 주둔했다. 총독 관저를 비롯해 사단 사령부, 사단장 관저 등 일제 무력통치의 핵심적 건물들이 자리 잡고 있었다. 1930년대부터는 중국 침략 및 전시물자 동원의 기지로 역할이 확장됐다. 1945년 광복을 맞은 이후 한반도에 들어온 미군은 용산기지의 일본군 시설을 그대로 접수해 지금까지 사용하고 있다. 용산기지를 어떻게 사용할 지에 대하여 논의가 필요하겠지만 국가의 안정적인 운영을 위해서 문제가 없는 터를 잡아 사용했으면 하는 바람이다. 한민족이 발전해 갈 수 있는 터로 용산 미군기지 터를 주장한다.

국회의사당

국회의사당은 시끄러운 곳에 자리 잡고 있다. 물이 서로 만나는 것은 풍수에서 길하다고 하지만, 같은 힘으로 충돌하면서 만나는 것은 경계한다. 한국의 국회의사당 터가 양쪽에서 흘러온 물이 출동하는 모양새를 가지고 있다. 늘 시끄러운 이유다.

국회는 삼권분립이 되어 있는 나라에서 행정을 운영하는 청와대 다음으로 중요한 기관이다. 국민의 선거에 의해 구성된 민의의 기관으로 국가의 법률을 제정하고 예산을 심의하며 중요한 정책을 결정하는 최고 의사결정기관이다.

그러나 국회가 수행하는 기능이 이것만은 아니다. 국회는 실제 이보다 훨씬 다양하고 광범위한 기능을 수행한다. 존 스튜어트 밀은 의회의 기능을 국민과 정부 간의 의사전달 매체, 정부로 하여금 국민에 반응하게 하고 국민으로 하여금 정부의 결정에 따르게 하는 제도로서 강조했다. 따라서 오늘날의 의회를 대표의회라고 부르는 것은 바로 이런 맥락과 관계되는 것이다. 이러한 관점에서 의회의 기

능으로 주요 사회집단의 지도자들과 정치 지도자들 간 의사전달과
갈등처리를 위한 정책결정을 들 수 있다.

갈등처리 기관인 국회가 조용하면 나라가 조용하다는 말이 있을
정도로 국회와 그 업무의 중요성이 부각된다. 그런데 샛강과 밤섬으
로 흘러오는 물이 서로 충돌하는 지점에 자리 잡고 있다. 더구나 대
문격인 입구가 배산임수에 역행하고 있다. 입구가 물이 만나는 쪽으
로 있어야 하는데 반대쪽에 정문이 있다. 안 좋은 조건을 두루 갖추
고 있는 형태다.

본래 여의도는 조선시대에 양화도楊花渡·나의주羅衣洲 등으로 불렸고,
현재 국회의사당 자리에는 약간 둔덕인 양말산羊馬山이 있었다. 이름
만 보아도 알겠지만, 모래땅으로 된 범람원으로 평상시에는 가축을
풀어놓고 기르던 방목지였다. 큰 홍수가 지면 물에 잠겼지만 부분적
으로 머리를 살짝 내밀고 있어서 '나의 섬', '너의 섬' 하고 말장난처
럼 부르던 것이 한자화 되어 여의도가 되었다고 한다. 그러니 국회
의사당은 언덕이나 다름없는 산머리를 자르고 그 자리에 앉힌 형국
이다. 그런데 풍수에서는 작은 산이라도 산을 자르고 건물을 올리는
것은 금기시한다.

문제는 산머리를 자르고 앉힌 의사당에서 그치지 않는다. 여의도
는 영등포와 작은 샛강을 사이에 두고 떨어져 있다. 이런 지형을 하
중도河中島라 한다. 여의도에는 1916년에 간이비행장이 건설되었고,
1936년 김포비행장이 생긴 후에도 그대로 존속되었다. 그러던 것이
1968년에 서울시에서 윤중제輪中堤라는 제방 공사를 한 뒤 오늘날과
같은 상업·금융업무·주거지구로 발전하게 되었다. 원래 여의도 옆
에는 지금의 밤섬이 있었고, 그곳에는 40년 전만 해도 마을이 존재

했다. 그러나 1968년 2월 한강개발로 인해 주민들을 이주시키고 여의도를 만들기 위해 밤섬을 폭파했다.

본래 밤섬은 여의도와 함께 고양군 용강면 여율리였다. 『대동지지』에 의하면 서강 남쪽에 있는 한 섬으로 섬 전체가 수십 리의 모래로 되어 있으며 거주민들은 부유하고 매우 번성한 편이었다고 한다. 특히 경치가 아름다워 밤섬은 마포팔경으로 꼽히기도 했다. 밤섬에 관한 조선시대 기록으로, 성현의 『용재총화』에 의하면 조선초기부터 뽕나무를 심어 잠업蠶業이 성행한 지역이었고, 서울 장안에 뽕잎 값이 비쌌을 때 밤섬에서 뽕을 대기도 했다. 인구가 많을 때에는 78가구 6백여 명이 살던 제법 큰 섬이었다. 그러던 섬을 폭파해 그 흙과 돌로 여의도의 기초를 10m 50cm로 쌓아 올리는 데 사용했다. 하지만 강물의 힘으로 자연스레 토사가 퇴적되는 섭리에 따라 폭파 이후 남아있던 밤섬의 암반층에 흙과 모래가 다시 쌓였다. 밤섬이 부활한 것이다.

이처럼 여의도는 밤섬을 파서 메운 흙으로 만들어진 땅이다. 메운 흙에는 지기地氣가 없다. 지기가 흩어졌다고 할 수 있다. 전부를 만든 것은 아니지만 윤중로가 나 있는 길 주변은 아무래도 메운 땅일 가능성이 높다. 국회의사당 터도 여의도 끝자리에 있어 메운 흙일 가능성이 있다. 거기에다 밤섬에서 나뉘었던 물이 다시 합쳐지면서 샛강에서 흘러오는 물과 시끄럽게 합해지는 곳이다. 더구나 풍수의 기본인 배산임수를 어긴 건물까지 올려 바람 잘 날이 없이 소란하다.

과천종합청사와 세종시

과천 정부종합청사와 관악산. 과천 정부종합청사는 명당이라고 할
만큼 좋은 터에 자리 잡았다. 과천 쪽에서 바라본 관악산은 곳곳에
서 영상사를 이루고 귀석貴石들이 많아 좋은 기운을 내려보낸다. 한
마디로 좋은 터다. 과천정부종합청사가 문제를 일으킨 적은 거의 없
었다. 그런데 좋은 곳에 터를 잡고도 버리고 떠났다.

과천종합청사는 관악산을 주산으로 삼아 부富를 불러들이는 터다.
관악산의 산세와 조화를 이루며 적당한 크기로 아담하게 들어선 시
청 건물도 인상적이다. 과천과 인연을 맺은 건물들이 잘 자리 잡고
있다. 배산임수를 확실하게 지킨 국립현대미술관·서울랜드 자리도
좋다. 종합청사가 떠난 자리를 활용해 문화도시로 거듭나면 좋을 것
이다.

과거 과천은 한양으로 들어오는 관문 중 하나였다. 과천에 이르면
한양이 환하게 빛나는 서광을 느낄 수 있다고 했다. 과거를 보러 오
거나 한양으로 일을 보러 오는 사람의 경우 과천을 넘으며 한양 북한

산의 암석 봉우리에서 서기를 느꼈다는 기록이 여럿 보인다. 과천시는 작은 도시다. 면적으로 따져서는 경기도 면적의 0.35%에 지나지 않는다. 그런 좁은 면적과 많지 않은 인구로도 30년 전에 벌써 시가 되었고, 경기도 내 31개 시·군 중 살기 좋은 도시로 꼽혀왔다.

과천은 관악산과 청계산 아래 산 좋고 물 좋은 곳에 자리 잡아 교통이 편하고, 경제적으로도 여유 있는 도시다. 기운찬 관악산 줄기를 병풍처럼 두르고 여전히 당당하게 정부종합청사의 커다란 건물들이 있다. 관악산을 주산으로 두어 좋은 기운을 받으면서 앞이 넓게 잘 트인 곳이다. 안정되면서도 단아하게 기를 품어 안은 터다. 이런 곳을 찾기가 쉽지 않다. 특히, 정부청사 쪽에서 보면 관악산 봉우리들이 영상사를 이루고 있는 것이 여럿 보이고, 좌우로 청룡과 백호가 자리 잡고 있어 기본이 잘 갖춰졌다. 청룡보다는 백호가 좀 더 잘 뻗었다. 명예도 좋지만 부를 더 잘 불러들이는 곳이다. 정부종합청사 뒤로 힘차게 이어진 관악산 줄기 곳곳이 보기 좋게 영상사를 이루고 있다.

원래 관악산은 커다란 바위들이 많고 꼭대기가 거칠게 솟아있어 대표적인 화성산火星山으로 꼽히던 산이다. 때문에 한양을 도읍으로 정할 때 관악산의 화기火氣를 막기 위해서 광화문 앞에 불을 먹는 해태상을 세웠다. 작은 연못을 파서 화기를 막으려는 비보도 했다.

그러나 산은 보는 방향에 따라서 형태가 달라진다. 관악산은 서울쪽에서 바라보면 불의 기운이 강한 화성산이지만, 과천 쪽에서 바라보면 좋은 기운을 가진 귀석으로 보인다. 특히 과천종합청사에서 관악산을 바라보면 높지 않고 넓은 공간을 제공하면서 끌어안아주고 있다. 3층의 아담한 과천시청 청사도 관악산의 산세와 적당한 크기로 잘 어우러진다.

이렇듯 좋은 터를 잡아 커다란 종합청사를 만들어 놓고도, 불과 30년 만에 버리듯 하며 다른 곳으로 옮겨간다는 게 아쉬웠다. 세종시는 허허벌판 한가운데에 억지로 만든 도시니, 기운이 모이지 않고 바람을 많이 탈 수밖에 없다. 골고루 잘 사는 균형발전도 좋지만, 풍수적으로 볼 때 좋은 것을 버리고 좋지 않은 것을 택한 셈이어서 안타깝다.

기왕 과천 풍수를 논했으니 과천에 자리한 건축물들을 조금 더 살펴보자. 과천 국립현대미술관 자리는 사실 골짜기 입구에 해당한다. 지금의 자리에서 조금 옮겨 골짜기를 막거나 골짜기 안쪽으로 들어앉았다면 풍수적으로 안 좋을 수밖에 없는 곳이다. 골짜기의 폐해는 풍수에서 금기시하는 것 중에 대표적이다. 다행히도 미술관은 옆으로 돌려 산자락 쪽에 붙여서 지었다. 덕분에 앞쪽으로 자연스럽게 호수가 만들어지면서 배산임수가 되었고, 건너편 산은 안산이 되었다. 게다가 미술관 왼쪽으로 뻗어 올라간 산이 토체를 이뤘다. 비록 백호가 없어 재물이 모이지는 못하지만, 토체가 있고 청룡이 좋으니 명성을 쌓기에는 부족함이 없다. 아쉬운 것은 경제적인 면에서 어려움을 당할까 걱정되는 점이다. 백호가 없으면 경영난을 겪는다. 그나마 안산이 부드럽고 예뻐 풍파를 막아주기는 하겠다. 원래 터는 좋지 않은 조건이었지만, 최대한 좋은 자리를 잡으려고 노력한 게 보인다.

국가적 차원에서 이런 길지를 버리고 청사가 떠났다는 게 풍수로는 아쉬운 일이지만, 청사가 떠나간 후 과천은 휴양과 관광 쪽에 많은 신경을 쓰고 있는 듯했다. 원래 과천은 살기에는 좋은 땅이었다. 그 장점을 살려서 문화와 관광이 어우러진 도시로 가꿔 나간다면 명성을 이어갈 수 있을 것이다. 결론적으로 과천은 복 받은 도시다. 정부종합청사가 빠져나간 것을 오히려 전화위복의 기회로 삼아 아름답고 행복한 도시로 오랫동안 발전하리라 본다.

땅의 유혹

11장

수 도 권 의 신 도 시

송도 신도시

초고층아파트에 인공수로를 만들어 유람선이 지나가고, 현대적 감각의 고층빌딩이 들어서 있는 곳, 송도신도시다. '제2의 강남'이라고도 한다. 젊은 부부들에게 인기를 얻고 있는 첨단의 신도시다. 초현대식 건물이 즐비하고 잔디밭에 앉아 시민들이 여유를 즐긴다. 유럽이나 미국 같은 선진국의 여행지를 방불케 한다.

송도신도시는 전국의 신도시들 중에서도 관심이 가장 많이 몰려있는 이른바 뜨거운 공간이다. 정식 명칭인 '송도 국제도시'로 불리는 것이 맞지만, 이미 사람들의 입에는 '송도 신도시'라는 말이 자리를 잡았다.

KBS 2TV 〈해피선데이-슈퍼맨이 돌아왔다〉에서 탤런트 송일국과 삼둥이가 사는 곳으로 방송을 타면서 더욱 화제가 되고 있다. 송도신도시는 초고층 아파트와 개성적인 건축물, 인공 수로가 펼쳐진 넓은 공원, 잘 조성된 상업시설 등으로 전국에서도 '이사 가고 싶은 도시'로 꼽힌다. 부동산 가격도 만만치 않아서 사람들의 입에서 '제2

의 강남'이라는 말까지 돌고 있는 곳이다. 송도 신도시는 바다를 메워 도시를 만들었다. 상전벽해라 할 수 있다. 뽕나무 밭이 바다가 된 것이 아니라 바다가 도시로 바뀐 것이니, 오히려 상전벽해의 의미보다도 더 놀라운 변화라고 할 수 있다. 송도신도시 조성은 놀랄 만한 일이다. 전국적인 명소로 자리매김한 송도의 모습을 눈앞에서 보다면 누구라도 감탄이 나온다.

먼저 송도의 명소 중 하나로 꼽히는 센트럴파크. 공원 입구에서 송도신도시 시내 쪽을 돌아보니, 삼둥이네와 야구선수 류현진 등이 사는 곳이라는 초고층 주상복합을 시작으로 60층이 넘는 주상복합과 높은 건물인 65층짜리 동북아트레이드타워 등이 줄줄이 눈에 들어온다. 마치 '송도신도시는 이런 곳'이라고 자랑하며 서 있는 듯 당당한 모습이다. 반면 센트럴파크 쪽으로 눈길을 옮기면, 강처럼 널찍한 인공수로 위를 크고 작은 배가 오가고, 시민들이 잔디밭에 돗자리를 펴고 앉아 한가로운 시간을 보내고 있는 모습이 여행지에 온 듯 착각이 들게 한다. 공원 한쪽에는 커다란 조형물이자 공연장인 '트라이볼'이 자태를 뽐낸다. 거대한 초현대식 건물들과 잘 가꿔진 공원이 어우러진, 마치 영화의 한 장면 같은 모습이다.

하지만 송도신도시는 바다를 메워 만들었다는 점에서 풍수적으로 분명한 약점을 갖고 있다. 풍수에서 항상 강조하는 것이 자연에 손을 대지 말고 그대로 자연과 어우러져야 한다는 것이고, 산과 물이 잘 조화된 곳에 자리를 잡아야 영화를 누릴 수 있다는 것이다. 하지만 송도는 자연이 아닌 사람의 손으로 만든 땅 위에 세워졌고, 산이 없는 평지뿐이니, 풍수에서 볼 때 부족한 땅이 될 수밖에 없다. 송도

신도시가 태생적으로 갖고 있는 부족함을 가지고 탄생했다. 사람이 인공적으로 만든 곳이니 어쩔 수 없는 한계인 셈이다.

전시·회의 전문시설인 송도 컨벤시아는 올해 말부터 2단계 사업이 추진될 예정이다. 풍수에서는 자연의 에너지가 산의 맥을 타고 흐른다. 결국 산이 있어야 에너지가 있는 것인데, 이렇게 산이 없고 평지만 있는 땅은 에너지가 부족할 수밖에 없다. 결국은 끊임없이 노력하지 않으면 어려움을 겪을 수도 있다. 아직도 송도국제도시 조성사업이 많이 남아있다고 하는데, 비보를 할 수 있는 꾸준한 노력이 필요하다. 그리고 이렇게 평지만 있어 에너지가 부족한 곳에서는 여성들의 힘이 강해지기 마련이다. 자칫하면 경제자유구역이자 국제도시라는 목표했던 면모보다는 주거도시로서의 면모가 더 강해질 수 있다.

국내 최대 규모의 한옥호텔 경원재 앰배서더가 있다. 명장들의 손으로 지은 한옥호텔이다. 공원 쪽에 자리한 2층짜리 커다란 누각이 눈길을 사로잡는다. 다른 곳이었다면 지나치다고 했을 만한 규모의 기와지붕 누각이었지만, 고층 빌딩이 즐비한 송도에서는 어색하지 않게 어우러진다. 한옥호텔은 육지를 뒤로 하고 바다 쪽으로 정문을 두었다. 풍수의 기본인 배산임수를 지킨 셈이다.

한옥호텔의 뒤쪽은 센트럴파크의 커다란 수로가 감아 돈다. 관광선과 놀이배가 오가는 수로는 국내 최초로 공원에 바닷물을 끌어들여 만들었다. 길이만도 1.8㎞에 달하고, 폭은 넓은 곳이 100m를 넘는다. 공원 가운데에 커다란 운하가 만들어졌다. 넓이가 40만㎡에 이른다는 센트럴파크를 빠져나오면 눈앞에 동북아트레이드타워가 우뚝 서 있다. 상층부 절반은 오크우드 프리미어 호텔이 입주해 손님들을 맞고 있다. 초고층 빌딩의 호텔과 공원의 한옥호텔이 나란히 있는 모습이 이채롭다.

송도에 이처럼 화려하고 커다란 호텔들이 들어서는 것은 송도가 국제적인 도시로 발전할 것이라는 기대감 때문이다. 하지만 실제로 오가면서 살펴보면 아직까지 송도는 활기가 부족하다. 국제도시로 자리를 잡으려면 아직도 많은 시간이 필요하다. 부동산 가격도 지나치게 높아서, 자칫하면 송도가 기대했던 모습까지 발전하는 데 많은 어려움을 겪을 수 있다. 겉모습만 화려하게 꾸미기보다는 내실을 기하는 게 필요하다. 동북아트레이드타워를 지나자 시드니의 오페라하우스를 떠올리게 하는 모양의 송도 컨벤시아가 등장한다. 송도 컨벤시아는 각종 전시와 회의 등을 하는 곳으로, 국제도시에서는 없어서는 안 될 중요한 시설이다.

송도 신도시의 조성은 마음이 급하고 너무 큰 것만 좋아하는 형국이다. 도시가 발전하고 자리를 잡아가는 것을 살펴보면서 사업들을 맞춰 가는 게 좋다. 그리고 이제는 조금 다른 눈으로 송도를 바라볼 필요가 있다. 커다란 건물과 넓은 도로가 멋지게 보이지만, 속을 들여다보면 빈틈이 너무 많다. 문제점을 살펴보자. 물론 풍수적인 관점에서다. 넓은 도로는 이동에는 편하지만, 멈춤이 없다. 일부러 찾아오는 사람이 아니라면 모두가 쉴 새 없이 지나치기만 한다. 즐비한 상가들이 하나같이 썰렁한 것은 이런 이치를 생각하지 못했기 때문이다. 큰 것이 있으면 작은 것이 있어야 하고, 빠름이 있으면 멈춤이 있어야 하고, 높음이 있으면 낮음이 있어야 한다. 그래야 조화가 이뤄지고 에너지가 돌게 된다. 도시를 만들 때 이런 것들을 잘 생각해야 한다. 아쉬움이 많이 남는 신도시다. 산 없는 평지에 인공적으로 만든 땅이다. 태생적 한계가 드러나 있다. 들고나는 사람이 많을 것이다. 지기가 없고, 풍수적으로 좋은 터가 아니기 때문이다. 좋은 터에는 대를 이어 살지만 나쁜 터에는 사람이 계속 망해 나가고 다시 들어온다. 한강변에 있는 아파트와 집들의 주인이 수시로 바뀐다는 것은 부동산을 통해서 들어보면 바로 알 수 있다. 큰 강가나 바다에 바로 인접해 있는 집들의 경우 풍수상으로 좋지 않다.

주거 측면에서도 그렇지만 교육기관의 측면에서도 산 없는 평지는 지기가 약하다. 송도신도시에는 새로 들어서는 대학교들이 많다. 대학교들 역시 산의 기운을 받지 못하는 넓은 평지에 자리 잡아 활기를 찾기가 쉽지 않을 것이다. 우리나라의 대표적인 대학들을 보아도 서울대학교가 관악산, 연세대학교와 이화여자대학교는 안산, 고려대학교는 개운산을 배경으로 자리를 잡았다. 경희대학교는 천장산, 성균관대학교는 북악산에 자리 잡고 있다. 산을 끼고 잡아 명문사학으로 우뚝 선다.

송도신도시의 대학들은 그런 자연의 기운을 얻지 못해 풍수적으로 부족하다. 대신 좋은 교통과 잘 갖춰진 도시기반시설, 전국적인 송도의 명성 등을 무기로 갖게 된 셈이다. 어쨌든 송도의 대학교들이 부족한 점을 딛고 발전하기 위해서는 신도시와 손을 잡고 부지런히 노력해야 할 것이다.

송도 구도시

　바다를 메워 만든 송도 신도시의 황량한 평지는 아쉬움을 주지만 다리 건너 청량산 자락에 안긴 구도시는 대조적이다. 구舊 송도라 불리는 연수구 옥련동 쪽을 살펴보자. 다리를 건너기도 전에 듬직한 산 하나가 눈앞에 토체를 이루며 솟아있다. 구 송도를 뒤에서 든든히 받치고 있는 청량산이다. 고려 우왕 때 왕사王師였던 나옹화상이 이곳에 절을 짓고 경관이 하도 수려하여 절 이름을 청량사라 하면서 산 이름도 청량산이 되었다. 50년 가까이 수도권 주민들의 휴식처로 사랑을 받다가 지난 2011년 폐장한 송도 유원지 입구가 철문으로 굳게 닫혀있다. 하지만 송도를 찾는 사람들에게 여전히 수많은 추억을 전해주는 곳이다. 유원지가 문을 닫은 것은 그만큼의 이유가 있다. 바다를 뒤로하고 산을 바라보며 입구를 냈으니, 유원지는 배산임수를 거슬렀다. 입구도 비탈진 곳에 조금 삐딱하게 자리해 있는데, 산을 등지지 않고 이렇게 비탈을 따라 옆으로 놓여있는 것을 풍수에서는 좋지 않게 본다. 배산임수를 정면으로 어겨서 사업이 잘되는 곳은 거의 드물다.

다리를 건너 송도유원지 입구가 있던 송도 로터리 쪽으로 향하면 '송도 특색음식거리'라는 커다란 표지판이 서 있다. 옥련동 일대는 맛있는 식당들이 몰려있는 곳으로 지금도 명성이 자자하다. 골목마다 구석구석 줄지어 있는 수많은 식당들과 그곳을 오가는 사람들의 모습이 다리 건너편 신도시와 다른 느낌이다. 왜 장사가 잘되는 터인가를 살펴보면 답이 나온다. 오른쪽 산이 감아 돌고 있는 곳에 자리 잡고 있다. 상가 터가 번성한 곳의 일반적인 현상이다.

청량산 방향으로 비탈길을 오르면 정면에 인천상륙작전기념탑공원이 당당한 모습으로 서 있다. 멀리 신도시 쪽에서 볼 때는 토체를 이루고 있던 청량산이 이곳에서 보면 기념탑 뒤로 삼각형의 영상사를 뚜렷하게 이룬 게 눈길을 사로잡는다.

기념탑공원 왼쪽으로 인천시립박물관이 자리해 있고, 오른쪽으로는 가천박물관과 홍륜사가 순서대로 자리를 잡았다. 마치 청량산 중턱을 따라 중요한 시설들이 차례차례 자리를 잡은 듯한 모습이다. 그중 중간쯤에 자리를 잡은 가천박물관은 가천길재단 이길여 이사장이 20년 전인 1995년 설립한 박물관이다. 인천지역 유일의 국보이자 고려대장경의 뛰어난 면모를 엿볼 수 있는『초조본유가사지론初雕本瑜伽師地論』을 비롯한 귀중한 유물들을 소장하고 있다.

좁은 길을 따라 박물관 앞에 도착해 정문 계단을 오르면 곧바로 박물관 본관 앞에 이른다. 본관 앞뜰에서 뒤를 돌아 박물관을 보니 청량산을 뒤로하고 청룡·백호가 적당히 좌우를 감싼 곳에 본관이 포근하게 안겨 있다. 앞쪽으로는 거침없이 전망이 트여 멀리 송도신도시와 바다까지 한눈에 시원하게 눈에 들어온다. 명성을 얻을 수밖에 없는 자리다. 자리를 잘 잡았다. 풍수에 안목이 있는 사람이 잡았을 것이다.

불과 다리 하나를 사이에 두고 있지만 분위기는 전혀 다르다. 사람이 자연을 알고 조화롭게 터를 잡느냐, 그렇지 않고 사람이 마음대로 깎고 메워서 터를 만드느냐에 따라 이렇게 달라진다. 사람의 힘으로 도시를 만들 수는 있겠지만, 풍수는 마음대로 못 한다. 자연의 이치이고 교훈을 전해준다. 새롭게 만드는 것일수록 풍수에서 멀어져가는 모습이 아쉽고 섭섭하다.

땅의 유혹

12장

개발시대의 풍수

C홀로 선 건물

'마천루의 저주The skyscraper curse'라는 설이 있다. 고층건물 중에서도 홀로 우뚝 선 건물은 성공하기 쉽지 않다. 큰 산에 낙락장송처럼 독보적으로 선 건축물의 경우 혼자 바람을 맞는 형세다. 우리의 경우 대한생명의 63빌딩이 여의도에서 혼자 바람을 견디다 부도를 맞고 말았다. 주변에 비슷한 크기의 건축물이 같이 들어서는 경우는 안정되지만 홀로 웃자란 보리처럼 독자적으로 서 있는 경우는 풍수에서 경계한다.

고층 아파트의 경우는 여러 채가 같이 올라가 전체적으로 보면 비슷한 높이의 건축물이 들어서 나무들이 숲을 이루듯이 안정되어 있다. 고층건물이 빌딩 숲을 이루면 안정되지만 도시나 국가적인 랜드 마크로 우뚝 선 건축물은 풍파를 겪게 된다. 서울 강남에 롯데월드타워가 들어서 있다. 신격호 회장에게 롯데월드타워 건축의 자문을 요청받았을 때 냉정하게 랜드 마크는 좋지 않다고 단언했다. 하지만 신격호 회장은 확고한 생각을 가지고 있었다. 일본에서 성공한 자신의 자부심을 한국에 보여줄 수 있는 상징적인 건물을 하나 갖고 싶어 했다.

세계적으로 보면 현재 가장 높은 건물은 두바이의 부르즈 할리파 Burj Khalifa다. 세계적인 명물이 되어 있다. 최고 상징성은 사람에게 일등주의를 심어준다. 그리고 남보다 우월하다는 것은 힘의 원동력이 된다. 무려 높이가 828m다. 층수는 163층, 특히 영화 미션 임파서블4에 등장하면서 알려진 빌딩이다.

다음으로는 중국 상하이타워다. 상해 야경의 중심이 된 대표성을 지닌 건물이다. 높이는 632m, 층수는 128층이다. 사우디아라비아에도 세계적으로 높은 건축물이 있다. 알베이트 타워Abraj Al-Bait Clock Tower다. 세계에서 가장 큰 호텔이기도 하다. 높이는 601m, 층수는 120층이다. 특별한 점은 빌딩이 하나가 아니라 총 7개의 건물로 연결된 빌딩이다. 세계에서 가장 넓은 건물이기도 하다. 같은 랜드 마크지만 평면으로 바탕을 튼튼하게 다진 후에 주변부에 높은 건물을 에둘러 호위하는 형태로 올린 후 가장 높은 건물은 한가운데에 두었다. 독야청청한 다른 빌딩처럼 지어지지 않았다는 점이다. 풍수에서는 안정된 건축물로 본다. 삐쭉 혼자 올라간 건물보다는 호위하듯 주위의 건축물들이 받쳐주거나, 비슷한 크기의 건축물들이 함께 들어서야 한다. 현재 세계 4위를 유지하고 있는 중국의 핑안 파이넌스센터Ping An Finance Centre도 마찬가지로 옆으로 성을 쌓듯 기반을 다진 후 한가운데에 가장 높은 건물을 세웠다. 고층 건축물이지만 성 안에 망루를 세우듯 전체 건축물과 조화를 이루어 안정된 모습을 보여준다.

 서울 잠실에 있는 롯데월드타워는 세계 5위다. 미국의 마천루에 있던 초고층 건물들이 이제는 5위 안에도 들지 않으니 세상의 변화를 알 수 있다. 롯데월드타워의 높이는 555m, 층수는 115층. 서울 시내의 상징적인 건물이면서 한국에서 가장 높은 건축물이다. 혼자 키가 큰 거인으로 서울 한복판에 우뚝 서 있다. 주변에 비슷한 크기의 건물이 없고, 롯데월드타워와 연결되어 호위하듯 받쳐주는 건축물도 없다. 이런 건물은 어려움을 당한다. 그래서 롯데의 신격호 회장에게 홀로 우뚝 선 건물을 짓지 말라 했지만 신격호 회장은 인생을 바쳐 일구어 온 롯데라는 굴지의 그룹을 상징하는 건축물을 서울 한복판에 우뚝 세우고 싶어 했다. 주변에 비슷한 높이의 건물을 지어 서로 감싸며 지었으면 좋겠지만, 터가 좁아 그럴 만한 여유가 없었다. 그것이 아쉬웠다. 도시의 한가운데나 벌판의 한가운데에 우뚝 선 상징적인 건물들의 경우 하나같이 입주자·경영자들이 어려움에 처했다.

 롯데월드타워 역시 마천루의 저주에서 예외는 아니었다. 우연한 일치라고 할 수 있지만 제2롯데월드타워 완공 직후 총수 일가에 대한 비자금 수사를 시작으로 그룹의 주가와 회사채 등급이 타격을 받았다. 사드 문제로 다시 골머리를 앓고 있다. 마천루의 저주. 과연 롯데만의 우연의 일치인지, 아니면 이제 자본주의 선진국인 한국에도 본격적으로 마천루의 저주가 상륙한 것인지 확인하는 계기가 될 것이다. 롯데의 경우는 대기업으로서 안정된 경제력을 가지고 있으니 문제가 없기를 바라는 마음이다.

그런데 이런 현상은 기업에만 국한된 것이 아니었다. 풍수 경험상 도시의 한복판에 또는 지방의 경우 아파트가 홀로 우뚝 선 경우 입주한 사람들이 곤경에 처하는 것을 보았다. 입주자들이 자주 바뀌고, 입주한 상가의 주인이 자주 바뀌는 것을 확인할 수 있었다. 그리고 높은 건물들이 군락을 이루며 살고 있는 경우는 바깥쪽에 살고 있는 입주자들의 부침이 심했다. 아파트나 빌딩 군락의 경우에는 중심부에서 가까운 건물들이 안정되어 있고, 풍수상 길지다. 업무용 빌딩에서도 마찬가지로 중심에서 가까운 입주자들이 좋았고, 바깥쪽에 위치한 입주자들의 경우는 경영이 어려워 바뀌는 경우가 잦았다. 사소한 차이라고 느끼겠지만 전문적으로 의뢰를 받고 상황을 파악해보니 공통된 특성이 있었다.

물론 초고층 빌딩의 경우, 더구나 나 홀로 빌딩의 경우는 천문학적인 비용이 들어간다. 과정을 살펴보면 시작과 끝이 순탄하지는 않다. 초고층 빌딩의 설립 과정을 살펴보면 시중에 돈이 풀리기 시작하는 통화정책 완화시기에 조성되어 완공시점에 가서는 경기 과열로 정점에 이르고 거품이 꺼지면서 결국 불황이 찾아온다는 것이 가설의 논리다. 하지만 서울 강남의 삼성타운 같은 곳은 비슷한 크기의 건물을 함께 건립해 초고층 빌딩 집단처럼 지어서 안정적이다. 다른 빌딩도 주위에 자리 잡고 있어 빌딩 숲을 이룬다. 집단을 형성하면 빌딩숲이 이루어져 나 홀로 쑥 올라온 건물이 아니어서 문제가 발생하지 않는다.

현대자동차의 경우 롯데와 다르게 주변의 건축물들을 함께 지으면서 중심에 가장 높은 건물을 지으면 안정된 건물이 될 수 있다. 홀로 우뚝 선 건물이 아니라 현대자동차의 작은 도시를 형성하면 안정적이고 어려움을 당하지 않을 수 있다. 국내에서도 하늘을 찌를 듯 높게 솟은 건물들이 갖가지 건축 관련 기록을 쏟아내면서 언론의 주목을 받고 있다. 그러나 지금은 그런 초고층 건물들이 굴욕의 상징으로 전락하고 있다. 초고층 건물 건설업체들이 상장 폐지되거나 경영진 자살, 경영권 분쟁, 검찰수사 등 온갖 악재에 시달리고 있는 경우가 잦다. 분양 실적이 최악인 탓에 분양 받은 물건을 손해 보고 다시 내놓는가 하면, 아예 분양 계획조차 세우지 못하고 금융비용만을 떠안는 사례가 줄을 잇고 있다. 이른바 마천루의 저주다. 초고층 건물을 올린 나라와 기업마다 어김없이 위기나 불황에 시달렸다. 초고층 빌딩을 올린 비용으로 인한 경영난도 있겠지만, 풍수적으로도 홀로 우뚝 선 건물을 짓는 것은 자제해야 한다. 사람이 두루두루 함께 살아가야 하듯, 건물에도 독야청청獨也靑靑 하며 살아가기는 힘든 법이다.

○ 서향은 서서히 기울어간다

  방향도 영향을 준다. 서향집은 나쁘다. 해가 기울 듯 서서히 기울어간다. 여기서 서향이란 집이 바라보는 방향을 말한다. 대표적으로 방향을 확인하는 것이 집이나 건축물의 출입문이고, 다음으로 집이나 건축물의 대문이다. 한옥의 경우에는 단독 채가 여러 개로 구성되어 있다. 단독 채별로 입구가 따로 있다. 그리고 여러 채로 구성된 담장 안으로 들어가는 대문이 있다. 단독 채별로 입구문의 방향을 보고, 전체 담장으로 구성된 입구인 대문의 방향을 두 번째로 본다. 아파트의 경우는 동별로 들어가는 문이 대문이고, 호별로 들어가는 문이 출입문이다. 출입문이 우선이고, 다음으로 대문을 두 번째로 본다.

  서쪽을 바라보는 사옥에 대한 오랜 이야기가 전해진다. 오래전부터 전해오는 이야기다. 마을을 이루고 살아가는 사람들에게 전해지던 이야기지만 현대의 사옥들에도 그대로 적용된다. '서향 사옥을 쓰면 흉한 일이 생긴다.'는 것이다. 실제로 많은 서향 사옥을 가진 기업들이 문을 닫았다. 앞서 설명한 바와 같이 경매에 나오는 건물의 90%가량이 배산임수를 어긴 거꾸로 된 집이었고, 나머지 5% 정도는 서향집이었다는 이야기를 했다. 배산임수를 어기면 영향력이 커 짧은 기간에 어려워지고, 서향 건물의 경우는 영향이 적지만 서서히 기울어가는 것을 확인할 수 있다. 배산임수를 어긴 경우는 급격하게, 서향의 경우는 완만하게 가세가 기울어간다. 기업의 경우는 경영난에 빠지게 된다.

대표적으로 서울역 맞은편에 위치한 서향 빌딩에 입주한 기업들이 잇따라 쓰러졌다. 대우그룹은 외환위기를 맞아 해체됐고, 벽산건설도 재무위기를 맞았다. 갑을빌딩을 사옥으로 쓴 갑을방직도 문을 닫았다. 서울 남영동에서 서향 사옥을 쓰던 해태도 위기를 겪었다. 서울역 인근 동자동에 있는 30층 높이의 '아스테리움 서울'에는 코끼리상이 설치돼 있는데 서쪽의 호랑이 기운을 막고자 마련되었다고 한다. 기업들이 서향 건물을 기피하는 이유가 있다. 지는 해의 방향이라 사업체도 기울게 된다는 생각 때문이다. 집을 지을 때도 서쪽보다 남향과 동향을 선호한다.

조금 더 살펴보자. 서울 용산에서 시작된 서향 사옥에 대한 이야기가 이어졌다. 실제로 도산하거나 파산한 사옥이 대부분 서향으로 된 건물에 입주한 그룹들이었다. 서울역 근처는 삼성그룹 창업주인 고 이병철 회장과도 밀접한 관련이 있다. 이병철 회장은 사옥 건립을 앞두고 서울역 맞은편은 터의 기운이 좋지 않다는 풍수 전문가들의 조언을 받아 사옥 후보지에서 제외시켰다. 서울역 주변에서 서쪽을 바라보는 건물을 가진 기업은 어려워진다는 설이 있었다. 속설은 서쪽을 바라보며 자리 잡은 대우의 몰락으로 실현되었다. 대우가 무너진 후 같은 건물을 사용했던 금호그룹 역시 경영이 어려워졌다. 바로 옆에 자리를 잡은 STX그룹도 초고속 성장을 거듭하다 실적과 자금난을 겪으며 해체됐다. 서울역 맞은편에 있던 벽산건설 역시 무너졌다. 배산임수를 어긴 건물보다는 영향이 느리지만 서향으로 건물을 지을 경우 느리게 어려워진다. 진행 속도가 빠르지는 않지만 어려움을 겪는다.

비보책神補策으로 건물에서 핵심적인 인물의 자리는 동쪽으로 두는 것이 좋다. 밝은 기운을 받으면 사람도 밝아지고 진취적으로 바뀐다. 해가 기우는 것을 계속 보고 있으면 사람도 감성적으로 변한다. 환경의 영향을 받을 수밖에 없다. 두 개의 건물을 나란히 올린 사옥이라면 당연히 최고 책임자의 집무실을 동쪽으로 두어야 활력이 넘치고 근무의욕도 생긴다.

사례로 LG그룹의 여의도 트윈타워의 회장 집무실은 동관에 있다. 서울 양재동의 현대자동차 사옥도 정몽구 회장 사무실을 동관에 위치시켰다. 집을 지을 때 건물을 대지의 서쪽에 몰아서 짓고, 동쪽은 가급적 넓게 비워서 뜰로 사용하는 것이 상식이다. 즉 큰 도로가 있는 서쪽을 등진 채 반대쪽에 출입문이나 현관을 만들면 소음과 공해가스가 집 안으로 들어오는 것을 차단하고 강한 저녁 햇살을 피할 수 있어 좋다.

도로가 서쪽과 접한 땅이라면 건물을 서향으로 짓지 말고 도로를 등지고 동향으로 지어야 풍수에 맞는다. 대지 동쪽에는 반드시 진입로가 필요하다. 서향 빌딩들은 대부분 서쪽에 접한 대로변에 위치하고 있어 정문이 서쪽을 향한다. 도로를 편리하게 이용할 수 있어서 좋지만 문제가 발생한다. 서향집이 되기 때문이다. 풍수에서는 감응한다는 말을 자주 한다. 살아가는 과정에서 연관된 것들이 사람에게도 영향을 준다는 이론이다. 뜨는 해의 영향을 받는 것과 지는 해의 영향을 받은 것에는 상당한 차이가 있다. 뜨는 해는 활기가 넘치는 반면 지는 해는 감성적으로 쉬거나 접는 마음이 들게 한다. 풍수는 자연이 주는 영향이 사람의 마음뿐만 아니라 공존하는 것들에 영향을 준다고 믿는 학문이다.

큰 도로에 상가나 집터를 사지 마라

집을 편리함을 기준으로 구입하는 경향이 있다. 교통과 주거환경을 고려해서 산다. 하지만 집이 한 사람의 인생을 살아가는 데 중요한 역할을 한다는 것에는 관심이 없다. 인생이 풀리고 막히는 원리가 집에 있다는 것을 아는 사람은 드물다. 하지만 집에 의해서 그 집에 살고 있는 사람의 운명도 영향을 받는다는 놀라운 진실이 있다.

사람이 살고 있는 집을 양택이라고 하며, 죽어서 산에 묻힌 자리를 음택이라고 한다. 양택은 태양의 양기를 받지만 음택은 땅의 지기를 받는다는 의미다. 양택과 음택은 산과 물의 흐름을 보고 읽는다. 몰라서 놀라운 것이다. 알고 나면 너무 확연한 원리지만 모르니 신기하고 놀라울 수밖에 없다. 배산임수背山臨水와 장풍득수藏風得水가 풍수의 근간을 이루는 원리다. 최소한 근원을 이루는 원리는 지켜야 한다. 배산임수와 장풍득수를 지킨 집이 의외로 적다.

우선 집을 살 때 고려해야 할 기본원리를 지키기에도 문제가 있는 터가 있다. 아무리 집을 잘 지으려고 해도 이미 문제가 있는 터다. 대표적인 것이 큰 도로를 개설하면서 문제가 생긴다. 지방에 도로를 놓을 때 도로를 북돋아서 높게 만든다. 주위의 지면보다 높게 길을 만들어서 길옆에 바로 집을 지을 수 없다. 도로와 같은 높이로 흙을 채운 다음 건물을 올리게 된다. 대문은 당연히 도로 쪽으로 내게 될 수밖에 없다. 이렇게 되면 도로 방향으로 문을 내고 건물을 짓게 되어 건물 뒤는 절벽처럼 남게 된다. 건물 앞은 높고 건물 뒤는 푹 꺼져서 배산임수의 반대 현상이 생기게 된다. 건물 앞이 낮고, 건물 뒤가 높아야 하는데 반대가 된다. 배산임수에 역행하는 전형이다.

풍수에서 배산임수를 지키지 않은 폐해는 크다. 배산임수를 지키지 않은 건물이나 집은 제대로 되는 경우가 드물다. 새로 개설된 도로 옆에 지어진 건물들은 제대로 장사가 되는 곳이 없다. 대지 앞에 도로가 생기면 땅값이 올라 고마운 일이지만 대지에는 풍수상으로 문제가 발생한다. 큰 도로를 점하고 있는 건물의 경우, 더구나 차들이 속도를 내며 달리는 경우에는 문제가 더욱 심각해진다. 요즘 유행하는 필로티 형 건물 구조도 문제다. 1층을 기둥만 남기고 텅 비게 지어 주차장으로 사용하거나 창고 등으로 이용하기 쉽지만, 풍수상으로는 좋지 않다. 바람 잘 날이 없는 집과 같이 어려운 일이 계속 이어서 온다. 외관을 멋있게 만들기 위해 건물의 한 부분이 뚫린 모습이거나 일층을 뚫린 모습처럼 사용하는 것을 경계해야 한다. 사람의 얼굴을 관상이라 하듯, 건물이나 집의 모양을 가상家像이라고 한다. 사람의 얼굴도 반듯한 것이 좋듯 가상도 반듯한 것이 풍수상으로 좋다. 사람의 관상을 보고 성격과 운세를 예측하는 사람들이 있다. 마찬가지로 집의 모양인 가상을 보고 건물의 운세를 예측한다.

그런데 묘하게도 건물주를 보면 건물의 모양과 닮아있는 것을 확인하게 된다. 건물이 유럽의 고딕 양식처럼 뾰족뾰족하게 생긴 경우 주인을 보면 성격이 정말 뾰족뾰족한 경우가 많다. 관심을 가지고 보면 신기할 정도로 일치한다. 일도 부드럽게 진행되지 않고 가상家像대로 뾰족뾰족하게 안 풀린다. 주인의 성격대로 집을 지어 가상이 주인을 닮기도 했겠지만,　가상이 안에 살고 있는 사람의 마음을 움직여 그렇게 되기도 한다. 까칠한 사람은 인생도 까칠하다. 주위의 사람들과 부딪히며 살기 때문에 분란을 몰고 다닌다. 마찬가지로 날카로운 모양을 가진 건물에 살면 심성도 닮아간다. 예를 들어, 날카로운 유리가 깨진 채 대문 앞에 있으면 그것을 볼 때마다 심성도 날카로워진다. 우는 아기를 만나면 걱정이 되고, 울음이 길어지면 마음의 평정을 잃게 된다. 반면 웃는 아기를 만나면 자신도 모르게 함께 웃게 된다. 자주 만나는 것들과 자신의 마음도 닮아간다.

　가상家像은 현대그룹의 건물처럼 반듯하거나 삼성의 경우처럼 직사각형 모양으로 안정된 것이 좋다. 건물을 예술적인 모양으로 비틀어 짓거나, 기하학적인 모양으로 짓는 것은 좋지 않다. 균형 잡힌 안정적인 모양으로 건축되어야 하며 터도 반듯하게 사각형이 좋다. 부득이하게 각이 질 경우 각진 부분에 화단이나 조형물을 설치해 전체와 조화가 이루어지도록 만들어주어야 한다.

골짜기도 좋은 자리일 때가 있다

집에서 마당은 여자고, 옥상과 지붕은 남자다. 옥탑이나 옥상에 채소나 원예를 재배하면 남자가 어려워진다. 옥상을 만들지 않고, 지붕으로 마무리하는 것이 좋다. 또한 마당에 연못을 2/3 이상 파면 여자가 병이 나거나 죽을 수 있다. 실제로 주의를 줬으나 그대로 유지해서 죽은 것을 봤다. 마당의 상당 부분을 연못으로 만들어놓고 오랫동안 한 집에서 사는 경우 안사람의 건강상태나 안위를 확인해보라. 병이 걸려있거나 사망한다.

산은 일정한 기운을 가지고 있고 변화하지 않지만 언뜻 이해되지 않는 터가 있다. 골짜기는 풍수에서 가장 멀리해야 할 공간이다. 집터나 묏자리 어느 것으로도 쓸 수 없는 터다. 하지만 골짜기에 터를 써서 잘되는 것들이 있다. 믿기 어렵지만 사실이다. 정신병원·기도원·요양원은 골짜기에 자리 잡은 것들이 잘된다. 이유는 단순하다. 정신병원이나 요양원에 오는 사람들은 이미 정상이 아니다. 이들은 숨어들려는 경향이 강하다. 밝은 곳보다는 음습하고 구석진 곳을 찾는다. 실제로 전국을 다니면서 본 결과 골짜기에 지어진 용인정신병원이나 할렐루야 기도원 같은 곳이 잘 운영된다.

비슷한 원리도 있다. 석양빛으로 기울어가고 있을 때 찾는 것들이 있다. 술집이다. 술집은 큰길가보다 후면도로에 위치한 술집이 더 잘된다. 풍수는 사람의 기운이 작용하는 것을 자연과 연계해서 분석하고 해결점을 찾는 학문이다. 술을 마실 때 환한 곳을 선호하지 않는다. 어둠이 찾아오기 시작하면 쓸쓸해지면서 술집을 찾는다. 사람의 마음을 그대로 적용해서 동질의 기를 만들어주는 것도 풍수의 하나다. 양택의 경우는 더욱 그렇다.

비슷한 용도의 건축물이라도 반대인 경우가 있다. 호텔의 경우는 드러내놓고 들어가는 공간이라 환하고 밝은 기운이 도는 곳에 자리를 마련해야 잘 되고, 러브호텔의 경우는 산이 적당히 가려준 자리를 잡아야 사람이 찾는다. 풍수의 역설이라고 할 수 있다.

그리고 집에도 지리가 있다. 사업을 하는 사람이었는데 집을 봐달라고 해서 감정을 갔다. 딸의 자리에 아들이 기거하고 있었다. 딸에게 문제가 생길 것 같으니 아들의 자리로 옮기라고 했다. 방만 옮기면 되는 일이었다. 하지만 방을 옮기는 사소란 일이 불상사를 불러오게 된다. 얼마 후에 연락이 왔다. 딸이 자살했다고 했다. 그러면서 나를 원망했다. 그렇게 심각한 것이라면 강하게 이야기하지 그랬느냐는 원망이었다. 물론 심정적으로는 이해한다. 하지만 교회 다니는 사람에게 절에 가라고 하면 갈 사람이 있을까. 마찬가지로 절에 다니는 불교신자에게 기독교로 개종하라고 하면 바꾸지 않는다. 마찬가지다. 어떠한 권고도 믿는 사람에게만 들린다.

자연의 원리대로 이루어지는 것을 찾아서 읽어주어야 한다. 풍수는 자연의 원리를 인간에게 적용하는 학문이다. 자연의 원리를 인간에게 유리하게 적용시킬 수 있는 방법을 찾으려면 인간의 마음의 흐름도 적용시켜야 한다. 인간도 자연의 일부이고 자연에 순응하며 살아가야 하는 존재다. 인간의 심리를 자연에 적응시키는 것도 중요한 풍수의 하나다.

C 상가의 경우
속이 깊은 상가가 좋다

　일반인들은 상업용 건물을 구입할 경우 도로에 인접한 면적이 넓은 곳을 선호한다. 광고효과도 좋게, 전시효과를 보기 위해서다. 하지만 실제로 장사가 잘되는 터가 어떤 터인가 조사해보면 의외로 도로와 접한 면적이 적은 터다. 부연설명하면 입구에서 들어가면 속이 깊은 상가와 입구 방향이 도로와 접한 면적은 넓으나 안으로 들어가면 속이 짧은 것 중에서 통계를 조사해보면 속이 깊은 상가가 장사가 더 잘된다.

　상업용 건물은 한 면 이상이 도로에 접해 있다. 도로에 접한 벽면에는 유리를 설치해서 물건을 전시하는 공간으로 만들어 지나는 사람들의 구매 욕구를 불러일으키도록 시설이 되어 있다. 도로에 접한 건물 길이가 길면 전시공간을 넓게 만들 수 있고, 전시되는 물건도 다양하게 전시할 수 있다. 또 좋은 점은 도로와 접한 면적이 넓어 상가를 여러 개로 분리할 수도 있다. 일반적으로 도로와 접한 면적이

넓을수록 사업상 유리한 것으로 생각한다. 당연히 상가 건물을 신축할 때에도 도로에 접한 면적을 넓게 만들려고 한다.

일반적인 상식과는 달리 실제로 조사해보면 속이 깊은 상가가 장사가 더 잘된다. 이유는 이렇다. 풍수로 볼 때 전시장이 넓고 깊이가 얕은 상가는 일반적으로 생각하는 것처럼 장사가 잘되지 않는다. 장사가 잘되는 상가는 전면 가로 폭보다 세로 깊이가 깊은 점포다. 밖에서 봤을 때는 전시장이 적고, 전시장이 짧기 때문에 작은 점포로 보인다. 일단 점포에 들어서면·후면 깊은 곳까지 물건이 쌓여 있어 고객에게 안정감을 주고 구매 욕구를 불러일으킨다.

반면 전시장 가로 폭이 긴 점포는 지나면서 보기에는 일단 구매 욕구를 불러일으키나 점포에 들어서고 나면 내부 깊이가 짧으므로 물건이 많지 않고, 물건을 보기 위해서는 전시된 쇼윈도 쪽을 바라보게 된다. 안정감을 잃어버리고 도리어 실망하게 된다. 사람도 철학이 깊은 사람과 이야기하다보면 점점 빠져들게 한다. 하지만 깊이가 없는 사람과 이야기하다보면 이야기가 지루해진다. 상가도 다르지 않다. 깊이가 얕은 상가의 경우는 들어올 때 기대한 만큼 실망하게 된다. 하지만 속이 깊은 상가는 입구에 들어올 때 기대한 것 이상이 안에 있기 때문에 마음에 안정감이 생기고 구매욕구가 살아나게 된다.

산도 마찬가지다. 기운이 모이는 산은 깊이가 깊은 데 반해, 깊이가 얕은 산은 기운이 모이지 않는다. 사람의 마음은 자연에서 그대로 적용된다. 자연 상태에서나 인위적으로 꾸며 놓은 것이나 원리는 같다.

식당이나 카페는 많은 사람들이 드나드는 곳이다. 도로변에 길게 늘어선 듯 생긴 식당은 비록 외부에서 보기에는 규모가 크게 보이는 장점이 있지만, 실제로는 내부에 기운이 모이지지 않아 사람이 적다. 식당이나 카페는 들어가서 마음이 편안해야 한다. 들어가 앉았을 때 안도감이 들고 마음이 넉넉해져야 하는데 깊이가 낮은 곳에 앉아 있으면 마음이 안정되지 않는다. 아늑함이 아니라 불안한 느낌을 갖게 한다. 다시 찾고 싶지 않은 느낌을 갖게 한다.

다른 공간 형태와 마찬가지로 식당이나 카페도 내부 공간에 생기가 모아져야 한다. 그러려면 깊이가 깊어야 한다. 따라서 식당이나 카페의 홀 평면 형태는 정사각형 혹은 직사각형으로 깊이가 깊은 방향으로 가게를 앉혀야 좋다.

상업용 상가의 형태는 다양화되고, 인테리어 방법도 기발해지면서 새로운 형태를 보여주고 있다. 하지만 기본원리는 같다. 가령 식당의 형태나 종류가 달라도 주방이나 현관의 위치는 잘 결정되어야 한다. 식당의 경우 주방의 위치가 가장 중요하다. 주방은 당연히 깊은 곳에 위치시켜야 한다. 주방의 위치로 좋은 곳은 문에서 들어갔을 때 오른쪽 깊은 곳이 적당하다. 주방에서 전체를 관망하기에도 그렇고 음식을 안에서 바깥쪽으로 내어오는 편이 심리적 안정감을 준다. 주방이 입구나 측면에 있을 경우 음식을 안에서 내어오는 것보다 심리적으로 안정되지 않는 약점이 있다.

또한 식당이나 카페의 창문을 크게 하는 것이 일반화되고 있다. 시원하게 트인 창은 안팎으로 바라볼 수 있는 장점이 있고, 항시 햇빛을 받아 실내가 환하게 되는 장점이 있다. 하지만 호텔의 커피숍처

럼 넓은 경우를 제외하고 일반 카페의 경우나 식당에서는 창이 지나
치게 큰 것이 좋지 않다. 넓은 면적에서는 창문을 크게 해야 시원하
고 관망할 수 있어서 좋지만, 면적이 좁은 일반적인 식당이나 카페
에서는 전면을 유리로 할 만큼 공간이 확보되지 않기 때문이다. 이
렇듯 좁은 공간에 유리창을 크게 만들면 안에 있던 기운이 외부로 빠
져나가 내부 기운이 약해진다. 면적이 좁은 식당이나 카페는 개방된
유리의 하단을 막아주어 기가 안에 모이도록 해야 한다.

책을
맺으며

무식으로 유식을 이기고 싶었다.

가난으로 부자를 이기고 싶었다.

약함으로 강함을 이기고 싶었다.

세상에 대해 생각한다. 풍수를 시작한 지 30여 년이 흘렀다. 19살에 시작해 지천명의 나이가 되었다. 공자는 50세를 지천명知天命이라 하였다. 나이 50세에 하늘이 내린 자신의 운명을 알았다는 의미겠지만, 달리 말해 하늘의 뜻을 알았다는 말도 된다. 풍수의 세계에인생을 바쳤다. 운명이 산에서 온다면 산을 바꾸면 운명이 바뀐다는것을 의미한다. 하지만 운명을 바꿀 기회는 정작 나 자신에게 주지않았다. 나에게는 산이 없었다. 산이 선영을 의미한다는 것을 이제는 이해했을 것이다. 하늘은 다 주지 않았다. 풍수로 운명을 바꿀 수있는 특별한 능력을 배웠지만 풍수의 세계에서 정작 나는 제외됨을운명으로 받아들여야 했다. 선영이 없는 운명을 가졌다. 남의 운명은 바꾸어줄 수 있는 능력을 주되 풍수를 행하는 사람에게는 그런 행운을 주지 않았나 보다. 많은 굴곡 있는 삶을 살았다.

그러나 가난으로 부자를 이기고 싶었다. 맨몸으로 태어나 몸 하나로 먹고 살았다. 의지할 데가 없었다. 기댈 언덕이 없어서 궂은 일 힘든 일을 마다하지 않고 하며 살았다. 굶어본 사람은 안다. 배고프다는 것이 얼마나 무서운 일인가를. 굶으면 죽음의 공포가 엄습하고, 세상에 대하여 적개심이 생긴다. 적개심보다 무서운 것이 살아남아야 한다는 원초적 욕망이다. 그래도 회사나 조직 안에 들어가지 못했다. 혼자서 살아남는 방법을 찾아내야 했고, 풍수로 세상을 살았다. 풍수는 올라야 할 목표이기도 했지만 생계의 한 방법이기도 했다. 돈이 필요해서 풍수를 한 적도 있다. 그래서 풍수에 대한 애증이 있다.

이제는 내 길을 가야 한다는 다짐을 한다. 무식으로 유식을 이기고 싶다는 말은 남에게서 배운 지식으로 세상을 살지 않고 내가 선택한 주체적인 인생을 살고 싶었다는 소리다. 스스로 터득해서 세상과 맞서고 싶었다. 풍수를 거의 혼자 공부했다. 스승 없이 공부하느라 몸으로 겪어보는 수밖에 없었다. 시신을 파 간 공동묘지에서 흉한 터와 길한 터의 느낌을 구분해 보기 위해 잠을 자기도 했고, 직접 현장을 찾아다니며 산에서 운명이 오는 것을 확인했다. 현장에서 해가 뜨고 해가 졌다. 현장에서 인생을 살고 보냈다. 산을 보면 자식들의 운명이 보였고, 산을 보면 후손들의 병이 보였다. 나름의 자가풍自家風을 이루었다고 자부해본다.

열 번 반복해도 좋은 말을 다시 한 번 한다. 풍수는 천기가 아니고 자연의 원리이며 과학이다. 과학적인 공식으로 설명할 수 있다. 산의 생긴 모양과 흐름을 보면 묻힌 사람과 후손의 운명을 읽을 수 있는데 이것이 공식이라는 점을 다시 한 번 밝힌다.

한편 땅을 통해 사람을 읽으며 살다 보니 결국 세상에 대해서 알게 된 바도 적지 않다. 약함으로 강함을 이기고 싶다는 마음도 세상과 대면하면서 품게 되었다. 한국사회는 민주화되었고, 자유를 넘치도록 누리고 사는 투명한 사회지만 아직도 어둠의 세계가 남아있는 것을 알게 되었다. 권력기관이 존재하고 있었다. 강한 힘을 상시적으로 사용하고 있는 것을 알게 되었다. 나는 계란이었지만 강한 바위에 스스로를 던지고 싶었다. 민주화가 안 된 곳이 있었다. 바로 재벌이었고, 정치권력이었고, 노조권력이었다. 대단한 힘을 가지고 있었고, 아직도 비정상적인 힘을 휘두르고 있는 것을 확인했다. 가장 맑고 깨끗해야 할 곳이 가장 어두웠다. 특히 낮은 곳의 사람들이 뭉쳐서 세상을 바꾸겠다고 하는 노조는 이해가 되지 않는 면이 있었다. 재벌의 세습을 나무라면서 자신의 자리를 자식에게 세습하는 제도를 만드는 모순을 보면서 권력은 역시 예외 없이 썩는다는 것을 깨달았다.

국가적으로도 걱정이다. 한반도의 정세는 불투명한 상황이다. 남·북의 최고 권력자가 서로 만나기는 했으나 악수하고 냉면 한 그릇 먹은 것 말고는 실질적 변화가 없다. 미·북의 최고 권력자도 만나기는 했으나 카메라 플래시만 연신 터졌을 뿐, 특별히 변화된 것은 없다. 오히려 실질적 변화를 이룬 것은 북·중 관계가 아닌가 한다.

북한은 결단코 핵을 포기하지 않을 것이다. 불안한 세습 과정을 끝낸 김정은은 이제 4대 세습의 초석을 닦을 준비를 하고 있다. 오직 경제적 봉쇄만이 북한 지도층 앞의 장애물이라고나 할까? 이 와중에 김정은 집권 이후 장성택이 처형당하면서 단절되었던 북·중 교류에 우리가 물꼬를 틔워준 셈은 아닌지 모르겠다. 궁지에 몰린 쥐에게 구멍을 뚫어준 셈이랄까? 여하튼 북한의 실제적 변화가 없다면 쇼맨십으로 치부될 수 있는 현재의 이벤트들을 바라보며 미국의 인내심이 어디까지일지 의문이 든다. 아울러 남북의 긴장도 마지막 단계에 도달해있다는 느낌을 준다. 임계점을 넘고 있다. 임계점 이후의 상황이 통일로 가는 길이었으면 더 이상의 바람이 없겠다. 진정으로 위기가 기회가 되기를 간절히 바란다. 정치인들이 당이나, 지역이 아니라 국가를 위한 결정을 해주기를 간절히 바란다.

혹자는 풍수를 삼류라고 말한다. 사람의 운명을 바꿀 수 있는 큰 힘을 가진 것인 풍수지만 미신으로 치부되는 것에 화가 나기도 했다. 의사는 병을 고치지만 풍수는 운명을 고친다. 몸을 바친 끝없는 실험이 있었고, 많은 실패도 했다. 선의가 이루어지지 않는 것에 대한 후회도 있다. 사람을 못 보고 돈을 봤던 후회도 있다. 지옥도 마다하지 않겠다. 무식으로 살 것이고, 유식에 도전하자니 나 자신을 생체실험하듯 던지는 수밖에 없었다. 순수한 무식이 오만한 유식을 이길 것을 믿는다.

부록

1. 국무총리 도별 배출현황

구분		도별배출인원		국무총리
경기		8		이범석, 최두선, 김정렬, 이홍구, 황교안, 장면(2회), 남덕우, 이한동
강원		2		최규하, 한승수
충청 6	북도	0	6	–
	남도	6		김종필(2회), 이헌재, 이해찬, 정운찬, 이완구, 이회창
전라 5	북도	4	5	진의종, 황인성, 고건(2회), 김상협
	남도	1		김황식
경상 9	북도	4	9	장택상, 신현확, 이수성, 한덕수
	남도	5		노재봉, 김석수, 정홍원, 허정, 박태준
제주		0		–
이북		10		백두진(2회), 정일권, 유창순, 노신영, 강영훈, 정원식, 현승종, 이영덕, 한명숙, 변영태
계		40		

- 지역은 국무총리 선영 위치로 선정
- 총 44대 44명이나 중임자가 4명으로 총 국무총리는 40명
- 대한민국 정부 초기의 경기 지역 출신은 선산이 확실하지 않음
- 삼남지역이라고 하는 충청 전라 경상도 국무총리가 40명 중 20명으로 50%
- 특히 경상도는 40명 중 9명으로 최다 배출지역임
- 중임자는 장면 백두진 김종필 고건으로 4명임

2. 대통령 도별 배출현황

구분	인원	대통령	비고
경기	1	김대중	경기 용인
강원	1	최규하	
충청	1	윤보선	충남 아산
전라	0	–	
경상	7	박정희, 전두환, 노태우, 이명박, 박근혜, 김영삼, 노무현	
제주	0	–	
이북	1	이승만	황해도 평산
계	11		

- 경상도는 11명의 대통령 중 7명 배출로 63%로 거의 독점상태임
- 지역은 대통령 선영 위치로 선정
- 박근혜 대통령의 경우는 이장설 등 확정되지 않은 내용이 있어 일단 경상도로 분류함

3. 한국의 재벌 배출지역(창업자 선영 위치로 선정)

구분		인원		그룹사명
경기		1		에스케이, 경기화성
강원		0		–
충청	북도	0	1	–
	남도	1		한화
전라	북도	0	3	–
	남도	3		두산, 부영, 미래에셋
경상	북도	3	6	롯데, 대우, 에스오일
	남도	3		삼성, 엘지, 효성
제주		0		–
이북		3		현대, OCI, 영풍
계		14		

- 삼남지역이라고 하는 충청 전라 경상도가 14개 재벌 중 10개를 차지함
- 또한 북한지역을 제외하면 에스케이를 제외하고 모두 삼남지역임
- 지역은 재벌 창업자 선영 위치로 선정
- 한국 28대 재벌 중 삼성 현대 엘지 등 창업자가 중복되는 경우는 하나만을 선정했으며 14개 재벌만 남아 창업자의 출신지역에 따라 선정

4. 좋은 땅과 나쁜 땅을 판별하는 법

■ 배산임수와 장풍득수

● 우선 길지로 꼽는 곳은 양지바른 땅이다. 인체는 땅에서만 생기生氣를 받는 것이 아니라 태양으로부터도 받는데, 같은 햇빛이라도 아침 햇빛은 이롭고 저녁 햇빛은 이롭지 않은 것으로 친다. 동남향 집의 베란다에 놓인 화초가 서향집의 화초보다 잘 자라는 이치와 같다.

● 남향의 배치라 해도 북쪽이 높고 남쪽은 낮아야 하는데, 이런 유형의 대지를 찾기가 쉽지 않다. '남향집에 살려면 삼대가 음덕을 쌓아야 한다.'는 민간 속담이 존재할 정도다.

● 남향이 아니라도 남향 못지않게 생기를 받을 수 있는 건축 방법이 있다. 바로 배산임수의 배치법이다. 배산임수란 건물을 세울 때 산을 등지고 물을 바라보게 짓는 방법이다. 가령 남쪽에 높은 산이 있고 북쪽이 낮아 하천과 평지가 펼쳐져 있으면 북향의 건물을 짓는 것이 배산임수의 배치법으로, 남향 배치보다 더욱 의미가 있고 좋은 방법이다.

● 다음으로 장풍득수藏風得水로 사발같이 생겨 바람을 가두는 곳을 길지로 본다. 그리고 물을 얻어야 한다. 또 건물의 앞쪽에 도로나 하천이 있어 건물을 감싸 안은 것 같은 형세를 수룡환포水龍環抱라 해 매우 길한 터로 친다. 풍수에서는 도로를 수룡水龍으로 보며, 물이 만나는 곳에 기가 모이듯 도로가 만나는 곳에 기가 모인다고 본다. 이런 이유로 교통이 편리한 중심지에는 자연히 각종 문화시설이 들어서며, 곧 인간생활의 중심지가 된다. 특히 도로 교차로에 위치한 빌딩의 가치가 높은 것도 이런 이치에 따른 것이다.

■ 대문과 현관

● 대문과 현관은 집의 안팎을 이어주는 통로로 사람과 기운이 드나드는 중요한 위치에 있으며, 집을 찾아오는 사람들이 처음 만나게 되기 때문에 얼굴과도

같은 존재다. 따라서 대문이나 현관을 크고 화려하게 만드는 경향도 있지만, 집과의 조화를 고려하지 않고 맹목적으로 크고 화려한 대문과 현관은 오히려 화禍를 불러올 수 있다. 풍수에서는 현관을 포함한 문이 크고 집이 작은 것을 흉상으로 본다. 우선 신분에 걸맞지 않기 때문이다. 옛날에는 집의 대문이나 담으로 그곳에 사는 사람의 신분이나 지위를 알 수가 있었다. 그래서 신분에 맞지 않게 호화롭고 커다란 대문은 금령禁令에 반할 뿐 아니라 대흉을 초래한다고 여겼다. 지금은 신분이 사라졌다고 하지만, 불필요하게 화려한 문은 주변 사람들로부터 손가락질을 받거나 시기와 질투를 불러일으키기 십상이다. 두 번째 문제는 집과의 조화가 이뤄지지 않기 때문이다. 문은 집의 일부분으로 집의 분위기에 맞게 어우러지는 것이 좋다. 조화가 이뤄지지 않고 대문의 기운이 집과 주인의 기운을 누르면 집안이 편안하지 않고 흉한 일이 생긴다.

● 대문이나 현관을 만들 때는 평탄하고 안정되며 중심이 잘 잡힌 자리에 만들어야 한다. 특히 대문 한쪽이 심하게 경사진 지역은 피하는 것이 좋으며, 건물이나 담장의 모서리 부분도 센 바람이 불어 안정감이 없다. 대문은 좌우가 밝고 안정된 곳에 있어야 한다. 만일 대문이 건물 한쪽 또는 처마 밑을 통과하는 지역에 위치해 있으면 대문을 통과하는 사람에게 불행한 일이 생긴다. 아울러 대문은 바깥쪽으로 열리는 것보다 안쪽으로 열리도록 만들어야 복을 불러들일 수 있다.

풍수학에서 '혈穴'이란 땅의 생기가 흐르는 맥脈 중에서도 가장 기운이 모인 곳을 말한다. 좋은 땅의 기운이 모인 곳이므로 묘 터, 집 터, 마을 터 등으로 쓰면 길한 곳이다. 반면에 땅의 기운이 좋지 않으면 좋은 혈도 나올 수가 없고, 이런 곳에서 억지로 혈이 될 만한 곳을 찾아내 묘지 터나 집터를 쓰면 불행을 맞게 된다.

■ 좋은 터

● 기본적인 원칙이 있다. 주위의 산이 부드럽게 안으로 감아주어야 한다. 산의 모습이 주인을 향하여 인사를 하거나 귀를 기울이는 듯이 아늑한 느낌이 있

어야 한다. 보기에 좋은 산이 사방에 있는 곳이 좋다.

● 구슬 모양, 솥뚜껑 모양, 삼각형, 반원 모양, 집 모양, 눈썹 모양, 일자형 등의 산이 주위에 있을 때 좋다. 공기의 흐름이 고요하고 양지바른 곳이 좋다. 땅은 습하지 않고 토질이 밝은 빛이면 좋다. 물이 집이나 산소를 감고 돌아가는 곳이 좋다. 앞에서 물이 합치는 곳이 좋다. 안산(앞쪽에 있는 산)은 책상과 같이 높지 않아야 한다.

■ 피하고 싶은 땅

● 항상 땅이 질펀한 곳은 피한다. 막다른 골목의 끝 집. 날카로운 모양으로 뾰족한 바위, 철탑, 건물의 모서리, 담장의 모서리 등이 있는 곳. 경사가 심한 산이나 언덕이 주위에서 위압을 가하는 곳. 심한 소음 혹은 공기의 이동이 있는 곳으로 기찻길, 고속도로, 공항 등은 피해야 한다.

● 뒤로 넘어지듯 하거나 등을 돌린 산이 있는 곳, 도시의 물이 잘 잠기는 도로에 가까운 집은 원래 습한 곳일 가능성이 높다. 바람이 많고 기의 흐름이 빨라 혈이 맺히지 않는다. 골짜기는 바람이 많고 범람의 위험이 있어 좋지 않다. 산의 뒷면 혹은 주위 산들이 돌아선 곳, 채석 공사나 도로 공사로 인하여 산의 허리가 잘리고 팬 곳, 삼각형이나 뾰족한 각이 많은 대지, 좌청룡·우백호의 끝이 서로 마주치는 곳이나 바깥으로 벌어진 곳도 좋지 않다. 아울러 혈 주변이 공사로 굴착됐거나, 토석의 채취로 인해 패고 부서진 곳은 혈장이 파손되면 생기가 누설돼 흩어지기 때문에 화만 있고 복이 없는 매우 흉한 땅이 된다.

● 힘이 없는 땅으로 우선 산자갈이 흙과 섞여 사람의 얼굴로 치면 부스럼이 난 것처럼 지저분한 곳에서는 생기가 흐르지 못하기 때문에 용렬하고 우둔한 자손이 나온다. 산줄기와 물, 주변 산수가 흩어진 땅은 용맥이 단단하게 뭉쳐 오는 것이 아니라 질서 없이 퍼져서 오므로 기가 모이지 않아 허약하다. 재물이 달아나 가난해진다.

● 골짜기가 깊어 음침하고 추운 곳도 용맥과 혈이 응집할 수 없어 생기가 없

는 땅이다. 시신이 찬 곳에서 육탈되지 않으면 나쁜 기운만 발산해 자손들이 일찍 큰 화를 당한다.

● 고르지 못해 뾰족하고 생기가 머무를 수 없는 땅은 자손들에게 재앙이 끊이지 않는다.

● 혈지가 너무 낮거나 넓어서 물이 들어올 염려가 있고 비만 오면 질퍽거리는 땅. 흙이 거무튀튀하게 죽은 생기 없는 땅은 재산이 없어지고 자손이 끊긴다.

● 혈의 입수 부근이 곧고 딱딱하며 왕모래가 많이 있으며 사람이 오를 때 죽죽 미끄러지는 땅은 모래 사이로 물과 바람이 드나들어, 자손이 온갖 흉화를 당하고 망하게 된다.

풍수의 기본 원리는 간단하다. 장풍득수와 배산임수가 기본이다. 이를 바탕으로 집이나 묘가 자리 잡은 주산을 기준으로 앞·뒤·옆의 산, 즉 좌청룡·우백호·안산의 흐름과 모양 그리고 물의 흐름을 보는 법을 익혀야 한다. 다음으로 세분화해 산과 산이 만나고 흩어지는 것을 파악하는 것이 순서다. 사람에게 같은 얼굴이 없듯이 산의 모양도 제각각이다. 변화가 많은 산을 파악하는 능력을 깨우쳐야 풍수로 일가—家를 이룰 수 있다.

하지만 세밀하게 보고 운명을 산이나 집에서 파악할 수 있는 경지를 이루려면 현장을 직접 다니며 발로 뛰어야 한다. 보는 방법을 체득하기까지는 시간과 경험이 필요하다. 풍수를 보는 것은 과학적인 원리에 의해 이루어지지만, 원리를 깨우치는 데는 공력이 필요하다. 여기에 나열한 것은 기초적이고 누구나 파악할 수 있는 내용이다. 이론으로 파악하기는 쉽지 않지만 현장에서 보면서 익히면 한눈에 터득한다. 좋은 터, 즉 명당을 얻는 것은 자신에게는 물론 후손에게도 큰 힘이 된다.

5. 사례별 길흉

■ 땅과 가상家相

이번에는 이해하기 쉽게 사례별로 적어본다. 인용한 글이다. 참고해서 이용하기 바란다.

● 양택의 길흉吉凶

조선조 숙종 때의 실학파 학자 홍만선은 『산림경제山林經濟』에서 살기 좋은 집터에 관해 설명하고 있다. "삶에 있어서는 집터 고르는 일이 중요한 것인데, 물과 물이 서로 통하는 고장이 제일 좋은 곳으로 일컬어진다. 그래서 산을 뒤로하고 호수에 접할 수 있는 터전이 제일 좋은 고장이다. 그러나 국면局面이 널찍하여야 하고 또 흐트러짐이 없어야 한다. 넓은, 즉 이재利財하기가 좋고 흐트러짐이 없어야 생산된 재산이나 복덕이 취합된다." 라고 말하고 있다.

● 건물의 부상富相과 빈상貧相

사람도 외형적인 생김새에 따라 화복禍福을 논하는 것처럼 건물에도 부상富相과 빈상貧相이 있다. 간단히 말해 복을 부르는 건물은 한마디로 '모나지 않은 정(직)사각기둥' 형태의 건물이다.

즉, 외관상으로 군더더기 없이 매끈하고, 튀어나오거나 들어간 곳이 없는 반듯한 모양이라야 부상富相의 건물이다. 이러한 조건을 갖출 경우, 건물주는 물론 건축업자나 세를 든 업체들 또한 부를 쌓게 되니, 자연 돈 버는 건물이라는 소문이 나기 마련이다.

빈상貧相의 건물로는 아래는 튼실하게 시작했으나, 위로 갈수록 좁아지는 모양이 전형이다. 건물의 형태가 위로 올라갈수록 좁아지면 자금난으로 고통 받게 된다는 것이다. 또 건물의 높이가 좌·우·앞뒤마다 서로 다른 경우, 기의 흐름상 장애요인이 돼 매우 흉한 상이라 할 수 있다. 따라서 건물의 정상인 옥상은 반듯한 평면의 형태로 하는 것이 가장 길吉하다. 대체로 기운이 한쪽으로 쏠리면 좋지 않다. 눈으로 보기에 아름답고, 독특한 양식이라 해서 풍수적으로 길吉하다거나, 부상富象이라 할 수는 없다.

최근에는 미관상 아름다운 건물을 중시하므로, 본체를 원형이나 기하학적 형태로 만드는 경우가 많으나, 모두 기의 흐름을 원활하게 하지 못하므로 흉한 상으로 분류한다. 특히 최근에 지어진 초고층 주상복합건물 역시 이런 오류를 범함으로 수려한 미관에 비해 풍수적으로는 빈상인 점 또한 고려할 부분이다.

건물의 형태가 옆에 있는 건물과 똑같은 형상인 쌍둥이 건물한때 여의도의 상징이기도 했던 쌍둥이 빌딩 등의 가상家相은 어떨까. 건물 내부 구성원들 간에 분쟁이 발생할 소지가 많고, 경쟁적인 상황에 휘말릴 수 있는 불길한 상이다. 또한 양쪽 모서리 부분에 홈이 파인 것처럼 건축된 빌딩 또한 좋은 상이 못 되니, 유의해야 할 것이다.

결론적으로 '부富를 부르는 건물'은 건물의 아래부터 꼭대기까지 전체가 동일한 형태로 반듯하게 올라간 건물을 말한다. 들어가고 나온 부분 등, 홈도 돌출부위도 없어야 한다. 또한 원래 건물에 부가적으로 덧집을 짓거나, 옥탑을 짓는 것도 좋지 않다. 반듯한 외형에 실내 또한 직사각형인 경우가 기의 흐름 및 공기순환에도 양호하다.

■ 산기슭, 벼랑 밑, 계곡 입구의 집 – 흉

산등성이의 튀어나온 끝부분이나 산기슭에 인접한 벼랑 밑의 평지, 계곡의 입구 주변 등 산사태나 홍수의 위험이 있는 장소는 피해야 한다. 주위가 산비탈로 둘러싸인 지형은 선상지扇狀地가 된다. 시간의 경과에 따라 물의 흐름이 완만해지면서 토사가 퇴적된다. 풍경이 아름답고 교통이 편리하며 물이 풍부하기 때문에 선상지에 집을 짓는 사람들이 많지만 절대로 안 될 일이다.

■ 다른 길에 자리 잡은 집 – 흉

일반 도로나 골목의 막다른 곳 등은 집에 가장 부적합한 장소이므로 번거롭거나 위험한 일은 가능한 피하는 것이 상책이다. 도로의 끝 부분에 있는 집은 유해무익有害無益하다. 여기서 말하는 도로의 끝 부분이란 막다른 골목과 정丁자 도로의 끝 부분을 말한다. 정丁자 도로의 끝 부분에 있는 주택은 두 가지 결점을 지니고 있다. 첫째, 적의 공격을 받기 쉽다. 물론 예전과는 달리 지금은 산적이나 적의 공격을 받는 일이 없지만 교통사고가 일어나기 쉽다. 둘째, 강풍이 불거나 화재가 났을 때 피해를 가장 크게 입는다. 또한 막다른 골목에 위치한 주택에는 세 가지 결점이 있다.

첫째, 외출할 때 반드시 남의 집 앞을 지나야 한다. 둘째, 화재 등 긴급한 일이 발생했을 때 대피할 수 있는 길이 없어 위험하다. 셋째, 최근에는 건축 허가를 받기 어렵다.

■ 현관 입구에 큰 나무가 서 있는 집 – 흉

현관 입구에 큰 나무가 있으면 햇빛을 가려 양기陽氣의 출입을 막는 결과를 초래한다. 또한 사람이 출입하기도 불편할 뿐 아니라 벼락을 맞을 위험도 있다. 그리고 낙엽이 떨어지면 집이 지저분해지며 차량 출입도 불편하다. 교외에 주택을 세우려면 수목이 많아 처리 비용도 많이 들며 자른 나무들은 치우는 것도 번거롭다. 가상학家相學에서는 정원에 수목이 있는 것을 피하라고 하지만 예외적으로 '대나무가 있는 집'은 풍수상 좋다.

■ 주위보다 높은 집 – 흉

한 집만이 주위보다 높게 올라 앉아 있으면 불길한 상으로 여긴다. 이와 같은 주택에서는 많은 재물을 모을 수 없다고 전하는데, 거기에는 두 가지 이유가 있다.

첫째, 가상학家相學에서는 전체적 조화를 깨뜨리는 것을 불운의 시작이라 여기기 때문이다. 옛날에는 신분에 따라서 사는 지역과 주택의 크기가 정해졌다. 일반 평민은 신분에 맞지 않는다고 하여 주위보다 높은 집을 지을 수 없었다.

둘째, 위험을 피하기 위해서이다. 고대의 건축 기술은 아주 미비한 것이어서 주택도 지진이나 폭풍우에 약할 수밖에 없었다. 그러나 시간이 지남에 따라 건축 기술도 크게 발달하여 지진이나 폭풍우에 대한 염려는 줄어들었다. 그래도 한 집만 주위보다 높이 올라 앉아 있으면 눈에 잘 띄어 위험에 처하기 쉽다. 또한 다른 집으로 드는 햇빛을 가리게 되어 이웃 사이에 불화가 생길 수 있다. 토지 면적이 제한되어 있다면 주택의 넓이에 영향을 받게 된다. 공간을 효율적으로 이용하기 위해서는 층을 점점 올린다거나, 지하실을 만들어야 한다. 지하실은 습기가 많고 채광이 부적하며 환기도 좋지 않아 문제가 많다. 그러나 지하의 천장을 지상으로 내어 만든다면 채광이 좋아져 지하실을 만드는 데 문제가 없을 수 있다.

■ 경사진 토지 – 길

집의 앞면이 약간 낮고 뒷면이 높은 토지를 진토塵土라 하고 그 반대의 경우를 초토楚土라 한다. 채광에 관한 내용은 현대 건축에서도 같은 의견이다. 북쪽이 높은 주택은 채광도 자연히 좋아지지만 북쪽이 낮으면 채광이 나쁘고 차가운 북풍의 영향을 받아 많은 조명과 난방설비가 필요하기 때문에 북쪽이 높고 남쪽이 낮은 남향집을 이상적이라고 하는 것이다.

■ 평평하지 못한 토지 – 흉

토지의 바닥과 건물이 울퉁불퉁하면 좋지 못하다. 사방으로 굴곡이 없으면서 사각형 모양인 토지가 이상적이다. 이는 토지의 이용 면에서 생각해 보아도 납득할 수 있는 이야기이다.

■ 삼각형 모양의 토지 - 흉

도로가 Y자형으로 만나는 장소에는 삼각형의 토지가 생긴다. 화재와 분쟁 등 흉상이 일어나기 쉽다. 삼각형의 토지에 정방형이나 장방형의 집을 짓는 것은 어려우며 비경제적이기도 하다. 충분한 면적도 확보할 수 없으며 비용도 비싸질 뿐더러 토지의 이용가치도 떨어지기 때문이다. 또한 건축단가도 사각형 토지보다 높아진다. 삼각형 토지의 이용가치는 도로가 만나는 각도의 크기에 따라 결정된다. 각도가 작을수록 이용가치가 떨어진다.

각 나라마다 건축법이 조금씩 다르지만 도시에서는 자동차 중심의 교통 체계가 세워지기 때문에 그 각을 기준으로 건축을 규제하는 나라도 있다. 그러나 염두에 둘 것은 법률상의 조문이 아니다. 교통사고의 위험이 크기 때문에 일시적 편의를 위해 삼각형 토지에 집을 짓는 것은 현명하지 못한 일이다.

■ 좁은 토지에 큰 집이 들어서 있다 - 흉

좁은 토지에 세운 큰 집은 조화를 잃어 보기 좋지 않으며 안전성도 떨어진다. 좁은 토지에 꽉 들어차게 건물을 지으면 옆집과 가까이 접하게 되는데, 그 경우 불이 나면 옆집에 쉽게 옮겨 붙을 수 있으므로 매우 위험하다.

■ 남쪽에 빈 터가 있다 - 길

남쪽에 공터가 있으면 풍수상 좋은 집이다. 남쪽에 공터가 있으면 4가지 이점이 있다.

첫째, 태양의 덕을 마음껏 볼 수 있다. 해가 잘 들면 집 안이 따뜻하고 밝아 건강에 좋으며 신체적, 정신적으로 안정을 취할 수 있다.

둘째, 통풍이 잘 된다. 여름에는 날씨가 고온다습하여 시원한 서남풍이 매우 반갑다. 또 집의 남쪽에 빈터가 있으면 통풍이 잘 되어 시원하므로 무더위를 피할 수 있다.

셋째, 사생활을 보호받을 수 있다. 이상적인 집은 남쪽으로 큰 창이 많이 난 집이다. 남쪽으로 충분한 빈터가 없으면 외부에서 들여다보일 수가 있으며 소음이나 먼지 등도 들어오기 쉽다.

넷째, 설계하기 편하다. 각 방들은 그 목적에 따라 적합한 위치에 배치하는 것이 이상적이다. 거실과 부엌, 아이들 방에는 해가 잘 들어야 하며 반대로 서재나 침실은 너무 밝으면 좋지 않다. 남북으로 넓은 토지는 남쪽에 공간을 남겨두면 방을 적절히 배치하기가 쉬워진다. 가상에서는 집의 남쪽에 빈터를 마련할 수 없는 경우 남쪽에 창을 크게 내어 실내로 해가 잘 들도록 해야 한다고 기록하고 있다. 오늘날에는 조명, 에어컨, 인테리어 등으로 보충을 하는 방법이 있다.

■ 간척지 등 진 땅 – 흉

흔히 집은 잘 건조된 토지에 세우는 것이 좋다고 한다. 건조된 토지란 주위보다 약간 높게 흙이 쌓여 있으면서 수분이 많지 않은 토지를 말한다. 만일 땅이 질다면 흙을 높이 쌓은 후 주택을 짓는 것이 바람직하다. 가상학도 이와 일치된 의견을 보인다.

인구가 늘어나면 주택 수를 점점 늘려야 하므로 산을 깎고 늪지대도 메워 토지를 확보한다. 그러나 이와 같은 토지는 지하에 수분이 많아 지반과 건강에 좋지 못한 영향을 미친다. 이러한 땅에 주택을 짓는 경우, 안전을 생각해 무엇보다 기초공사를 단단히 해야 하는데 고운 모래를 많이 사용하면 지반이 잘 굳어 도움이 될 것이다.

■ 정원에 쑥쑥 자라는 나무가 있다 – 흉

정원에 큰 나무를 심는 것, 특히 귀문貴門, 동북방향, 이귀문裏鬼門, 남서방향에 큰 나무를 심는 것을 흉상의 상징으로 여긴다. 채광, 통기성과 관련이 있다.

좁은 정원에 큰 나무를 심으면 정원이 점점 더 좁아져 해가 잘 들지 않게 된다. 더구나 나뭇가지가 전선 등에 장애가 되어 이를 제거하는 데에 불필요한 돈과 수고를 들일 경우가 생기기도 한다. 현대인은 실용성을 중시하기 때문에 수목의 아름다움을 문제 삼지는 않지만, 굳이 나무를 심고자 한다면 진달래와 같이 성장이 느리고 경관을 해치지 않는 종류를 권하고 싶다. 분재나 화초를 두는 것도 정원의 단조로움을 막을 수 있는 좋은 방법이다. 정원은 빨래를 말린다거나 일광욕 또는 더위를 식히는 것 이외도 기분전환이나 가족들이 단란한 한때를 보낼 수 있는 장소로도 쓰일 수 있다. 그러므로 커다란 나무를 들어차게 심기보다는 작고 예쁜 화초들로 쓸모 있게 꾸미는 것이 좋다.

■ 정원에 나무와 연못이 있다 - 흉

정원에 나무를 심거나 연못을 만들게 되면 주변에 습기가 많아진다. 삼면이 있는 주거 부분의 중앙에 나무를 심게 되면 그 나무가 커짐에 따라 정원도 점점 좁게 느껴지고 채광에도 영향을 미친다. 연못은 면적을 많이 차지하고 습기도 많이 발생시킨다. 세심한 주의를 기울이지 않으면 모기가 많아지기 때문에 항상 물을 깨끗이 갈아주지 않으면 안 된다. 이런 결점에도 불구하고 나무를 꼭 심고 싶다면 키가 작은 수종이나 화초를 심고, 연못을 꾸미고 싶다면 배수설비에 신경 쓰기 바란다.

■ 정원석이 많다 - 흉

정원석은 정원의 넓이와 조화를 이루는 것이 중요하다. 좁은 정원에 정원석이 너무 많으면 음의 기운을 불러들여 쇠퇴하게 한다. 여기에는 네 가지 의미가 담겨있다.

첫째, 상징적인 의미로 자연적인 상태를 존중하라는 가르침이다. 본디 정원석은 띄엄띄엄 두는 것이 바람직하며 정원을 돌로 막아 높이면 토(土)의 기가 눌리고 돌 밑에 음기가 모이게 된다. 둘째, 생활 속의 의미가 있다. 더운 날에는 정원석이 햇빛을 반사시키고 열을 흡수하므로 정원석이 많으면 높이 1m인 곳은 50도까지 올라간다. 또한 돌은 보온력이 강하기 때문에 밤이 되어도 좀처럼 식지 않는다. 겨울에는 한낮의 열을 흡수하여 주위와 온도 차가 생기기 때문에 오히려 한기를 더하는 결과가 되며, 우기에는 돌이 수분의 증발을 막아 습기가 많아지게 된다. 이러한 결점들을 보안하려면 조그마한 화초를 많이 심으면 된다. 경관도 좋아질 뿐만 아니라 습기도 적어지게 된다.

■ 물이 흐르는 토지 – 흉

옛날 사람들은 강에서 물을 끌어 이용하고자 하천 주변에 살았지만 이는 대흉에 속한다. 하천 주변은 홍수가 발생할 위험이 있으므로 주택을 세우는 것은 가능한 한 피하는 것이 좋다. 하천 주변은 토지가 주위보다 낮은 경우가 많아 호우가 계속되면 홍수가 나서 인명과 재산을 잃을 수 있다. 또한 토지가 점점 더 낮아짐에 따라 위험도 커지게 된다.

■ 너무 높은 담 – 흉

옛날 집들은 신분에 따라 차이가 있었다. 담도 집의 크기에 따라 조화를 이루도록 하였다. 담이 높을수록 도둑이 들기 어렵기 때문에 안전을 위한다면 가능한 높게 하는 것이 좋다. 하지만 담이 너무 높으면 오히려 밖에서 잘 보이지 않아 도둑이 들기 더 쉬운 측면도 있다. 경관 면에서도 담이 너무 높으면 창이나 차양, 지붕이 보이지 않아 오히려 부조화를 초래한다. 또한 교제를 거부하는 것 같은 인상을 주어 이웃 사람들과도 어울리기 힘들다.

담은 1.5m를 넘으면 좋지 않다. 적어도 1.8m를 넘지 않도록 하는 것이 바람직하다. 지나치게 높은 담은 햇빛이나 환기를 가로막아 건강에 해롭다. 학교의 경우도 마찬가지이다. 담이 너무 높으면 마치 교도소와 같이 보인다. 담을 치기보다는 밀집되어 자라는 키 작은 나무들을 심은 울타리를 가꾸어 대신하면 보다 세련된 느낌을 줄 것이다. 그 밖에 대나무나 돌담, 기와, 콘크리트 등에 철망을 함께 사용하는 것도 좋다.

담이 주택과 조화를 이루게 되면 미관상으로도 좋고 청렴한 인상을 주며 또한 경제성, 실용성, 안정성 면에서도 효과적이므로 주택을 지을 때 담에 대해 주의를 기울여야 한다.

■ 집은 작은데 문은 크다 - 흉

문현관포함이 크고 집은 작은 것을 흉상이라 하는데 여기에는 두 가지 이유가 있다.

문현관은 집의 일부분이다. 너무 화려하고 지나치게 크면 조화가 이루어지지 않을 뿐 아니라 전체적인 경관을 해치는 결과를 가져온다. 최근 들어 각지에 세워지고 있는 집들의 공통적인 특징은 문현관을 크고 화려하게 만든다는 점이다. 이와 같은 집을 자세히 관찰해 보면, 문 공사를 하는 데 필요 이상의 비용을 들이느라 정작 중요한 내부공사는 비용절약 때문에 소홀한 경우를 본다. 큰 문을 달지 말라는 가상은 이와 같은 현대인들의 허영을 경고한 것인지도 모르겠다. 문, 즉 현관은 일종의 장식에 불과하다. 따라서 가능한 한 간소화하는 것이 옳고, 높이도 점차 낮게 해 내실(內實)을 기하는 게 바람직하다.

■ 더러운 물이 고이는 토지 - 흉

생활하수나 배설물이 고이는 땅은 대흉상이다. 첫째, 지하수가 오염될 소지가 있다. 지하수를 생활용수로 사용하고 있는 가정에서는 지면에 더러운 물이 고이게 되면 조금씩 지하로 흡수되어 비위생적이다.

둘째, 지반에 영향을 줄 수 있다. 배수가 순조롭지 못하면 물이 주택의 바닥으로 침투해 들어와 서서히 지반을 침식시킨다. 훗날 큰일을 당하게 될 위험성이 있다.

셋째, 위생상 좋지 못하다. 더러운 물이 쌓이면 당연히 비위생적이다. 특히 더러운 물을 연못으로 내보내는 가정에서는 장마철에 연못의 물이 마당에 넘쳐흘러 온 집안에 악취가 진동하게 될 수 있다.

■ 집이 대지에 꽉 들어차 있다 – 흉

좁은 토지에 집을 짓게 되면 건물의 외벽이 담과 가까이 있게 된다. 이런 모습은 초라하고 여유가 없어 보일 뿐만 아니라 채광과 통풍도 좋지 못하다. 이러한 집은 오늘날 인구 밀집 지역에서 많이 찾아볼 수 있다. 땅값이 비싸서 좁은 토지에 집을 짓다 보니 벽과 담이 가까워지게 되는 것이다. 그러나 채광과 통풍에 충분한 주의를 기울인다면 주택 본래의 기능을 잃는 일이 없을 것이다.

■ 우물을 메운 자리에 지었다 – 흉

우물은 신성한 것으로 여겨 함부로 메우면 귀나 목의 병을 앓는다고 믿어 왔다. 우물을 메우면 지질이 달라 지반이 내려앉기 쉬워지고, 무조건 쓰레기나 점토, 콘크리트 찌꺼기 등을 집어넣어 그저 메우기만 할 경우에도 위험하다. 우물을 메우는 가장 좋은 방법은 모래와 물로 메우는 것이다. 우물 속에 모래를 넣으면 오히려 안정되어 압력에도 강하다. 옛 우물을 메워 그 위에 집을 짓는 일은 애초에 하지 않는 것이 현명하다.

■ 무른 토지 위에 지었다 – 흉

토질이 단단하지 못하면 자연히 무너지게 된다. 풀이 나지 않는 토지는 대흉상이다. 재처럼 항상 먼지가 이는 토지는 서민들이 부를 누리지 못한다. 이처럼 토질이 무른 토지, 돌이 많은 토지, 말라붙은 토지, 수분이 너무 많은 토지는 주택용으로 적합하지 않다고 전한다. 주택용지에서 중요한 것은 지반과 토질이다. 무른 지층에 세운 집은 장기간에 걸쳐 주기적인 진동이 있으면 무너지기 쉽다. 표층이 무른 경우에는 단단하고 오래된 지층을 지반으로 하면 되지만 지역에 따라서는 무른 지층이 깊은 경우도 있다. 그러한 경우에는 말뚝을 박거나 기둥 사이에 철근을 많이 두어 보강하는 방법도 생각할 수 있다. 2층 이상인 집에서는 압력을 지탱하기 위한 지반이 특히 단단해야 한다.

■ 집의 부분 개축 – 흉

하나의 주택에서 주택의 일부와 지붕을 부수어 개축하는 것은 대흉상이다. 이와 같은 주택은 가업도 점차로 쇠퇴하고 자손이나 혈통이 끊어지게 된다. 옛것과 새것을 합쳐 하나로 만드는 것은 부자연스러운 일로 대가 끊어질 수 있으므로 금기시해 왔다. 건축학적으로 보아도 주택의 개축에는 세 가지 결점이 있다.

■ 단층집을 2층으로 증축 – 흉

단층집을 2층으로 올리는 것을 흉상이라 여긴다. 2층을 증축하는 것은 부분 개축과 마찬가지로 주택의 수명을 단축시키고 비경제적인 데다, 경관을 해치는 등의 이유로 피하는 것이 바람직하다. 게다가 주택 수명의 단축에 의해 야기되는 위험이 부분 개축에 비할 바가 못 된다.

본래 단층집의 기둥은 지붕을 지탱하기 위한 것이지 2층의 무게를 지탱하기 위한 것이 아니다. 1층과 2층의 기둥을 잇게 되면 당연히 내구성도 떨어져 지진이나 태풍이 일어나면 무너져 내리기 쉬워진다. 땅값이 폭등한 최근에는 신축보다 증축을 선호하는 경향이 많은데, 대단히 위험한 일이며, 특히 2층으로 증축하는 것은 삼가야 한다.

■ 두 집을 합치는 공사 - 흉

두 집을 합치는 것은 대흉상이라고 한다. 두 집을 합치는 공사를 하게 되면 가운家運이 점차로 쇠퇴하여 결국 파산할 우려가 있으며, 특히 기둥과 기둥 사이를 절단하게 되면 가족 중 누군가가 죽음을 맞는다고 한다. 그러므로 부득이한 경우, 새로운 기둥으로 바꾸는 편이 바람직하다.

주택 면적이 2배로 커지게 되면 이용효율은 3배로 늘어나게 된다. 그러나 두 집을 하나로 합치면 기대한 만큼의 효과를 얻을 수 없는 경우가 많다. 면적은 2배로 커졌지만, 화장실이나 부엌, 욕실 등이 중복되고 각 주택의 동선도 서로 다르기 때문에 생활함에 있어 불필요한 부분들이 많아진다. 또한 작은 주택의 부엌은 큰 주택에 어울리지도 않는다.

■ 대가족이 작은 집에 산다 - 길

작은 집에 많은 사람이 살면 번영할 집이라고 여긴다. 주택이 작고 가족 수가 많으면 양기가 넘쳐흘러 생기가 왕성해지므로 집이 점차 유복해진다는 것이다. 많은 가족이 작은 집에 살기 위해서는 우선 적당한 크기의 응접실을 확보한 후에 그 외의 공간을 효율적으로 사용해야 한다. 욕실, 화장실, 세면장을 한 공간에, 부엌과 식당 역시 하나의 공간에 만들면 좋다. 각방에 대해서는 설계 시 꼼꼼히 고려해야 한다. 가족의 거주공간을 확보해야 하기 때문이다.

예를 들면, 각방의 용도를 하나로 정하지 말고 서재를 침실로 하거나 침실을 서재로 활용할 수 있도록 한다. 그러면 좁은 공간이라도 효율적으로 사용할 수 있다.

■ 소가족이 큰 집에 산다 - 흉

가족 구성원은 적은데 집이 큰 경우는 양기가 적어져 집을 융성하게 하는 생기가 쇠퇴하면서 점차 가세가 기울게 된다.

■ 남향 집 - 길

앞이 낮고 뒤가 높은 집과 남향집은 같은 의미이다. 이는 주택 건축의 대원칙 중 하나이기도 하다. 역학에서는 집의 남쪽 면에 초목이 무성하면 양기가 넘쳐 최적의 방위라 여긴다. 요컨대 역학과 건축학이 지향하는 바가 같은 것이다.

정남을 찾는 것은 간단한 일이 아니다. 정남을 찾으려 애쓰기보다는 다소 동이나 서로 치우쳤다 해도 크게 보아 남향이면 무난하다. 태평양 연안은 여름에 동남풍이, 겨울에 북서풍이 불기 때문에 약간 치우쳤다 하더라도 남쪽으로 창을 내면 여름에 시원하고 겨울에 따뜻해서 살기 좋다. 남향집을 짓기 어렵다면 남쪽에 천창, 등창을 많이 내거나 조명과 난방기기를 완비하고, 북쪽에는 꽃과 나무를 심으면 좋다.

■ 길이보다 폭이 긴 집 - 길

집의 폭은 현관에서 뒷문에 이르는 길이를 말하고, 집의 길이는 정면에서 보이는 좌우 길이를 말한다. 집의 폭이 길이보다 긴 집을 길상으로 여긴다. 집의 폭이 짧으면 그 집에 사는 사람이 번영할 상이라도 번영이 오래 지속되지 못한다고 한다.

폭이 깊은 주택이 설계하기 쉬운 것도 한 가지 이유이다. 옛날 주택들은 외부로부터 침입을 막기 위해 창을 출입구 좌우 양쪽에 만들었다. 그리고 밖에서 주택내부를 들여다보지 못하도록 방을 안쪽에 배치했는데, 이것도 영향을 미쳤다고 할 수 있다. 오늘날에는 폭이 넓은 토지가 좀처럼 없으므로 이런 주택을 짓기 어려우니 아쉽다.

■ 폭보다 길이가 긴 집 – 흉

폭보다 길이가 긴 집은 그곳에 사는 사람에게 병을 일으키게 한다고 하여 흉상으로 여긴다. 그런데 근래에 지어진 집들은 토지의 영향을 받아서인지 폭보다 길이가 긴 집이 많다.

최근 건축업체들 역시 자신들의 이익만을 우선하여 폭이 좁고 좌우로 긴 집을 많이 짓는 경향이 있다. 그러나 이와 같은 집은 동선이 길어져 주부가 가사를 돌보기에도 불편하고 해가 드는 면적이 좁아져 방 안이 추운데다가 습기도 많아진다. 또한 옥외에 빨래 건조장을 별도로 설치해야 하므로 어수선한 느낌을 줄 수 있다. 게다가 이러한 집은 가구를 배치하기도 어렵다. 경제적으로 여의치 못해 이와 같은 집에서 거주해야 한다면 가능한 한 입구를 집 북면의 동쪽이나 서쪽에 만드는 것이 좋다. 거실과 침실은 남쪽에 둔다. 문제는 부엌과 식당인데, 중앙에 부엌이나 식당을 두면 사람들이 오가는 데 방해가 될 것이고 끝에 배치하면 동선이 길어져 매우 불편할 수 있으므로 유의하여 배치한다.

■ 공간이 3, 4개로 분리되어 있는 집 – 흉

현대의 가족은 부부와 아이를 포함한 3인 가족이 일반적이다. 그러므로 3~4칸의 공간이 마련된 집은 실용적이라 할 수 없다. 일반적으로 집의 공간배치는 다음 3가지의 기능적 측면을 갖추어야 한다.

첫째, 수면의 공간이다. 침실, 자녀 방, 노인을 모시고 살 경우의 침실과 거실 등이 해당한다. 둘째, 식사 공간이다. 부엌과 식당이 해당된다. 셋째, 그 외 공간이다. 거실, 서재, 응접실, 화장실을 겸한 욕실, 현관, 손님용 침실, 창고 등이 해당한다. 집의 크기와 사는 사람의 직업에 따라 체력단련실, 음악실, 회의실, 의상실 등이 있을 수 있다.

집이 상당히 넓으면 위 3가지 기능을 독립적으로 갖춘 공간을 많이 만들 수 있지만, 일반주택들은 공간을 원하는 대로 분리할 수가 없다. 무작정 공간을 분할할 경우, 집 안에서 움직임이 자유롭지 못하게 되고 답답함을 느끼게 된다. 그렇다고 흉상인 3, 4개의 공간으로 살기에는 뭔가 석연치 않다. 그러면 한 공간을 거실, 응접실, 식당으로 겸용하여 실용성을 높이는 방법은 어떨까. 그렇게 하면 공간의 수를 흉상에서 길상으로 바꿀 수도 있고 활동 공간도 넓어질 것이다.

■ 방이 거실을 중심으로 있다 - 길

가상에서는 집의 방 배치와 방위가 중요하다. 집을 지을 때 가장 중요한 것은 방 배치를 어떻게 할 것인가 하는 것인데, 거실을 중심으로 방을 배치하는 게 풍수상 좋다. 건축학에서 평면 계획이라고 부르는 집의 방 배치 작업은 가족의 수와 생활 방식, 용도, 토지의 형태 등에 따라 결정된다.

앞에서 열거한 3가지 기능도 그 집에 살 사람에 따라 우선순위와 중요성이 달라지기 마련이다. 화가는 작업실, 작가는 서재, 음악가는 방음실이 필요하듯이 그 사람에게 필수적인 기능공간이 있다. 가족이 공유하는 기능공간이 거실이라고 하면 거실을 중심으로 방을 배치하는 것이 이상적이며, 이외에 부엌과 욕실도 우선적으로 고려해야 한다. 좁은 집에서는 거실과 침실, 응접실과 서재, 욕실과 세면장, 부엌과 식당을 겸용하고 공간의 개수와 각 공간의 거리를 고려하여 배치하는 것이 좋다.

■ 집의 중심에 부부의 침실이 있다 - 길

방위가 길흉과 밀접한 관계가 있다고 여긴다. 방위의 원점은 집의 중심에 있다. 집의 중심은 가장 중요한 장소이면서 가장의 권위를 상징적으로 나타내는 장소이기도 하다. 이와 같은 관점에서 보자면, 집의 중심부에는 부부의 침실을 두어도 좋다.

오늘날 대부분의 가장들은 하루 종일 바깥에서 일을 하다 밤늦게 집으로 돌아와 잠을 자므로 집 안에서 보내는 시간이 짧다. 따라서 침실을 안쪽 구석에 두는 집이 많아졌는데, 한 집안의 가장의 지위가 낮아지면 집안에 싸움이 그칠 날이 없고 가정의 따뜻함을 느끼기 어려워진다.

한편 집에서 편안함을 찾을 수 없는 가장은 밖으로 나돌게 된다. 이와 같은 악순환에 빠지면 가족이라는 일체감이 사라지면서 가정이 붕괴될 우려가 있다. 그러므로 가장의 권위를 상징하는 부부의 침실을 집의 중심에 두는 것이 최상이다.

■ 집 중앙에 중요하지 않은 공간이 있다 - 흉

가상학에서는 집의 중앙을 가장 중요한 장소로 간주한다. 그러므로 집의 중앙에 욕실이나 화장실, 부엌 혹은 쓸모없는 공간을 배치하면 그 집에 흉상이 나타나 주인이 점차 쇠퇴한다고 한다.

집의 중앙에는 거실을 배치하는 것이 가장 이상적이다. 거실은 온 가족이 모여 단란한 한때를 보낼 수 있는 휴식 장소가 되기도 하며, 응접실이나 식당의 기능도 할 수 있어 활용도가 높기 때문이다.

거실은 가족 구성원들이 심신의 피로를 푸는 곳이므로 자유롭고 개방적인 느낌을 주어야 한다. 그러므로 거실 쪽에 입구와 창을 내어 가족이 드나들기 쉽게 하고 TV나 라디오, 소파 등의 가구를 놓아두면 좋다. 거실을 좀 더 넓히고 싶으면 창문과 입구의 높이를 2.4m나 3.6m로 하고, 환기를 위해 동남쪽에도 창과 입구를 낸다.

■ 문과 현관이 일직선이다 - 흉

문과 현관이 마주 보고 있으면 사생활이 노출되기 쉽고, 도둑이 집안을 관찰하기도 쉬워 위험하다. 그러므로 문과 현관은 좌우로 조금씩 엇갈리게 하는 것이 좋다. 예전에는 현관에 여유 공간을 두어 신발을 벗어 두거나 임시로 손님을 맞는 장소로 사용했다. 하지만 오늘날에는 인구가 많고 토지는 좁아 현관을 내지 않고 문만 단 집이 많다. 또 내부공간을 조금이라도 확보하기 위해 문을 밖으로 당기도록 하는 경우가 많다. 이러한 문은 도둑이 자물쇠를 뜯어 침입하기 쉽다. 그러므로 안으로 밀고 들어가는 문이 안전하며, 그래야 손님을 맞이하는 기분도 한껏 연출할 수 있다. 하지만 안으로 밀고 들어가는 문은 문을 열 공간이 필요하므로 유효 면적이 상당히 줄어드는 점을 염두에 두어야 한다.

■ 뒷문이 없다 - 흉

집의 앞과 뒤에 출입구를 설치하는 것은 주택의 가장 기본적인 조건이다. 앞문만 있고 뒷문이 없는 집은 안전하지 못하다. 가령, 뒷문이 없으면 화재가 발생했을 때 밖으로 나갈 길이 적으며, 누군가 집 안에 침입했을 경우에는 도망갈 길도 없다. 뒷문이 없는 주택은 통기성 측면에서도 좋지 못하다. 집 안에 습기가 차 가족의 건강에 악영향을 미친다. 그러나 이 문제는 창문을 마주 달아 실내의 통기성을 높이면 극복할 수 있기도 하다. '집의 대소에 관계없이 뒷문이 없는 주택에 살면 부부 중 한 사람이 먼저 세상을 떠날 수 있다'며 경계하고 있다. 주택을 사거나 지을 때에는 가능한 한 앞뒤 출입구를 내도록 한다.

■ 남향집의 서쪽에 건물이 있다 - 길

남향집은 동쪽에 다른 건물이 없으면 아침 일찍부터 햇빛을 충분히 받을 수 있어 겨울에도 따뜻하다. 또한 여름에는 동남쪽에서 불어오는 시원한 바람을 그대로 맞을 수 있다. 대신 서쪽에 다른 건물이 있으면 겨울에는 북서쪽에서 불어오는 차가운 바람을 막을 수 있는 전형으로 풍수상 좋은 집이다.

남향집은 북쪽에 창문이 있으면 남쪽에서 동쪽으로 불어나가는 시원한 바람이 통과하지만 만일 북쪽에 창문이 없다면 작은 창을 설치하는 등 통풍에 유의해야 한다. 실온은 외부의 기온에 좌우되므로 일정 온도를 유지하기 위해서는 외벽의 재료와 구조에도 신경을 써야 한다. 가능한 한 외벽의 구조, 외벽의 열전도율, 열용량, 두께에 주의해서 외기의 영향을 적게 받도록 해야 한다. 서쪽에 건물이 없는 경우, 햇볕이 따가운 서쪽 벽에 단열재를 설치하면 좋다.

■ 침실과 현관이 일직선으로 놓여있다 - 흉

집의 가장 중요한 기능은 휴식과 수면을 취하는 공간이다. 집이 곧 침실이다. 농경사회에서 공업사회로 이행하면서 가족제도 역시 대가족제도에서 핵가족제도로 변화하였다. 그러나 사람들은 일과 식사와 오락들은 밖에서 해결하더라도 잠만은 반드시 집실내에서 해결한다. 집은 여전히 휴식과 수면을 취하는 장소다.

집에서 가장 중요한 공간은 침실이며, 가족들이 잘 쉬어야 하는 침실은 안전하고 조용해야 한다. 특히 안전성은 필수 조건이다. 만약, 침실이 현관에 가깝거나 현관에서 똑바로 이어진 곳에 있다면 외부 침입자의 발길이 쉽게 닿는 등 외부의 습격을 받기 쉬워 위험하다. 또 외부의 소음과 배기가스 등의 공해로 인해 숙면을 취하지 못하게 된다. 그러므로 설계 시 현관과 침실의 배치에 각별한 주의를 기울여야 한다.

■ 외부에서 부엌의 불이 보인다 - 흉

조리를 할 때 불이 외부에서 보이는 것은 대흉상에 속한다. 사람은 깨끗하고 정갈한 대접을 받아야 기분이 좋다. 그런데 만약 부엌이 다 들여다보인다면 재료의 밑 손질, 조리과정, 음식이 익으면서 풍기는 냄새 등을 모두 접하게 되어 정작 음식이 나왔을 때 기분 좋게 맛을 음미할 수 없게 된다.

음식을 마련하면서 증기와 연기가 난다. 또한 부엌은 여러 식기들을 꺼내고 씻고 정리하느라 소음이 많이 발생하고 분주한 곳이다. 노출되어 있으면 정신을 산란하게 할 소지가 있다. 부엌은 청결과 위생이 제일 중요하므로 습기가 배어 있지 않도록 주의하고, 기름연기가 차지 않도록 창문이나 통풍기구, 환기팬 등 연기나 음식 냄새를 배출하는 장치 등을 설치한다.

■ 화장실이 집 안 가운데 있다 – 흉

집의 중심을 매우 중시한다. 오늘날에는 화장실이 수세식으로 바뀌는 등 설비가 좋아지면서 악취가 나지 않게 되었지만, 그럼에도 불구하고 집의 가운데에 화장실을 설치하는 일은 그리 바람직하지 않다.

화장실이 집의 중앙에 있으면 거실의 배치가 이상하게 되어 실내 동선에 영향을 미친다. 그리고 중앙에 위치한 화장실은 침실과도 멀어져 매우 불편하다. 또 집의 중앙부는 가족의 동선이 집중되는 장소이다. 화장실은 침실과도 멀어져 매우 불편하다. 화장실이 중앙에 있으면 배수관이 각방의 지하를 통과하게 되므로 만에 하나 고장이라도 나면 대대적인 수리를 감수해야 한다. 정화조가 있는 수세식 화장실도 배관이 고장 나면 수리하기 어렵다.

■ 화장실과 현관이 마주 본다 – 흉

대부분의 사람들은 화장실을 집에서 가장 불결한 장소로 여긴다. 그러므로 현관에 들어서자마자 화장실이 보이는 것은 기분 좋은 일이 아니다. 2층 이상의 주택은 1층에 화장실을 두면 편리하다. 오늘날에는 각 세대가 독립적으로 살아가므로 각 층마다 화장실을 두어 각 세대마다 독립적으로 화장실을 사용하는 게 좋다.

■ 집 중앙에 계단이 있다 – 흉

집 중앙에 계단을 만들지 말아야 한다. 이유는 다음 3가지이다.

첫째, 집의 중앙은 중요한 장소이므로 예전에는 집안의 가장 등 정해진 사람만이 사용하는 공간으로 여겼다. 둘째, 집의 중앙에 계단이 있으면 가족의 일체감이 깨지고 나아가 가족 전체의 행복감에도 영향을 미친다. 셋째, 계단은 현관에 연결되어 있는 편이 사용하기에 편리하다. 현대 건축에서도 중앙에 계단을 설치하지 않는 것을 합리적이라고 여긴다. 계단으로 각 방이 나누어져 있으면 각 방 사이의 연계성이 떨어지기 때문이다. 계단은 위층의 배치를 고려하여 주택의 벽 쪽에 설치하는 게 좋다. 위층에 손님방이 있으면 현관으로 들어와 곧바로 위로 올라갈 수 있도록 한다. 위층에 침실이 있으면 집의 측면이나 거실, 부엌 옆에 계단을 설치하는 것이 적합하다.

파워엘리트 주거지의 풍수지리학적 특성 해석*
− 서울시에 거주한 역대 장관의 단독주택을 대상으로

양성규
| 서울시립대학교 도시공학 박사과정

Ⅰ. 서론

1. 연구의 배경 및 목적

풍수지리학은 예로부터 우리 삶에 많은 영향을 끼쳐왔다고 대한민국 국민들은 상식적으로 인지하고 있다. 그러나 정확한 명맥命脈이나 시작의 기록은 없다. 다만 삼국유사에서 석탈해가 차지한 신라의 1000년 도읍지 반월성, 고려사에 도선국사道詵國師의 지시로 세워진 고려의 500년 도읍지 만월대, 무학대사無學大師와 정도전의 일화를 간직한 조선의 500년 도읍지 경복궁 등이 풍수지리학적 검토에 따른 도읍지였다. 또한 조선시대에는 하급관리 채용 시험인 예조취재 및 잡과음양과에서 풍수지리 과목이 있었다는 기록을 통해 그 명맥을 대략적으로 짐작할 수 있다.

그러나 19세기 초반 서구 강대국들의 급속한 제국화가 제2차 세계대전을 일으키고 거기에 굴복한 동양東洋의 국가(중국, 한국 등)들은 고유固有의 철학적 사상과 정신을 잊어버린 채 오로지 서구 문명을 받아들이기에 겨를이 없었다. 이러한 시대적 배경을 토대로 풍수지리

* 이 글은 필자의 서울시립대학교 도시공학과 석사논문(2015년 2월) 「역대장관 단독주택지의 풍수지리학적 해석」을 토대로 일부 내용을 요약 및 수정・보완하면서 정리한 것임

학의 명맥命脈이 끊어질 듯 말 듯 지금까지 소멸되지 않고 실오라기처럼 이어져 왔다.

근래 도시계획은 한국적이면서 세계적인 것을 추구하는 움직임과, 난개발로 인한 국토의 황폐화, 아무 생각 없는 도시개발의 줄 긋기 등에 따른 문제점들이 표면 위로 드러나면서 새로운 기법들을 찾고 있는 추세이다. 그 기법들 중 풍수지리학이 현대의 도시 입지선정에도 일부 영향을 미친 사건이 있었다. 바로 세종시 입지선정이었다. 그러나 풍수지리학의 전문가라고 하는 사람들의 사이에서는 길지吉地 혹은 흉지凶地라는 의견이 분분했다. 그 이유는 주관론적인 해석, 이론의 불확실한 정립, 풍수학파별로 상이한 이론 및 과학적인 증명 요소 부족이었다. 마찬가지로 현재의 풍수지리학적 연구의 동향은 피상적이고 주관적인 부분이 많이 차지하고 있다. 이유는 풍수지리의 학문적고대서적 및 구전 접근이 어렵고, 짧은 시간 안에 발복發福[1]이 드물며, 여러 가지 복합적인 요소시대적 흐름 및 종합적 음양택의 분석로 설명이 되어야 한다. 이러한 한계점을 극복하기 위해서는 과학적이고 실증적인 연구가 필요하다.

따라서 본 연구의 목적은 과학적이고 객관적인 분석방법을 통해 풍수지리학적 관점에서 파워엘리트역대 장관 주거지단독주택의 풍수지리학적 특성을 분석하고자 하는 것이다.

- - - - - - -
1   운이 틔어서 복이 닥침. 또는 그 복을 말함

2. 연구의 범위

1) 시간과 공간적 범위

시간적 범위는 대한민국이 일제로부터 독립한 후 1948년부터 2013년 12월 31일 박근혜 정부까지의 장관급 중에서 장관長官이라고 명명되는 직위이자, 해당주소의 거주기간 중 장관長官에 임명된 주택을 조사대상으로 삼았다. 공간적 범위로는 서울시의 단독주택을 대상으로 범위를 정하였다.

2) 내용적 범위

내용적 범위로는 과거로부터 현재까지 풍수지리학계에서 필수도서로 여겨지는 서적이나 관련 논문 등을 참고하여 풍수지리학적으로 주택을 평가할 때 중요한 핵심 키워드(유형)를 추출하였다.

II. 연구의 방법

1. 풍수지리학적 길흉吉凶 유형정리

풍수지리학적으로 길지吉地와 흉지凶地 유형의 정리 단계는 다음과 같다.

첫째, 고서와 근래의 선행연구들을 바탕으로 풍수지리의 길흉吉凶 이론을 유형화 하였다.

둘째, GIS로 표현이 가능한 길흉吉凶이론을 분류하여 정리하였다.

셋째, 본 논문의 저자가 분류한 풍수지리학적 길흉의 유형들이 과연 올바르게 정리하고 분류하였는지를 검증하기 위해 1차 풍수지리 전문가 설문조사타당성 분석를 실시하였다.

넷째, 1차 설문조사 결과 풍수 길흉유형의 타당성이 성립되면, 2차 AHP기법을 위한 설문조사를 실시하여 풍수유형을 계량화가중치 부여하였다.

2. 역대 장관들의 정보수집

역대 장관들의 정보의 수집활동은 다음과 같이 이루어 졌다.

첫째, 위키백과사전ko.wikipedia.org 및 인명록을 활용하여 역대 장관들의 명단1948~2013년을 수집했다.

둘째, 역대 장관들의 세부 정보는 「6만의 파워엘리트」 서적을 통해서 확인했다.

셋째, 획득된 장관들의 명단과 주소를 통해 단독주택에 거주했으며, 거주기간 안에 장관에 임명된 주소를 추출했다.

넷째, 분류된 주소의 신뢰성과 거주기간 안에 장관에 임명 여부 및 단독주택 거주확인을 위해 토지·건물등기부등본을 전수 조사하였다.

다섯째, 필지의 합필 및 분필에 따른 주거지 정보의 오류나 정보접근이 어려운 경우 신문기사경조사알림 및 기록물인터뷰 등을 통해서 실제 거주여부를 확인했다.

3. 임의의 랜덤대조군 추출

역대장관 주거지의 풍수지리학적 분석을 객관화하기 위해 장관주택과 유사한 환경의 행정동 및 필지의 면적 등의 범위를 설정하여 GIS프로그램의 Random PointView를 통해 Random주택을 추출하였다.

4. GIS 분석을 위한 준비_{Tool 제작}

GIS를 분석을 위한 준비_{Tool제작}는 다음 3단계를 통해 이루어졌다. 첫째, 공간상의 고도값_{표고값}을 가지고 있는 2가지 공간정보_{등고선, 표고점}를 결합하여 TIN_{불규칙삼각망}을 생성했다.

둘째, TIN을 이용하여 지형의 입체적인 형태_{1:1000의 수치지도}와 경사방향_{aspect}, 경사도_{slope} 등의 활용정보를 파악했다.

셋째, TIN과 서울시 지적도와 행정동 경계 등의 데이터를 중첩 결합하여 3D공간정보를 활용할 수 있게 하였다.

5. 전문가집단 설문조사_{델파이 및 AHP}

풍수지리학적 길흉_{吉凶}의 타당성 조사 및 계량화를 위해 전문가 패널 설문조사를 하였으며, 그 방법은 다음과 같다.

첫째, 풍수지리학 전문가라는 정의를 내리고 전문가 패널을 25명 내외로 선정하였다.

둘째, 델파이조사 기법을 응용한 CRV 타당성 조사 분석을 위해 1차 설문지를 제작하고 배포하였다.

셋째, 1차 설문지를 통해 풍수의 유형이 타당성이 있다고 분석되면 풍수지리학적 길흉_{吉凶}의 유형을 계량화_{AHP}하기 위해 1차 설문의 전문가 패널 중 10명을 선정하여 2차 AHP 설문지를 제작하고 배포하였다.

넷째, 회수된 설문지의 일관성을 확인하고 각 유형을 계량화하였다.

6. 역대 장관과 임의대조군 주택의 풍수지리학적 길흉吉凶분석

첫째, GIS를 통해 역대 장관들의 주택과 임의의 주택을 풍수지리학적 길흉吉凶의 유형 중에서 어디에 속하며, 길지吉地 혹은 흉지凶地가 많은지 등을 분석하였다.

둘째, 전문가 설문을 통해 계량화된 풍수 유형에 가중치 값을 부여하여 역대 장관의 주택과 임의주택을 비교분석 하였다.

셋째, 역대 장관 주택과 임의주택에 가중치 값을 적용한 결과값의 유의성을 분석하기 위해 대응표본 T-검정을 실시하였다.

넷째, 장관 임기기간, 가중치 결과 값, 임기 전 거주기간과의 상관관계를 분석하였다.

III. 분석의 틀

1. 분석대상의 설정

1) 분석대상장관의 설정 이유

본 연구에서 파워엘리트 중에서도 장관長官들을 선택한 이유는 풍수지리 고서古書에 자주 등장하는 명당 발복론發福論 때문이다. 가령 장익호[2] 선사先師의 유산록遊山錄[3]에는

「두승산사남연화개장斗升山寺南蓮花開帳 장중중추일선맥帳中中抽一線脈 작자기충천성야作紫氣沖天星也 갱개소장更開小帳 인작평판因作坪阪 명진장

----

2 장익호, 1913~2000. 평안북도 구성군 출생, 동경와세다대 정치외교학과 졸업, 용수정경, 유산록 전·후권 편찬, 70여 년간 간산(看山)에 몰두

3 장익호(張益鎬) 저술, 50년간 경기도, 강원도, 충청도 일대 위주로 현장답사를 하여 명당(明堂)을 산도(山圖)와 글로써 기록한 풍수지리참고서

문名眞長門 차위선인좌부형此爲仙人坐府形 양택陽宅 즉則 문천무만장상부지기수文千武萬將相不知其數 고금古今 비결무지秘訣無之 비결여차秘訣如此 차내此乃 호남제일승지야湖南第一勝地也」라는 내용이 있는데 대략적인 뜻은 전라북도 정읍 두승산 아래에 선인좌부형仙人坐府形이라는 명당집자리이 있으며 이곳에 거주하면 그 자손은 헤아릴 수 없을 만큼의 많은 장상을 배출輩出한다는 것이다. 여기에서 장상將相이라는 사전적인 뜻은 장수將帥와 재상宰相의 줄임말로, 지금에 와서는 대통령을 보좌補佐하는 장관長官으로 국가 부서 최고의 수장首長을 말한다. 따라서 고서古書 및 풍수이론상으로 유추해 볼 때 "장관長官 위치까지 오른 사람들의 주택은 풍수지리학적 길지吉地일 가능성이 높을 것이다"라는 가설을 세우고 장관長官의 주거지를 연구의 대상으로 선정하였다.

2) 분석대상장관의 데이터 수집과정

역대 장관들의 정보를 수집한 결과 장관의 수는 총 953명이었으며 이 중 중복된 이름 제외 및 서울시에 거주하지 않고 주소를 공개하지 않거나 찾을 수 없게 된 629명을 제외한 324명 중 풍수적으로 영향이 약하다고 판단되는 아파트나 다세대공동주택에 거주한 211명을 제외했으며, 남은 113명을 대상으로 대법원 인터넷 등기소에서 등기부 등본을 전수조사 하여 실제로 거주했는지의 여부와, 실제로 거주했다면 거주 기간 안에 장관에 임명된 단독주택을 조사한 결과 총 68명의 장관들을 선정하여 연구를 진행하게 되었다.

2. 분석대조군의 설정
1) 분석대조군임의 주택의 설정이유

어떤 대상지의 가치를 평가하기 위해서는 단독적인 평가는 아무 의미가 없을 것이다. 그러나 유사한 환경의 대조군을 통해서 그 상대적 가치를 유추해 볼 수는 있을 것이다.

그러나 연구대상지와 비교대조군 필지를 비교한 선행논문이나 기술적인 방법이 전무全無한 상태에서 본 연구는 비교대조군의 선정 범위를 개별공시지가 산정방식과 유사하면서 객관성을 높이기 위해 역대 장관의 주거지와 환경이 비슷하게 범위를 설정하여 오류를 줄이려고 노력을 했다.

개별공시지가를 산정하기 위해서는 개별토지의 특성과 비교표준지[4]의 특성을 비교하여 국토교통부장관이 개발·공급한 토지가격비준표에 따라서 감정평가사의 검증을 받아 공시되는 것처럼 본 연구에도 장관의 주거지개별토지와 임의 주택비교표준지의 상대적 비교를 통해서 객관성을 부여하고자 하는 것이다.

2) 분석대조군임의 주택의 설정범위

분석대조군의 설정 내용은 다음과 같다.

첫째, 장관들의 주거지와 같은 행정동洞이어야 하며, 둘째, 서울시 주소 중에서 개인지목:대지이 소유하고 있으며, 아파트나 다세대공동주택이 아닌 단독주택으로 면적이 158~840㎡(약 48~254평) 안에 해당되는 주택 68곳을 GIS Random Point Tool을 통해 무작위로 추출하였다.

- - - - - - -

4 개별공시지가를 산정하고자 하는 필지 주변의 여러 표준지 중에서 직접 비교의 기준이 되는 표준지로서 당해필지와 토지특성비교를 통하여 비준율을 적용하게 되는 표준지를 말한다. 2015년도 적용 개별공시지가 조사 · 산정지침, 국토교통부.

3. 분석요소의 정의

1) GIS로 표현 가능한 풍수지리학적 길흉의 유형

(1) 길(吉)한 유형의 주택

길한 유형의 주택은 다음 〈표 1〉에서 〈표 3〉까지의 유형으로 정리할 수 있다.

〈표 1〉 능선상에 위치하거나 배산임수향의 유형

유형	① 능선상에 위치	② 배산임수향
정의	큰 산에서 뻗어나간 산의 줄기로, 골짜기와 골짜기 사이의 산등성이에 위치한 곳	산맥의 방향과 주택의 향이 일치하는 향
그림	〈능선상에 위치한 주택〉 	〈배산임수향 주택〉
출처 및 실명	무릇, 장사(葬事)와 집은 모름지기 산 능선 중앙에 해야 한다(호순신, 2004, 지리신법, 207쪽).	집과 묘의 방향은 자고로 배산임수향(背山臨水向)을 해야 복을 가져다 준다(조정동, 2003, 양택삼요, 253쪽).
비고	능선상에 위치한다고 하여 무조건 길하다고 할 수는 없다. 입수과협처와 다른 능선(용맥)을 받는 곳을 말한다.	자리는 좋지 않더라도 수법입향(水法立向)이 합법(合法)으로 되었을 때 무해(無害)하며, 불합(不合)하였을 때 대패절사(大敗絶嗣)(장익호, 2006, 용수정경, 229쪽)

〈표 2〉 완만한 경사도 및 금성수의 유형

유형	③ 완만한 경사도	④ 금성수(궁수)
정의	보통 5~10°정도의 기울기 지형	집이나 묘의 앞에서 물(하천,강)이 둥글게 감싸고 있는 모양
그림	〈완만한 경사도의 주택〉 	〈금성수의 주택〉
출처 및 실명	양택(陽宅)에서 가장 요하는 것은 지세(地勢)가 넓고 부드럽고 평평한 곳이여야 하고, 당국(當局)이 좁고 경사지며 삐뚤어진 곳은 마땅치 않으니라(신평, 1997, 설심부, 434쪽).	금성형의 수(水)로 가장 귀하다. 부귀쌍전(富貴雙全)하고 세상의 존경을 받고 충효현량(忠孝賢良)하며 의로운 인물과 호남아(好男兒)가 난다(예, 하회마을) (신평, 2005, 지리오결, 238쪽).

〈표 3〉 능선이 끝나는 비만육후처 및 정방형 필지의 유형

유형	⑤ 능선이 끝나는 비만육후처	⑥ 정방형 필지
정의	능선이 끝나는 부분으로 내려오는 산맥보다 상대적으로 좌우의 폭이 넓은 곳	반듯한 정방형 모양의 필지
그림	〈능선이 끝나는 주택〉	〈정방형 필지 주택〉
출처 및 실명	명당은 반드시 산맥 끝에 육후처(肉厚處)에 결혈 하는 법이다(장익호, 2006, 용수정경, 202쪽).	재물과 관직이 안정되며 편안한 생활을 누릴 수 있다(정경연, 2013, 부자 되는 양택풍수, 116쪽).

〈표 4〉 골짜기 및 능선 측면(옆구리)의 유형

유형	① 골짜기	② 능선 측면(옆구리)
정의	능선과 능선 사이의 계곡에 해당되는 곳	산맥의 진행하는 과정에서 중앙이 아닌 가파른 능선 옆 부분
그림	〈골짜기의 주택〉 	〈능선 측면의 주택〉
출처 및 실명	풍수에서 가장 안 좋은 터로 소위 '골로 간다'는 말처럼 한순간에 흉한 일이 벌어질 수 있다(조광, 2014, 좌청룡우백호, 149쪽).	무릇, 집이나 묘지는 모름지기 산 능선 중앙에 해야지, 그 터 잡은 곳이 중앙에서 벗어나 기울어지게 하면 안 된다(호순신, 2004, 지리신법, 207쪽).

〈표 5〉 입수과협처 및 직거수의 유형

유형	③ 입수과협처	④ 직거수
정의	명당이나 산을 만들기 위해 최종적으로 생기에너지를 응결시킨 곳을 말하며, 크게는, 산과 산을 잇는 산줄기 부분에 벌의 허리처럼 잘록한 부분을 가리킨다(보통 'ㅇㅇ고개'라고 부르는 곳).	집을 중심으로 좌측(청룡) 능선이나 우측(백호) 능선이 거두어주지 않고 물이 곧게 정면으로 나가는 것(200m 이상)
그림	〈입수과협처〉	〈직거수의 주택〉
출처 및 실명	혈후(穴後)의 내맥(來脈)에 장(葬)하면 수화상극지처(水火相克之處)이므로 불문가지 패절(不問可知敗絕)한다(장익호, 2006, 용수정경, 203쪽).	용호(龍虎)가 무정하여 수(水)가 곧게 흘러 나간다. 이런 곳을 견우(牽牛)수(水)라 하였으니 인정(人丁)과 재물을 모두 패(敗)한다(신평, 2005, 지리오결, 246쪽).

〈표 6〉 반궁수 및 T자형길, 막다른 길의 유형

유형	⑤ 반궁수	⑥ T자형 및 막다른 길
정의	주택과 인접한 강, 하천의 모양이 활의 등과 같은 물의 형태를 말한다.	T자형 도로의 머리 부분에 위치한 집으로, 길을 통해 바람이 정면으로 치고 들어오는 형태의 길
그림	 〈반궁수의 주택〉	 〈T자 및 막다른 길의 주택〉
출처및 실명	산이나 물이 거칠고 험상궂어 활의 등처럼 반배되면 흉한 것이니 기(氣)가 짧고 우그러져 빨리 쇠망할 것이다(정관도, 1999, 도선국사풍수문답, 38쪽).	T자형의 집터는 외부의 바람을 다 껴안는 곳이라 흉한 터(시비와 싸움, 재산의 손실과 화재의 위험 등)이다(조광, 2014, 좌청룡우백호, 225쪽).

〈표 7〉 비배산임수 및 비정방형필지의 유형

유형	⑦ 비(非)배산임수	⑧ 비(非)정방형필지
정의	산 경사방향과 주택 향이 다른 것	정방형이 아닌 다각의 필지
그림	〈비배산임수의 주택〉 	〈비정방형필지의 주택〉
출처및 실명	아무리 좋은 자리라도 향이 잘못되었으면 길지(吉地)의 집이나 묘지가 흉지(凶地)로 변할 수 있다. (장익호, 2006, 용수정경, 226쪽)	복잡한 각으로 이루어진 택지는 우환이 끊이지 않으며 재난이 많다. (정경연, 2013, 부자되는양택풍수, 118쪽)

(3) 길흉 이외의 분석

길흉 외의 유형은 다음 〈표 8〉과 같다.

〈표 8〉 좌선수 및 우선수

유형	좌선수 및 우선수
정의	주택의 좌측 청룡방(靑龍方)에서 작은 골짜기 물이 시작되어 우측 백호방(白虎方)으로 물이 나가는 것이 좌선수이며, 그 반대는 우선수이다.
그림	 〈좌선수 및 우선수의 주택〉 좌선수　　　우선수

4. 분석방법

1) GIS분석과정 및 방법

GIS 분석을 위해 TIN불규칙삼각망을 생성한 후 장관들의 주소를 그 위에 나타내었다. 그 후 입체적인 지형을 통해 전체적인 산과 물의 흐름을 파악하였고, 세부적으로는 aspect사면방향, slope경사도, 1000:1의 수치지도와 지적도의 중첩자료를 통해서 산山, 수水의 길흉 분석을 하였으며, 그 이외의 부분은 Create contour, Create Steepest Path, Create line of sight를 이용해서 낮은 지대나 표현이 되지 않는 지형을 분석하였다. 세부적인 각각의 분석유형들이 GIS로 어떻게 분석되었는지는 〈표 9〉와 같다.

〈표 9〉 GIS 분석방법

GIS 분석방법	분석유형
Aspect(사면방향)	배산임수향(背山臨水向)
Slope(경사도)	경사도
수치지도+지적도	능선상, 능선측면, 골짜기, 금성수, 필지형태, 입수과협처, 직거수, 반궁수, 좌선수, 우선수
Create contour	능선상, 능선옆구리(능선측면), 골짜기, 입수과협처, 좌선수,우선수
Create Steepest Path	골짜기, 금성수
Create line of sight	경사도

2) 지적 및 주택의 형태 분석방법

네이버지도 및 다음지도로드뷰를 통해 단독주택과 인접한 길의 형태와 대문 및 집의 향, 필지모양 등을 분석하였다. 최종적으로 현장을 방문하여 실제로 GIS와 그 이외의 분석결과가 정확한지 등을 점검하였다.

〈표 10〉 그 이외의 분석방법

그 이외의 분석방법	분석유형
네이버지도, 다음지도(로드뷰)	T자형 및 막다른 길, 대문방향, 집의 향, 필지모양
현장조사	대문위치, 집의 향, 인터뷰 등

3) 유형별 분석방법

유형별 분석방법은 다음 〈표 11〉에서 〈표 16〉까지와 같다.

〈표 11〉 능선 및 궁수 분석 방법

유형	① 능선상(稜線上)에 위치한 주택	② 궁수(弓水)와 인접한 주택
그림	〈능선상 분석〉	〈궁수 분석〉
설명	GIS프로그램의 Create contour를 활용 1:1000보다 확대된 등고선을 생성하여 연구 대상지의 능선상 유무(有無)를 확인할 수 있다.	GIS프로그램의 TIN(불규칙삼각망)을 통해 주택과 인접한 물의 형태를 판단할 수 있다.
비고	입수과협처와 다르게 능선(용맥)을 받는 곳을 말한다.	궁수의 해당 여부는 주택의 향(向)하는 쪽에 동그랗게 반원을 그리는 물의 형태가 있어야 한다.

〈표 12〉 경사도 및 필지모양 분석방법

유형	③ 경사도가 5~10°의 주택	④ 정방(正方)형 필지의 주택
그림	〈경사도 분석〉 	〈필지모양 분석〉
설명	GIS프로그램의 TIN(불규칙삼각망)에서 해당 필지의 Slope정보를 통해 경사도를 알 수 있다.	GIS프로그램의 지적도를 통해서 주택의 필지 형태가 정방(正方)혹은 비(非)정방형(正方形)인지를 확인할 수 있다.

〈표 13〉 입수과협처 및 능선 측면 분석방법

유형	⑤ 입수과협처(入首過峽處)에 위치한 주택	⑥ 능선 측면(옆구리)에 위치한 주택
그림	〈입수과협처 분석〉 	〈능선측면 분석〉
설명	GIS의 Create contour를 이용해 1:1000보다 확대된 등고선을 생성하여 연구 대상지가 산봉우리와 봉우리를 연결하는 입수과협처인지 확인할 수 있다.	GIS의 Create contour를 이용해 1:1000 지형도 보다 확대된 등고선을 생성하여 연구 대상지가 능선과 골짜기 사이의 비탈면의 능선 측면인지 확인할 수 있다.

〈표 14〉 골짜기 및 길의 형태 분석방법

유형	⑦ 골짜기에 위치한 주택	⑧ 길의 형태가 T자, 막다른 길의 주택
그림	〈골짜기 분석〉 	〈길의 형태 분석〉
설명	GIS의 Create contour를 이용해 등고선을 생성하여 대상지가 능선과 능선사이의 골짜기에 위치하고 있는지를 확인할 수 있다.	위성지도 및 지적도를 통해 주택에 인접한 길 형태가 T자 혹은 막다른 길인지 확인할 수 있다.

〈표 15〉 직거수 및 반궁수 분석방법

유형	⑨ 직거수(直去水) 형태의 주택	⑩ 반궁수와 인접한 주택
그림	〈직거수 분석〉 	〈반궁수 분석방법〉
설명	GIS의 TIN(불규칙삼각망)과 등고선을 통해서 주택의 향(向)과 같이 물이 곧게 나가는 것을 확인할 수 있다.	GIS의 TIN(불규칙삼각망)의 등고선을 통해 주택의 향을 기준으로 물이 바깥으로 굽어져 흐르는 반궁수를 확인할 수 있다.

〈표 16〉 배산임수향 분석방법

유형	⑪ 배산임수향의 주택		
그림	〈배산임수향 분석〉 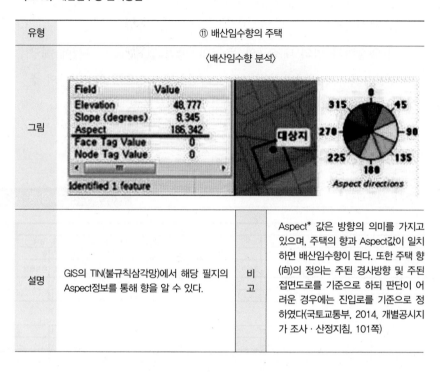		
설명	GIS의 TIN(불규칙삼각망)에서 해당 필지의 Aspect정보를 통해 향을 알 수 있다.	비고	Aspect* 값은 방향의 의미를 가지고 있으며, 주택의 향과 Aspect값이 일치하면 배산임수향이 된다. 또한 주택 향(向)의 정의는 주된 경사방향 및 주된 접면도로를 기준으로 하되 판단이 어려운 경우에는 진입로를 기준으로 정하였다(국토교통부, 2014, 개별공시지가 조사·산정지침, 101쪽)

* Aspect[5]

----
5 예를 들어, Aspect 값이 186.342의 값을 나타내면 사면방향이 남쪽으로 되어있다는 뜻(남향)이다.

4) 역대 장관과 임의대조군의 주거지비교 분석방법

(1) 단순비교

역대 장관과 임의 대조군의 풍수지리학적 길흉吉凶의 유형에 해당 여부를 1과 0의 더비변수로 표현을 하였으며, 각 유형별로 장관의 주택과 임의주택 간의 더미변수와 경사도의 평균 등을 비교하였다.

〈그림 1〉 풍수유형에 따른 장관 주택의 분석방법

4-1 가중치 적용과정   Ⅳ 풍수입지 특성 분석 결과

구분	자연적									인위적						총점
길/흉	산						물			향		길형태		필지형태		
	길		흉				길			길	흉	흉		길	흉	
유형이름	능선상위치	경사도	산맥끝	입수처	능선영구리	골짜기	금성수	직거수	반궁수	배산임수향	비배임수향	T자형	막다른골목	정방형	비정방형	
한	0	5.711	0	0	1	0	0	0	0	0	1	0	0	1	0	0.473
이	1	2.732	1	0	0	0	1	0	0	1	0	0	0	1	0	0.865
⋮							중략...									
이	1	6.839	1	0	0	0	0	0	0	1	0	0	1	1	0	0.704
김	1	6.68	1	0	0	0	0	0	0	1	0	0	0	0	1	0.684
김	1	5.807	1	0	0	0	0	0	0	1	0	0	0	0	1	0.684
백	0	6.547	0	0	1	0	0	1	0	0	0	0	0	0	1	0.263
이	0	11.05	0	0	1	0	0	0	0	1	0	0	0	1	0	0.341
이	1	1.247	1	0	0	0	0	0	0	1	0	0	0	0	1	0.684
문	1	0.36	1	0	0	0	0	0	0	1	0	0	0	1	0	0.776
박	0	5.431	0	0	1	0	0	0	0	0	1	0	0	1	0	-0.01
이	0	9.2	0	0	1	0	0	0	0	1	0	0	0	1	0	0.473
박	1	8.748	1	0	0	0	0	0	0	1	0	0	0	1	0	0.776
합계/평균	32	5.707	30	2	23	11	9	2	1	44	24	2	5	43	25	24.304
가중치	0.252	0.132	0.135	-0.32	-0.051	-0.19	0.089	-0.12	-0.07	0.339	-0.14	-0.07	-0.07	0.053	-0.039	

(2) 전문가 설문을 통한 각 유형별 가중치 분석 및 비교

첫째, AHP기법의 2차 설문을 통해 얻어진 각 유형별 가중치를 장관 및 임의주택 68곳의 더미변수 값에 적용하여 점수를 환산하였다.

둘째, 환산된 값을 통해 SPSS 대응표본 T-검정을 실시하여 유의성을 검증하였으며, 어느 군群의 환산점수가 높은지를 비교분석하였다.

셋째, 가중치를 적용한 결과 값과, 장관 임기 기간, 임기 전 거주기간의 상관관계를 분석하였다.

IV. 설문 구성 및 조사 결과

1. 설문 구성 및 결과

1) 1차 설문 구성 및 결과

(1) 1차 설문 구성

1차 설문은 고서古書나 선행연구를 통해 정리된 풍수지리학적 길흉吉凶의 유형이 전문가실무자 및 선행연구자들이 판단하기에 타당성이 있는지를 알아보기 위해 델파이 조사[6] 방식으로 실시되었다.

본래의 델파이 조사방식은 의견 합의를 위해 동일한 전문가 패널에게 3~4회의 설문 응답이 진행되며, 여러 번의 반복적인 설문을 통해 전문가들의 합의도출을 유도하는 것이다. 그러나 본 연구는 역사적 자료 및 선행연구의 자료가 있기 때문에 1회만 실시하였다.

설문지 형식은 5단계 Likert 척도[7]이며, 최종적으로 14개의 설문 문항으로 30명을 대상으로 설문조사기간 : 2014. 6. 14. ~ 7. 13.를 실시하였다.

- - - - - - -

6 델파이 조사방법은 정성적인 내용을 전문가들의 합의에 의해 정량적인 결론으로 이끌어 내는 방법으로 어떤 분야의 전문가들에 의해 합의를 이끌어내는 데 유용한 의사결정 수단이며, 또한 객관적인 자료가 없거나 부족한 경우와 전문가들의 의견 등을 정량화하는 방법으로 활용되는 중요한 의사결정 방법이다. 김세정, 2013.

7 '1 매우 중요하지않음'은 나쁘다,흉(凶)의 표현이고 반대로 '5 매우 중요함'은 좋다, 길(吉)의 표현이다.

(2) 자료수집 및 분석결과

1차 설문조사 결과, 회수율은 83.3%(25명)였다.

〈표 17〉 전문가 패널 구성

직위	참가인원	구성비율
학회장 및 연구소장	12	48%
교수	8	32%
선행연구자	3	12%
기타 전문가	2	8%
합계	25	100%

〈표 18〉 1차 설문조사 결과

길/흉 유형			M	SD	CVR
자연적 요인	길	능선상에 위치	4.64	0.86	0.84
		완만한 경사도	4.80	0.41	0.92
		능선이 끝나는 곳	4.52	0.59	0.84
		궁수	4.28	0.68	0.68
	흉	입수과협처	1.04	0.20	1.00
		능선옆구리	1.76	0.66	0.84
		골짜기	1.32	0.48	0.92
		직거수	1.36	0.52	0.84
		반궁수	1.72	0.68	0.68
인위적 요인	길	배산임수향	4.88	0.33	1.00
		정방형 필지	4.24	0.72	0.60
	흉	비배산임수향	1.28	0.54	0.92
		T자 혹은 막다른길	1.64	0.64	0.76
		비정방향의 필지	1.88	0.73	0.52

전문가 패널들로 하여금 각 풍수지리학적 길흉吉凶의 유형별로 중요한 항목인지에 대한 내용 타당도를 분석한 결과는 〈표 18〉과 같이 나타났다.

내용타당도CVR[8] 식에 의하여 나타낸 결과 값은 CVR 최소값[9]인 0.37보다 모두 높으므로 설문지 각 문항은 모두 타당성이 있다고 분석되었다. 또한 CVR값을 통해 전문가들이 생각하는 풍수지리학적 길흉 유형의 중요도[10]를 알 수 있었으며, 전문가들은 자연적인 요인 중 지형적인 요소산세를 중요하게 생각하고 있었으며, 인위적인 요인으로는 집의 향向을 가장 중요하게 생각하고 있었다.

2) 2차 설문 구성 및 결과

(1) 2차 설문 구성

2차 설문은 풍수지리학적 길흉吉凶의 유형에 가중치를 부여하기 위해 AHP계층화분석기법[11]으로 실시되었다. 1차 설문에 참여했던 전문가 패널 중 10명을 대상[12]으로 설문조사기간 : 2014. 7. 16 ~ 7. 22를 실시하였다.

- - - - - - -

8 CVR 값은 Schipper가 제시한 데이터에 의해 델파이 조사지에 참여한 패널의 수에 따라 그 최소값이 결정되어진다. 즉, 유의도 .05수준에서 패널 수에 따른 최소값 이상의 CVR값을 가진 항목들만이 내용 타당도가 있다고 판단할 수 있다(Lawshe,1975). 여기서 ne는 '매우 중요하다'고 응답한 패널들의 수, 즉 본 연구에서 사용한 Likert식 5단계 척도에서는 각각의 평가 항목이 각 영역별로 중요한 유형이라고 5점에 응답한 응답자들의 빈도수를 의미한다. 그리고 N은 전체 전문가 패널의 인원수를 의미한다.

9 패널 수에 따라서 CVR최소값보다 높으면 각 문항에 대한 타당성이 있다고 분석된다. 10명(0.62), 15명(0.49), 20명(0.42), 25명(0.37)

10 본 설문결과의 중요도라는 의미는 풍수지리학에서 가장 핵심적인 유형이라는 뜻이다.

11 의사결정문제가 다수의 평가기준으로 이루어져 있을 때 우선 평가기준을 계층화한 후 계층에 따라 중요도를 정해가는 다기준 의사결정기법으로, 1970년대 초 T.L Saaty 교수에 의해 개발된 이후 복잡한 의사결정문제를 효율적으로 해결하는 데 많이 이용되고 있다(이태열, 2006).

12 AHP방법을 적용한 선행연구들 대부분은 방법론의 적용에 있어서 참여대상인 전문가 패널의 규모는 최소 10인 이상이 참여할 경우 유효한 결과 값을 얻을 수 있는 것으로 조사되었다(정승주 외, 2006).

〈표 19〉 전문가 패널 구성

직위	참가인원	구성비율
학회장 및 연구소장	12	48%
교수	8	32%
선행연구자	3	12%
기타 전문가	2	8%
합계	25	100%

　AHP 계층화분석기법은〈그림 2〉와 같이 크게 3단계의 과정으로 진행되었다. 첫째, 분석 목적에 근접하기 위해 주택의 길흉吉凶 Level 1의 기준을 분류하고, 기준에 속하는 구체적인 풍수지리학적 유형을 평가항목Level 2으로 결정하였다. 둘째, 각 주제의 유형별 평가항목들 간에 쌍대비교를 실시한다. 셋째, 이원 쌍대비교 결과에 대한 일관성을 검증하고, 〈표 20〉과 같이 평가항목 간의 상대적인 가중치를 도출하였다.

(2) 자료수집 및 AHP분석 결과

　길吉과 흉凶의 평가항목 간의 AHP 분석결과 일관성은 모두 0.1이하의 값을 나타내므로 일관성의 검증결과 모두 신뢰할 수 있는 것으로 분석되었으며, 2차 AHP설문을 통해 전문가 패널들은 풍수의 길吉한 유형 중에서 배산임수향이 가장 높은 가중치 값이라고 나타났으며, 흉凶한 유형 중에서는 입수과협처가 가장 낮은 가중치 즉, 가장 나쁜 유형으로 나타났다.

〈그림 2〉 가중치 산정을 위한 AHP 계층 모형

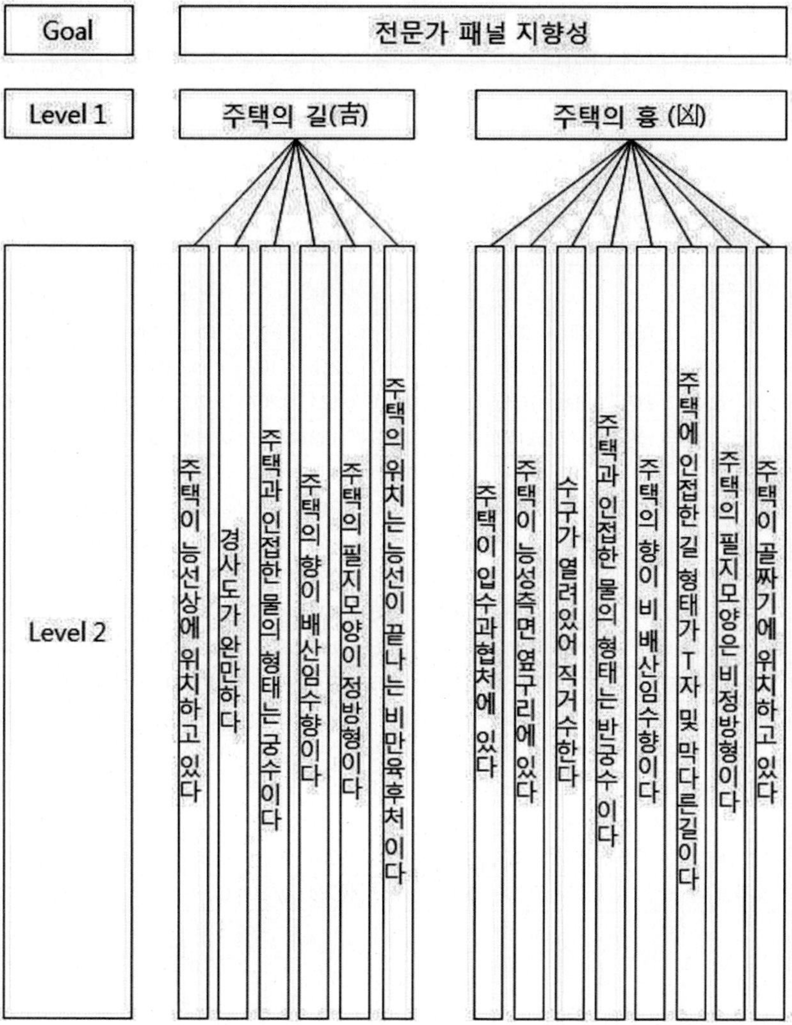

Goal	전문가 패널 지향성
Level 1	주택의 길(吉) / 주택의 흉(凶)

Level 2

주택의 길(吉):
- 주택이 능선상에 위치하고 있다
- 경사도가 완만하다
- 주택과 인접한 물의 형태는 궁수이다
- 주택의 향이 배산임수향이다
- 주택의 필지모양이 정방형이다
- 주택의 위치는 능선이 끝나는 비만육후처 이다

주택의 흉(凶):
- 주택이 입수과 협처에 있다
- 주택이 능성측면 옆구리에 있다
- 수구가 열려있어 직거수한다
- 주택과 인접한 물의 형태는 반궁수 이다
- 주택의 향이 비 배산임수향이다
- 주택에 인접한 길 형태가 T자 및 막다른길이다
- 주택의 필지모양은 비정방형이다
- 주택이 골짜기에 위치하고 있다

각 유형별 가중치 산정결과 값은 〈표 20〉과 같다. 가중치 값은 각 패널의 상대적 중요도 값의 기하평균값이 되었으며, 주택의 흉(凶) 영역은 산출 값에 마이너스(−)를 붙여 최종 가중치 값으로 적용하였다.

〈표 20〉 AHP 가중치 산정결과 값

구분			AHP가중치 산정 결과 값										
유형		패널	(A)	(B)	(C)	(D)	(E)	(F)	(G)	(H)	(I)	(J)	평균
길	1	능선상에 위치	0.111	0.433	0.292	0.260	0.217	0.102	0.384	0.280	0.216	0.228	0.252
	2	경사도가 완만	0.196	0.073	0.108	0.151	0.124	0.207	0.076	0.111	0.148	0.126	0.132
	3	능선의 끝	0.147	0.152	0.149	0.109	0.130	0.137	0.149	0.151	0.098	0.131	0.135
	4	궁수	0.081	0.107	0.066	0.076	0.122	0.079	0.095	0.059	0.086	0.115	0.089
	5	배산임수향	0.419	0.183	0.330	0.360	0.349	0.426	0.247	0.337	0.403	0.339	0.339
	6	정방형 필지	0.047	0.053	0.056	0.045	0.059	0.049	0.050	0.063	0.050	0.060	0.053
일관성 분석			0.062	0.091	0.094	0.083	0.089	0.085	0.078	0.071	0.090	0.072	−
흉	1	입수과협처	0.306	0.295	0.335	0.298	0.327	0.307	0.299	0.351	0.325	0.337	0.318
	2	능선측면	0.068	0.048	0.054	0.046	0.045	0.066	0.052	0.047	0.044	0.044	0.051
	3	골짜기	0.203	0.181	0.196	0.188	0.200	0.202	0.185	0.184	0.183	0.185	0.191
	4	직거수	0.124	0.066	0.112	0.141	0.151	0.131	0.073	0.114	0.120	0.149	0.118
	5	반궁수	0.062	0.058	0.080	0.078	0.055	0.060	0.064	0.075	0.083	0.057	0.067
	6	비배산임수	0.170	0.185	0.110	0.131	0.121	0.168	0.177	0.125	0.129	0.120	0.144
	7	T, 막다른 길	0.040	0.113	0.077	0.075	0.067	0.038	0.095	0.070	0.074	0.071	0.072
	8	비정형 필지	0.027	0.054	0.036	0.043	0.034	0.027	0.056	0.033	0.043	0.036	0.039
일관성 분석			0.092	0.096	0.061	0.067	0.084	0.090	0.079	0.075	0.058	0.078	−

V. GIS 및 AHP를 이용한 풍수지리학적 입지특성 분석결과

1. 단순분석 결과

1) 주택의 길(吉) 영역

다음 〈표 21〉과 같이 역대 장관 68명의 주거지 중 능선상棱線上에 위치한 장관은 32곳이었으며, 임의의 주택은 21곳으로 나타남에 따라서 장관 주택이 능선상에 위치하는 경향이 컸다.

경사도는 57곳의 장관주택이 길지유형(5°~10°)에 속해 있었으며, 임의주택 또한 길지유형에 50곳이 속해있었다. 평균값은 장관이 5.707°, 임의의 주택은 7.377°로 모두 다 길지유형에 속했으나, 장관의 주택이 경사도가 상대적으로 완만했다.

장관의 주택과 인접한 물의 형태가 궁수弓水인 경우는 9곳이었으며, 임의 주택은 10곳으로 비슷한 수준을 보였다.

배산임수향의 유형은 장관의 주택이 44곳이었으며, 임의의 주택은 23곳으로 나타남에 따라 장관들의 주택이 배산임수향의 경향이 컸다.

〈표 21〉 GIS를 통한 장관 및 임의 주택 단순분석 결과

구분		장관	임의	차이
길	1 능선상에 위치	32	21	11
	2 경사도	5.707	7.377	−1.67
	3 궁수	9	10	−1
	4 배산임수향	44	23	21
	5 정방형 필지	44	41	2
흉	1 입수과협처	2	1	1
	2 능선측면	23	27	−4
	3 골짜기	11	19	−8
	4 직거수	2	13	−11
	5 반궁수	1	1	0
	6 비배산임수	7	18	−11
	7 T, 막다른 길	24	42	−18
	8 비정방형 필지	25	27	−2

2) 주택의 흉凶 영역

〈표 21〉과 같이 입수과협처入首過峽處에 위치한 장관주택은 2곳이었으며, 임의주택은 1곳으로 비슷한 수준을 보였다. 능선측면에 위치한 장관의 주택은 23곳이었으며, 임의의 주택은 27곳으로 비슷한 수준이었다.

골짜기에 위치한 장관의 주택은 11곳이었으며, 임의의 주택은 19곳으로 임의 주택이 골짜기에 위치하는 경향이 있었다.

물이 200m 이상으로 곧게 나가는 직거수에 해당되는 장관 주택은 2곳, 임의 주택은 13곳으로 임의 주택이 직거수하는 경향이 있었다.

반궁수는 장관이 1곳, 임의 주택이 1곳으로 같았으며, T자 및 막다른 길에 위치하고 있는 장관의 주택은 7곳, 임의 주택은 18곳으로 임의의 주택이 T자 및 막다른 길에 위치하는 경향이 있었다.

비배산임수향은 장관이 24곳, 임의 주택이 45곳으로 임의주택이 비배산임수향의 경향이 많았다.

2. 가중치 비교분석 결과

1) 주택의 길흉 영역 비교분석

〈표 22〉와 같이 자연적 및 인위적 요인의 영역 중에서 길흉한 유형의 가중치 값을 분석한 결과 특징적인 결과는 능선상에 위치한 주택의 유형에서 장관주택은 임의주택에 비하여 2.772점이 높게 분석되었으며, 배산임수향의 유형은 장관주택이 7.119점 높게 분석되었다.

흉凶한 영역은 골짜기에 위치한 주택의 유형에서 임의주택이 1.528점, 직거수 또한 1.298점, 비배산임수 3.024점이 높게 분석되었다.

〈표 22〉 AHP를 통한 장관 및 임의 주택의 가중치 결과

구분			장관	임의	차이
길	1	능선상	8.064	5.292	2.772
	2	경사도	7.392	6.600	0.792
	3	궁수	0.801	0.890	−0.089
	4	배산임수향	14.916	7.797	7.119
	5	정방형 필지	2.279	2.173	0.106
		합계	33.452	22.752	10.700
흉	1	입수과협처	−0.636	−0.318	−0.318
	2	능선측면	−1.173	−1.377	0.204
	3	골짜기	−2.101	−3.629	1.528
	4	직거수	−0.236	−1.534	1.298
	5	반궁수	−0.067	−0.067	0
	6	비배산임수	−3.456	−6.480	3.024
	7	T, 막다른 길	−0.504	−1.296	0.792
	8	비정방형 필지	−0.975	−1.053	0.078
		합계	−9.148	−15.754	6.606
총합계			24.304	6.998	17.306

2) 종합적 비교분석

〈그림 3〉과 같이 장관 주택과 임의주택의 가중치 값의 대응표본 T-검정을 실시한 결과 0.000으로 유의확률이 0.05보다 낮음에 따라 유의하다고 분석되었다. 또한 〈표 22〉와 같이 역대 장관들의 풍수지리학적 길흉吉凶의 총점 결과 24.304점이며, 임의의 주택은 6.998점으로 역대장관들의 주택 점수가 17.306로 약 3.5배 더 높은 길지吉地로 분석되었다.

3. 풍수지리학적 길흉 이외의 분석
1) 장관 임기에 따른 가중치 값 분석

〈그림 3〉 장관 주택과 임의주택 가중치 값의 T-검정

대응표본 검정

		대응차							
					차이의 95% 신뢰구간				
		평균	표준편차	평균의 표준오차	하한	상한	t	자유도	유의확률 (양쪽)
대응 1	장관가중치총점 - 랜덤가중치총점	.251	.492	.059676	.132	.370	4.209	67	.000

역대 장관들 가운데 여러 차례 장관을 역임하거나, 임기기간이 긴 장관의 경우 풍수지리학적으로 길지吉地에 속한다는 가정에 따라서 장관들의 임기기간과 장관주택의 가중치 결과 값 간의 단순회귀분석 결과 〈그림 4〉와 같이 유의확률이 0.05보다 높으므로 풍수지리학적 길지吉地와 장관 임기 기간과의 관계는 없다고 분석되었다.

<그림 4> 장관 임기와 주택가중치 값의 분산분석 결과

분산분석[b]

모형		제곱합	자유도	평균 제곱	F	유의확률
1	회귀 모형	.000	1	.000	.000	.994[a]
	잔차	6.679	66	.101		
	합계	6.679	67			

a. 예측값: (상수), 임기기간
b. 종속변수: 장관가중치

2) 물의 흐름에 따른 장관의 주택 분석

주택을 기준으로 물의 흐름은 좌선수左旋水 주택과 주택의 향을 기준으로 물이 왼쪽에서 시작해서 오른쪽으로 흐르는 물의 방향과 우선수右旋水[13]로 나누어지는데, <표 23>과 같이 임의주택 68개 중 좌선수와 우선수가 각각 고른 분포를 보이는 데 반해, 장관의 주택은 좌선수64.7%가 많은 것으로 밝혀졌다.

<표 > 장관 및 임의주택의 물의 흐름

구분	좌선수	우선수	합계
장관	44(64.7%)	24(35.3%)	68(100%)
임의	34(50.0%)	34(50.0%)	68(100%)

여기에서 좌선수左旋水는 주택을 기준으로 왼쪽의 청룡青龍이 발달했다는 것을 의미하며, 이 청룡은 남자, 명예, 관직, 출세, 수명 등을

- - - - - - -

13 주택과 주택의 향을 기준으로 물이 오른쪽에서 시작해서 왼쪽으로 흐르는 물의 방향

의미한다. 따라서 좌선수가 44곳이나 분석된 장관들은 풍수지리학적 영향의 개연성이 있다고 분석되었다.

VI. 연구의 기대효과 및 한계

1. 연구의 기대효과

기대효과로는 첫째, 접근이 어렵고 난해難解한 풍수지리학의 이론을 유형화하였고, GIS를 통해서 풍수지리학을 객관적이고 과학적으로 접근함에 따라 앞으로 미래의 풍수지리 관련 연구주제들이 많아질 것으로 본다.

둘째, 파워엘리트 거주지 특성의 분석 연구를 통해 도심 안에 있는 시민들 모두가 길지吉地에 거주하면 좋겠지만 보통 하나의 도시 안에서 길지는 면적이 희소함에 따라 시민 모두가 점유할 수는 없다. 따라서 많은 사람들이 공동으로 이용하는 공공성의 건물이 들어서는 것이 가장 좋은 방법일 것이다. 예를 들어 앞으로 남과 북이 통일되었을 때 청와대, 국회의사당 및 정부청사의 위치나 노약자 및 어린이들이 있는 병원, 산후조리원, 학교 등이 풍수지리학적 길지吉地에 따른 입지선택이 필요하다.

셋째, 도심 안의 흉지 면적이 상대적으로 많기 때문에 주거지 선택의 폭이 좁은 일반서민들은 집을 고를 때 배산임수향, 능선상 위치에 주안점을 두고 선택해야 할 것이다.

넷째, 서울시와 같은 구릉이 발달된 도시의 토지구획정리사업을 할 경우 능선을 파괴하지 않는 자연친화적인 방향으로 이루어져야 할 것이다.

다섯째, 경·공매 감정평가 및 공시지가 산정, 부동산 자산평가 등은 건물의 인위적인 요소를 많이 반영하고 있다. 그러나 자연적 요소 즉, 풍수지리학적 유형을 기반으로 토지 및 공간의 가치를 평가요소에 반영해야 할 것이다.

2. 연구의 한계점

연구의 한계점으로는 첫째, 땅의 형태는 한결같지 않음으로 통계적으로 분석해 보고자 한다는 것은 자칫 풍수의 논리를 곡학曲學하게 될 가능성이 있다.

둘째, 풍수지리학적 분석방법을 객관적으로 분석하기 위하여 GIS를 통해 객관성이라는 것에 비중을 둠으로써 실제 현장과 차이점의 가능성이 있다.

셋째, 누락된 역대 장관들의 정보를 전수 조사했으면 분석 결과가 더욱 의미가 있을 수 있었으나 1995년 1월 8일부터 시행된 「공공기관의 개인정보보호에 관한 법」 및 2011년 9월 30일에 시행된 「개인정보보호법」에 따라서 많은 양의 데이터를 확보하지 못하였다.

넷째, GIS의 Random Point Tool이라는 무작위 지점보다는 공신력公信力있는 집단의 비교군을 가지고 연구하면 더욱 유의성이 높아질 수 있을 것이다.

다섯째, 풍수지리학적으로 자손의 부귀영화나 삶의 희노애락喜怒哀樂은 집陽宅의 영향도 있겠지만 평야지대의 다른 나라들과는 달리 대한민국의 지형은 산지 혹은 구릉으로 되어있어 보통 선조先祖들의 음택陰宅에 기인하는 경우가 많다. 따라서 본 연구의 유의성을 높이기 위해서는 음택陰宅과 양택陽宅을 종합적으로 면밀히 분석하지 못한 한계점이 있다.

본 연구의 결과 및 한계점을 통해 앞으로 풍수지리학의 관심과 감정평가 관련 분야의 새로운 평가요소 체계를 기대해 본다.

【저서】

김병성(1996), 『교육연구방법』, 학지사.

김이중(2005), 『자연법칙에 의한 지리풍수학』, 도서출판 백일.

김홍배(2011), 『입지론 .공간구조와 시설 입지』, 기문당.

무라야마 지쥰(1991), 『朝鮮의 風水』, 민음사.

박성현 · 조신섭 · 김성수(2004), 『한글 SPSS』, 서울: SPSS아카데미.

브라이언 그린(2005), 『우주의 구조시간과 공간, 그 근원을 찾아서』, 승산.

신 평(1994), 『지리오결』, 동학사.

　　　(1997), 『고전 풍수학 설심부』, 관음출판사.

이종성(2001), 『델파이 방법』, 교육과학사.

이학식 · 임지훈(2013), 『SPSS 20.0 매뉴얼』, 집현재.

장익호(2006), 『용수정경』, 도서출판 백일.

　　　(2007), 『유산록 전권』, 도서출판 백일.

정경연(2013), 『정경연의 부자되는 양택풍수』, 평단문화사.

정관도(1994), 『도선국사 풍수문답』, 지선당.

조 광(2014), 『지관이 말하다 좌청룡 우백호 조광의 풍수이야기』, 도서출판 아침.

조정동(2003), 『양택삼요』, 자연과 삶.

호순신(2004), 『지리신법』, 비봉출판사.

국토교통부(2014), 『2015년도 적용 개별공시지가 조사 · 산정지침』

중앙일보사(1995), 『6만의 파워 엘리트』, 중앙일보사.

【학회지】

김창석(2002), 「서울시 상류계층(파워엘리트)의 주거지역 분포특성과 형성요인에 관한 연구」, 『국토계획』 제37권 제5호: pp.65~83.

김태준 · 이근상(2006), 「GIS 기반 AHP기법을 이용한 작물재배 적지분석」, 『대한토목학회논문집』 제26권 제4D호: pp.695~702.

김태형(2002), 「GIS환경에서 GRID와 AHP를 이용한 Geoprocessing에 관한 연구」, 『도시연구보』 제12권 제1호: pp.13~22.

송기욱 · 김창석 · 남진(2010), 「파워엘리트의 거주지 분포에 영향을 미치는 지역특성요인에 관한 실증분석」, 『국토계획』 제45권 2호: pp.47~48.

양성규(2015), 「파워엘리트 주거지의 풍수지리학적 특성 해석서울시에 거주한 역대 장관의 단독주택을 대상으로」, 『서울도시연구』 3월호 게재 확정 인용.

유동환(2012), 「T자형 가로에 면한 건축물의 위치적 의미에 관한 연구」, 『한국문화공간건축학회 논문집』 통권 제37호: pp.7~32.

이용준 · 박근애 · 김성준(2006), 「로지스틱 회귀분석 및 AHP 기법을 이용한 산사태 위험지역 분석」, 『대한토목학회논문집』 제26권 제5D호: pp.861~867.

이태열(2006), 「분석적 계층화(AHP)기법의 이해」, 『감사원 평가연구원 평가리뷰』 봄호: 감사원. pp.64~65.

정승주(2006), 「계층화 분석(AHP)을 이용한 2005 경기방문의 해 사업평가」, 『관광학연구』, 제30권 제3호: p.199.

【학위논문】

Saaty,T.L.(1990), MulticriteriaDecisionMaking : The Analytic Hierarchy Process, AHP series, Vol.1, RWS Publication.

성시영(2013), 「장관 재임기간에 영향을 미치는 요인, 1948-2013: 한국과 미국의 비교연구」, 서울대학교 대학원 박사학위논문.

신민경(2012), 「정부정책의 소비자 지향성 평가지표 개발」, 이화여자대학교 박사학위논문.

최윤미(2002), 「비즈니스 영어 평가내용 개발을 위한 델파이 연구」, 이화여자대학교 석사학위논문.

최주대(2006), 「비탈에 쓰여진 묘와 후손번성에 대한 SPSS통계분석」, 영남대학교 박사학위논문.

김경진(2010), 「GIS프로그램을 이용한 부동산 경매다발지역의 풍수지리학적 입지특성에 관한 연구」, 서울시립대학교 석사학위논문.

김세정(2013), 「델파이조사방법을 활용한 피부미용전공 졸업예정자들의 취업결정요인 분석」, 호서대학교 박사학위논문.

권태일(2008), 「관광지 리모델링 사업의 영향요인 우선순위 도출에 관한 연구」, 세종대학교 박사학위논문.

【기타】

www.poongsoojiri.co.kr/?c=9/34/80 (정통풍수지리학회 홈페이지)

ko.wikipedia.org (위키백과사전)

map.naver.com (네이버지도)

map.daum.net (다음지도(로드뷰))

www.21fengshui.com (대동풍수지리학회 홈페이지)

출간
후기

산의 원리와 인간사를 꿰뚫는 풍수 과학자 조광 저자의
혜안을 통해 함께 세상을 내다보시기 바랍니다

권선복
| 도서출판 행복에너지 대표이사

　서양의 과학은 합리주의와 이성주의를 기반으로 발달해 왔습니다.
거친 자연에 저항하며 인간 본위로 개척과 개발을 추구해 온 그들에
게는 우리보다 한참이나 먼저 자연을 도전과 지배의 대상으로 바라
보던 문화적 관습이 몸에 배어 있었습니다. 그래서인지 서양에는 풍
수학이라고 할 만한 것이 그다지 없었고, 오히려 서구 과학을 도입
한 우리의 경우 그 영향으로 전통적인 풍수사상을 도외시하거나 비
과학적 미신이라 치부하기도 했던 과거가 있습니다.

　그런데 최근 서양에서 도리어 풍수가 유행하고 각광을 받는다고
합니다. 이게 무슨 일일까요?
　물론 기독교 문화 때문에 사람을 산에 묻는 전통이 희박한 그들에

게 우리와 같은 음택 사상이 발달했을 리는 없을 것입니다. 대신 생활의 각 영역마다 사소한 인테리어 하나하나에 과학의 원리가 접목된 풍수사상이 파고들고 있습니다. 심지어 요즘은 뉴욕에 거주하는 미국인도 풍수를 따져서 집을 구입하는 세상이라고 합니다.

풍수가 인간을 둘러싼 자연과 그 일부로 살아가는 사람 간에 최적의 조화를 이루며, 자연으로부터 좋은 영향을 받기 위한 과학적 원리입니다. 그리고 조상이 돌아가시면 산에 모시던 전통이 있는 우리에게 음택은 그 과학적 원리가 추구하는 정점에 있는 행위일 것입니다.

특히 우리 풍수의 특징은 생활공간을 인간에게 이롭게 배치하는 원리이자, 음택의 중요한 요체일 뿐만 아니라, 자연의 일부로 살아가는 인간 사회를 이해하는 합리적 근거이기도 하다는 점입니다. 그런데 조광 저자의 『땅의 유혹』에는 이 음택 사상과 현대화된 공간 과학, 사회를 이해하는 사고적 틀로서의 풍수가 모두 담겨져 있습니다.

저자는 대수술을 앞두고 입원 직전까지 원고에 대한 애착을 보이며 내용을 깎고 다듬어 완성했습니다. 그리고 결국 개정판『땅의 유혹』의 출간을 보게 되었습니다. 병마도 꺾지 못한 그의 열정에 박수를 보내며, 이 책을 접하시는 독자들에게도 산을 통해 세상을 내다보는 밝은 혜안의 빛이 함께 퍼지기를 기원합니다.

내 영혼을 춤추게 했던 날들

김재원 지음 | 값 15,000원

이 책 『내 영혼을 춤추게 했던 날들』은 경찰간부로 활동 중인 저자의 엄격해 보이는 제복 속에도 '영혼을 춤추게 하던 시절'에 대한 행복한 기억이 고이 간직되어 잠들어 있음을 알게 해 준다.

고된 생활에 지친 현대인들에게 이 책은 복잡한 출퇴근 시간, 혹은 잠시의 점심시간이나마 삶의 숨 고르기를 하고 유년 시절 낭만의 세계로 되돌아가 보는 기쁨을 누릴 수 있게 해줄 것이다.

그치지 않는 비는 없다

오성삼 지음 | 값 15,000원

책 『무일푼 노숙자 100억 CEO 되다』는 "열정이 능력을 이기고 원대한 꿈을 이끈다."는 저자의 한마디로 집약될 만큼 이 시대 '흙수저'로 대표되는 청춘에게 용기를 고하여 성공으로 향하는 길을 제시하고 있다. 100억 매출을 자랑하는 (주)다다오피스의 대표인 저자가 사업을 시작하며 쌓은 노하우와 한때 실수로 겪은 실패담을 비롯해 열정과 도전의 메시지를 모아 한 권의 책으로 엮었다.

인문의 숲으로 가다

김정숙 지음 | 값 15,000원

이 책은 위기를 맞은 한국 사회를 헤쳐 나가기 위한 청사진을 제안한다. '정치란 무엇인가?' '우리는 무엇이 잘못되었는가?'로 시작하는 저자의 날카로운 진단과 선진국의 성공사례를 통한 정책분석은 왜 정치라는 수단을 통하여 우리의 문제를 해결해야 하는지를 말한다. 정부3.0을 지나 새롭게 맞이할 정부4.0에 제안하는 정책 아젠다는 우리 사회에 필요한 길잡이가 되어 줄 것이다.

본국검예 - 왜검의 시원은 조선이다

임성묵 지음 | 값 48,000원

이 책 『본국검예 – 왜검의 시원은 조선이다』는 일견 검과 무예(武藝)를 다룬 책이라고 생각되지만 역사, 신화, 종교, 언어학과 문화인류학 등을 고루 통섭하고 있는 책이다.

저자는 『무예도보통지』의 해독과 그 속에 담긴 무예를 복원하고 동아시아 전체 무술의 시원(始原)을 찾는 과정 속에서 인류 지성의 근간이라고 할 수 있는 문자의 분석을 통해 한(韓)민족의 문화야말로 동아시아 전체의 뿌리라는 사실을 밝혀낸다.

내 인생의 첫 책쓰기

허재삼 지음 | 값 15,000원

많은 사람들이 책은 아무나 쓸 수 없다는 고정관념을 가지고 있다. 이를 극복한다고 해도 예비 작가나 초보 작가일수록 모든 게 낯설고 어떻게 시작해야 할지 막막한 것이 사실이다. 그러나 허재삼 저자는 그것을 극복해야만 펜을 쥘 수 있다고 이야기한다.

원고 작성부터 책 출간까지, 3개월간 그가 경험한 극복과정을 따라가다 보면 어느새 독자들의 가슴 한 켠에도 책 한 권을 써낸 작가로서의 꿈이 피어날 수 있을 것이다.

커피 씨앗도 경쟁한다

정문호 지음 | 값 15,000원

어떤 의미에서든 대한민국을 성장하게 한 것은 경쟁이다. 하지만 이제 산업 전반의 선진화를 이루었고, 4차 산업사회에 돌입하게 되는 우리 사회의 경쟁은 또 다른 의미로 규정될 필요가 있다.

그런 의미에서 이 책 『커피 씨앗도 경쟁한다』가 던지는 메시지는 4차 산업시대를 맞이하여 모두가 상생하고 지속가능한 발전을 추구할 수 있는 경쟁의 구도에 대한 깨달음을 준다고 하겠다.

두드려라! 꿈이 열릴 것이다

권익철 지음 | 값 15,000원

이 책 『두드려라! 꿈이 열릴 것이다』의 저자 권익철 원장은 꿈과 희망이라는 화두로 자신에게 최면을 걸었다고 이야기한다. 그는 판금망치 하나를 들고 열악한 자동차 정비공으로서 인생을 시작했으나 꿈과 희망의 최면은 현재 그를 최고의 NLP Master로 만들어 주었다. 꿈을 잃고 방황하는 청춘들에게 이 책이 다시금 심장에 불을 지필 촉매가 되기를 기대해 본다.

새 집을 지으면

정재근 지음 | 값 12,000원

시집 『새 집을 지으면』에서 저자는 늘 마음의 중심이 되어주던 부모님과 스승들의 가르침을 되새기며 평생을 소명으로 여기던 공직자로서의 삶에 대한 감회와 후배들에 대한 당부를 덧붙인다.

대나무, 난초와 같은 향기를 담은 이 시집을 읽다 보면, 선비의 풍모를 간직하고 있는 저자의 은은한 인문학적 묵향(墨香)에 독자들도 물들고, 시집 속에서 공직자로서 좋은 귀감을 삼을 대상을 마주할 수 있을 것이다.

하루 5분, 나를 바꾸는 긍정훈련

행복에너지

**'긍정훈련' 당신의 삶을
행복으로 인도할
최고의, 최후의 '멘토'**

'행복에너지
권선복 대표이사'가 전하는
행복과 긍정의 에너지,
그 삶의 이야기!

인터파크
자기계발 분야 주간
베스트 1위

권선복 지음 | 15,000원

권선복

도서출판 행복에너지 대표
영상고등학교 운영위원장
대통령직속 지역발전위원회
문화복지 전문위원
새마을문고 서울시 강서구 회장
전) 팔팔컴퓨터 전산학원장
전) 강서구의회(도시건설위원장)
아주대학교 공공정책대학원 졸업
충남 논산 출생

책『하루 5분, 나를 바꾸는 긍정훈련 - 행복에너지』는 '긍정훈련' 과정을 통해 삶을 업그레이드하고 행복을 찾아 나설 것을 독자에게 독려한다.

긍정훈련 과정은 [예행연습] [워밍업] [실전] [강화] [숨고르기] [마무리] 등 총 6단계로 나뉘어 각 단계별 사례를 바탕으로 독자 스스로가 느끼고 배운 것을 직접 실천할 수 있게 하는 데 그 목적을 두고 있다.

그동안 우리가 숱하게 '긍정하는 방법'에 대해 배워왔으면서도 정작 삶에 적용시키지 못했던 것은, 머리로만 이해하고 실천으로는 옮기지 않았기 때문이다. 이제 삶을 행복하고 아름답게 가꿀 긍정과의 여정, 그 시작을 책과 함께해 보자.

『하루 5분, 나를 바꾸는 긍정훈련 - 행복에너지』